Rainer Maria Rilke

Gesammelte Schriften zu Kunst und Literatur

e-artnow 2018

Charles Dickens, Jane Austen
Große Klassiker der englischen Literatur: 40+ Titel in einem Band: Sturm-höhe, Sherlock Holmes, Stolz und Vorurteil, Das … Adam Bede, Robinson Crusoe, Walden…

Fjodor Michailowitsch Dostojewski, Leo Tolstoi
Die großen Klassiker der russischen Literatur (30+ Titel in einem Buch): Schuld und Sühne, Anna Karenina, Die toten Seelen, … Ein Held unserer Zeit und viel mehr

Jane Austen, Emily Brontë
Die starken Frauenseelen der Weltliteratur (26 Romane in einem Sammel-band)Stolz und Vorurteil + Sturmhöhe + Jane Eyre … + Kleopatra + Effi Briest und vieles mehr

Franz Werfel
Der veruntreute Himmel

Edith Stein
Aus dem Leben einer jüdischen Familie

Selma Lagerlöf, Charles Dickens
Die beliebtesten Klassiker der Kinderliteratur in einem Band: Romane, Bildergeschichten, Märchen und Sagen (Illustrierte Ausgabe): Die Abenteuer Tom Sawyers, ... Das Dschungelbuch, Alice im Wunderland...

Joseph Roth
Beichte eines Mörders, erzählt in einer Nacht

Selma Lagerlöf
Gesammelte Werke: Romane + Erzählungen + Sagen (86 Titel in einem Buch): Weltberühmte Werke der schwedischen Nobelpreisträgerin: ... vom Moorhof + Der Luftballon und viel mehr

Franz Werfel
Der Abituriententag

George Sand
Gesammelte Werke: Romane + Novellen + Autobiographie + Briefe: Die kleine Fadette + Indiana + Lelia + Isidora + Teverino ... meines Lebens + Lavinia + Pauline + Kora...

Rainer Maria Rilke

Gesammelte Schriften zu Kunst und Literatur

Briefe an einen jungen Dichter + Hermann Hesse + Thomas Mann's Buddenbrooks + Worpswede + Auguste Rodin + Moderne Lyrik + Intérieurs + Über Kunst + Der Wert des Monologes und mehr

e-artnow, 2018
ISBN 978-80-273-1712-7

Inhaltsverzeichnis

Worpswede

Portrait: Rainer Maria Rilke,
gemalt von Paula Modersohn-Becker (1876 - 1907)

Wir gingen zusammen durch die
Heide, abends im Wind. Und das
Gehen in Worpswede ist jedesmal
so: eine Weile wandert man vorwärts,
in Gesprächen, welche der
Wind rasch zerstört, – dann
bleibt einer stehen und in einer
Weile der andere. Es geschieht so
viel. Unter den großen Himmeln
liegen flach die dunkelnden farbigen
Felder, weite Hügelwellen voll
bewegter Erika, daran grenzend
Stoppelfelder und eben gemähter
Buchweizen, der mit seinem Stengelrot
und dem Gelb seiner Blätter
köstlichem Seidenstoff gleicht.
Und wie das alles daliegt, nah
und stark und so wirklich, daß
man es nicht übersehen oder vergessen
kann. Jeden Augenblick wird
etwas in die tonige Luft gehalten,
ein Baum, ein Haus, eine Mühle,
die sich ganz langsam dreht, ein
Mann mit schwarzen Schultern,
eine große Kuh oder eine hartkantige,
zackige Ziege, die in den
Himmel geht. Da gibt es nur Gespräche,
an denen die Landschaft
teilnimmt, von allen Seiten und

mit hundert Stimmen.
R. M. Rilke Schmargendorfer Tagebuch

Die Geschichte der Landschaftsmalerei ist noch nicht geschrieben worden und doch gehört sie zu den Büchern, die man seit Jahren erwartet. Derjenige, welcher sie schreiben wird, wird eine große und seltene Aufgabe haben, eine Aufgabe, verwirrend durch ihre unerhörte Neuheit und Tiefe. Wer es auf sich nähme, die Geschichte des Porträts oder des Devotionsbildes aufzuzeichnen, hätte einen weiten Weg; ein gründliches Wissen müßte ihm wie eine wohlgeordnete Handbibliothek erreichbar sein, die Sicherheit und Unbestechlichkeit seines Blickes müßte ebenso groß sein wie das Gedächtnis seines Auges; er müßte Farben sehen und Farben sagen können, er müßte die Sprache eines Dichters und die Geistesgegenwart eines Redners besitzen, um angesichts des weiten Stoffes nicht in Verlegenheit zu geraten, und die Wage seiner Ausdrucksweise müßte auch die feinsten Unterschiede noch mit deutlichem Ausschlagswinkel anmelden. Er müßte nicht allein Historiker sein, sondern auch Psychologe, der am Leben gelernt hat, ein Weiser, der das Lächeln der Mona Lisa ebenso mit Worten wiederholen kann wie den alternden Ausdruck des tizianischen Karl V. und das zerstreute, verlorene Schauen des Jan Six in der Amsterdamer Sammlung. Aber er hätte doch immerhin mit Menschen umzugehen, von Menschen zu erzählen und den Menschen zu feiern, indem er ihn erkennt. Er wäre von den feinsten menschlichen Gesichtern umgeben, angeschaut von den schönsten, von den ernstesten, von den unvergeßlichsten Augen der Welt; umlächelt von berühmten Lippen und festgehalten von Händen, die ein eigentümlich selbständiges Leben führen, müßte er nicht aufhören, im Menschen die Hauptsache zu sehen, das Wesentliche, das, zu dem Dinge und Tiere einmütig und still hinweisen wie zu dem Ziel und zu der Vollendung ihres stummen oder bewußtlosen Lebens.

Wer aber die Geschichte der Landschaft zu schreiben hätte, befände sich zunächst hilflos preisgegeben dem Fremden, dem Unverwandten, dem Unfaßbaren. Wir sind gewohnt, mit Gestalten zu rechnen, – und die Landschaft hat keine Gestalt, wir sind gewohnt aus Bewegungen auf Willensakte zu schließen, und die Landschaft will nicht, wenn sie sich bewegt. Die Wasser gehen und in ihnen schwanken und zittern die Bilder der Dinge. Und im Winde, der in den alten Bäumen rauscht, wachsen die jungen Wälder heran, wachsen in eine Zukunft, die wir nicht erleben werden. Wir pflegen, bei den Menschen, vieles aus ihren Händen zu schließen und alles aus ihrem Gesicht, in welchem, wie auf einem Zifferblatt, die Stunden sichtbar sind, die ihre Seele tragen und wiegen. Die Landschaft aber steht ohne Hände da und hat kein Gesicht, – oder aber sie ist ganz Gesicht und wirkt durch die Größe und Unübersehbarkeit ihrer Züge furchtbar und niederdrückend auf den Menschen, etwa wie jene »Geistererscheinung« auf dem bekannten Blatte des japanischen Malers Hokusai.

Denn gestehen wir es nur: die Landschaft ist ein Fremdes für uns, und man ist furchtbar allein unter Bäumen, die blühen, und unter Bächen, die vorübergehen. Allein mit einem toten Menschen, ist man lange nicht so preisgegeben wie allein mit Bäumen. Denn so geheimnisvoll der Tod sein mag, geheimnisvoller noch ist ein Leben, das nicht unser Leben ist, das nicht an uns teilnimmt und, gleichsam ohne uns zu sehen, seine Feste feiert, denen wir mit einer gewissen Verlegenheit, wie zufällig kommende Gäste, die eine andere Sprache sprechen, zusehen.

Freilich, da könnte mancher sich auf unsere Verwandtschaft mit der Natur berufen, von der wir doch abstammen als die letzten Früchte eines großen aufsteigenden Stammbaumes. Wer das tut, kann aber auch nicht leugnen, daß dieser Stammbaum, wenn wir ihn, von uns aus, Zweig für Zweig, Ast für Ast, zurückverfolgen, sehr bald sich im Dunkel verliert; in einem Dunkel, welches von ausgestorbenen Riesentieren bewohnt wird, von Ungeheuern voll Feindseligkeit und Haß, und daß wir, je weiter wir nach rückwärts gehen, zu immer fremderen und grausameren Wesen kommen, so daß wir annehmen müssen, die Natur, als das Grausamste und Fremdeste von allen, im Hintergrunde zu finden.

Daran ändert der Umstand, daß die Menschen seit Jahrtausenden mit der Natur verkehren, nur sehr wenig; denn dieser Verkehr ist sehr einseitig. Es scheint immer wieder, daß die Natur nichts davon weiß, daß wir sie bebauen und uns eines kleinen Teiles ihrer Kräfte ängstlich bedienen. Wir steigern in manchen Teilen ihre Fruchtbarkeit und ersticken an anderen Stellen mit dem Pflaster unserer Städte wundervolle Frühlinge, die bereit waren, aus den Krumen zu steigen. Wir führen die Flüsse zu unseren Fabriken hin, aber sie wissen nichts von den Maschinen, die sie treiben. Wir spielen mit dunklen Kräften, die wir mit unseren Namen nicht erfassen können, wie Kinder mit dem Feuer spielen, und es scheint einen Augenblick, als hätte alle Energie bisher ungebraucht in den Dingen gelegen, bis wir kamen, um sie auf unser flüchtiges Leben und seine Bedürfnisse anzuwenden. Aber immer und immer wieder in Jahrtausenden schütteln die Kräfte ihre Namen ab und erheben sich, wie ein unterdrückter Stand gegen ihre kleinen Herren, ja nicht einmal gegen sie, – sie stehen einfach auf, und die Kulturen fallen von den Schultern der Erde, die wieder groß ist und weit und allein mit ihren Meeren, Bäumen und Sternen.

Was bedeutet es, daß wir die äußerste Oberfläche der Erde verändern, daß wir ihre Wälder und Wiesen ordnen und aus ihrer Rinde Kohlen und Metalle holen, daß wir die Früchte der Bäume empfangen, als ob sie für uns bestimmt wären, wenn wir uns daneben einer einzigen Stunde erinnern, in welcher die Natur handelte über uns, über unser Hoffen, über unser Leben hinweg, mit jener erhabenen Hoheit und Gleichgültigkeit, von der alle ihre Gebärden erfüllt sind. Sie weiß nichts von uns. Und was die Menschen auch erreicht haben mögen, es war noch keiner so groß, daß sie teilgenommen hätte an seinem Schmerz, daß sie eingestimmt hätte in seine Freude. Manchmal begleitete sie große und ewige Stunden der Geschichte mit ihrer mächtigen brausenden Musik oder sie schien um eine Entscheidung windlos, mit angehaltenem Atem stille zu stehn oder einen Augenblick geselliger harmloser Froheit mit flatternden Blüten, schwankenden Faltern und hüpfenden Winden zu umgeben, – aber nur um im nächsten Momente sich abzuwenden und den im Stiche zu lassen, mit dem sie eben noch alles zu teilen schien.

Der gewöhnliche Mensch, der mit den Menschen lebt und die Natur nur so weit sieht, als sie sich auf ihn bezieht, wird dieses rätselhaften und unheimlichen Verhältnisses selten gewahr. Er sieht die Oberfläche der Dinge, die er und seinesgleichen seit Jahrhunderten geschaffen haben, und glaubt gerne, die ganze Erde nehme an ihm teil, weil man ein Feld bebauen, einen Wald lichten und einen Fluß schiffbar machen kann. Sein Auge, welches fast nur auf Menschen eingestellt ist, sieht die Natur nebenbei mit, als ein Selbstverständliches und Vorhandenes, das so viel als möglich ausgenutzt werden muß. Anders schon sehen Kinder die Natur; einsame Kinder besonders, welche unter Erwachsenen aufwachsen, schließen sich ihr mit einer Art von Gleichgesinntheit an und leben in ihr, ähnlich den kleinen Tieren, ganz hingegeben an die Ereignisse des Waldes und des Himmels und in einem unschuldigen, scheinbaren Einklang mit ihnen. Aber darum kommt später für Jünglinge und junge Mädchen jene einsame, von vielen tiefen Melancholien zitternde Zeit, da sie gerade in den Tagen des körperlichen Reifwerdens, unsäglich verlassen, fühlen, daß die Dinge und Ereignisse in der Natur nicht mehr und die Menschen noch nicht an ihnen teilnehmen. Es wird Frühling, obwohl sie traurig sind, die Rosen blühen und die Nächte sind voll Nachtigallen, obwohl sie sterben möchten, und wenn sie endlich wieder zu einem Lächeln kommen, dann sind die Tage des Herbstes da, die schweren, gleichsam unaufhörlich fallenden Tage des Novembers, hinter denen ein langer, lichtloser Winter kommt. Und auf der anderen Seite sehen sie die Menschen, in gleicher Weise fremd und teilnahmslos, ihre Geschäfte, ihre Sorgen, ihre Erfolge und Freuden haben, und sie verstehen es nicht. Und schließlich bescheiden sich die einen und gehen zu den Menschen, um ihre Arbeit und ihr Los zu teilen, um zu nützen, zu helfen und der Erweiterung dieses Lebens irgendwie zu dienen, während die anderen, die die verlorene Natur nicht lassen wollen, ihr nachgehen und nun versuchen, bewußt und mit Aufwendung eines gesammelten Willens, ihr wieder so nahezukommen, wie sie ihr, ohne es recht zu wissen, in der Kindheit waren. Man begreift, daß diese letzteren Künstler sind: Dichter oder Maler, Tondichter oder Baumeister, Einsame im Grunde, die, indem sie sich der Natur zuwenden, das Ewige dem Vergänglichen, das im tiefsten Gesetzmäßige dem vorübergehend Begründeten vorziehen, und die, da sie die Natur nicht überreden können, an ihnen teilzunehmen, ihre Aufgabe darin sehen, die Natur zu erfassen, um sich selbst irgendwo in ihre großen Zusammenhänge einzufügen. Und mit diesen einzelnen Einsamen nähert sich die ganze Menschheit der Natur. Es ist nicht der letzte und vielleicht der eigentümlichste Wert der Kunst, daß sie das Medium ist, in welchem Mensch und Landschaft, Gestalt und Welt sich begegnen und finden. In Wirklichkeit leben sie nebeneinander, kaum voneinander wissend, und im Bilde, im Bauwerk, in der Symphonie, mit einem Worte in der Kunst, scheinen sie sich, wie in einer höheren prophetischen Wahrheit, zusammenzuschließen, aufeinander zu berufen, und es ist, als ergänzten sie einander zu jener vollkommenen Einheit, die das Wesen des Kunstwerks ausmacht.

Unter diesem Gesichtspunkt scheint es, als läge das Thema und die Absicht aller Kunst in dem Ausgleich zwischen dem Einzelnen und dem All, und als wäre der Moment der Erhebung, der künstlerisch-wichtige Moment derjenige, in welchem die beiden Waagschalen sich das Gleichgewicht halten. Und, in der Tat, es wäre sehr verlockend, diese Beziehung in verschiedenen Kunstwerken nachzuweisen; zu zeigen, wie eine Symphonie die Stimmen eines stürmischen Tages mit dem Rauschen unseres Blutes zusammenschmilzt, wie ein Bauwerk halb unser, halb eines Waldes Ebenbild sein kann. Und ein Bildnis machen, heißt das nicht, einen Menschen wie eine Landschaft sehen, und gibt es eine Landschaft ohne Figuren, welche nicht ganz erfüllt ist davon, von dem zu erzählen, der sie gesehen hat? Wunderliche Beziehungen ergeben sich da. Manchmal sind sie in reichem, fruchtbaren Kontrast nebeneinandergesetzt, manchmal scheint der Mensch aus der Landschaft, ein anderes Mal die Landschaft aus dem Menschen hervorzugehen, und dann wieder haben sie sich ebenbürtig und geschwisterlich vertragen. Die Natur scheint sich für Augenblicke zu nähern, indem sie sogar den Städten einen Schein von Landschaft gibt, und mit Centauren, Seefrauen und Meergreisen aus Böcklinschem Blute nähert sich die Menschheit der Natur: Immer aber kommt es auf dieses Verhältnis an, nicht zuletzt in der Dichtung, die gerade dann am meisten von der Seele zu sagen weiß, wenn sie Landschaft gibt, und die verzweifeln müßte, das Tiefste von ihm zu sagen, stünde der Mensch in jenem uferlosen und leeren Raume, in welchen ihn Goya gerne versetzt hat.

Die Kunst hat den Menschen kennengelernt, bevor sie sich mit der Landschaft beschäftigte. Der Mensch stand vor der Landschaft und verdeckte sie, die Madonna stand davor, die liebe, sanfte, italische Frau mit dem spielenden Kinde, und weiter hinter ihr erklang ein Himmel und ein Land mit ein paar Tönen wie die Anfangsworte eines Ave Maria. Diese Landschaft, die sich im Hintergrund umbrischer und toskanischer Bilder ausbreitet, ist wie eine leise, mit einer Hand gespielte Begleitung, nicht von der Wirklichkeit angeregt, sondern den Bäumen, Wegen und Wolken nachgebildet, die eine liebliche Erinnerung sich bewahrt hat. Der Mensch war die Hauptsache, das eigentliche Thema der Kunst, und man schmückte ihn, wie man schöne Frauen mit edlen Steinen schmückt, mit Bruchstücken jener Natur, die man als Ganzes zu schauen noch nicht fähig war.

Es müssen andere Menschen gewesen sein, welche, an ihresgleichen vorbei, die Landschaft schauten, die große, teilnahmslose, gewaltige Natur. Menschen wie Jacob Ruysdael, Einsame, die wie Kinder unter Erwachsenen lebten und vergessen und arm verstarben. Der Mensch verlor seine Wichtigkeit, er trat zurück vor den großen, einfachen, unerbittlichen Dingen, die ihn überragten und überdauerten. Man mußte deshalb nicht darauf verzichten, ihn darzustellen, im Gegenteil: durch die gewissenhafte und gründliche Beschäftigung mit der Natur hatte man gelernt, ihn besser und gerechter zu sehen. Er war kleiner geworden: nicht mehr der Mittelpunkt der Welt; er war größer geworden: denn man schaute ihn mit denselben Augen an wie die Natur, er galt nicht mehr als ein Baum, aber er galt viel, weil der Baum viel galt.

In den deutschen Romantikern war eine große Liebe zur Natur. Aber sie liebten sie ähnlich wie der Held einer Turgenieffschen Novelle jenes Mädchen liebte, von dem er sagt: »Sophia gefiel mir besonders, wenn ich saß und ihr den Rücken zuwendete, das heißt, wenn ich ihrer gedachte, wenn ich sie im Geiste vor mir sah, besonders des Abends, auf der Terrasse...« Vielleicht hat nur einer von ihnen ihr ins Gesicht gesehen; Philipp Otto Runge, der Hamburger, der das Nachtigallengebüsch gemalt hat und den Morgen. Das große Wunder des Sonnenaufgangs ist so nicht wieder gemalt worden. Das wachsende Licht, das still und strahlend zu den Sternen steigt und unten auf der Erde das Kohlfeld, noch ganz vollgesogen mit der starken, tauigen Tiefe der Nacht, in welchem ein kleines nacktes Kind – der Morgen – liegt. Da ist alles geschaut und wiedergeschaut. Man fühlt die Kühle von vielen Morgen, an denen der Maler sich vor der Sonne erhob und, zitternd vor Erwartung, hinausging, um jede Szene des mächtigen Schauspiels zu sehen und nichts von der spannenden Handlung zu versäumen, die da begann. Dieses Bild ist mit Herzklopfen gemalt worden. Es ist ein Markstein. Es erschließt nicht einen, es erschließt tausend neue Wege zur Natur. Runge fühlte das selbst. In seinen »Hinterlassenen Schriften«, die 1842 erschienen sind, findet sich folgende Stelle: »...Es drängt sich alles zur Landschaft, sucht etwas Bestimmtes in dieser Unbestimmtheit. Doch unsere Künstler greifen wieder zur Historie und verwirren sich. Ist denn in dieser neuen Kunst – der Landschafterei, wenn man so will – nicht auch ein höchster Punkt zu erreichen? der vielleicht noch schöner sein wird als die vorigen?«

Im Anfang des neunzehnten Jahrhunderts hat Philipp Otto Runge diese Worte geschrieben, aber noch weit später galt die »Landschafterei« in Deutschland als ein fast untergeordnetes Gewerbe, und man pflegte auf unseren Akademien die Landschafter nicht für voll zu nehmen. Diese Anstalten hatten allen Grund, die Konkurrenz der Natur zu fürchten, auf welche schon Dürer mit so ehrfürchtiger Einfalt hingewiesen hatte. Es ergoß sich ein Strom von jungen Leuten aus den staubigen Sälen der Hochschulen, man suchte die Dörfer auf, man begann zu sehen, man malte Bauern und Bäume und man feierte die Meister von Fontainebleau, die das alles schon ein halbes Jahrhundert vorher versucht hatten. Es war jedenfalls ein ehrliches Bedürfnis, welches dieser Bewegung zugrunde lag, aber es war eben eine Bewegung und sie konnte viele mitgerissen haben, denen die Akademie eigentlich nicht zu enge war. Man mußte abwarten. Von allen, die damals hinauszogen, sind inzwischen viele in die Städte zurückgekehrt, nicht ohne gelernt zu haben, ja vielleicht sogar nicht ohne von Grund aus andere geworden zu sein. Andere sind von Landschaft zu Landschaft gewandert, überall lernend, feine Eklektiker, denen die Welt zur Schule wird, – einige sind berühmt geworden, viele untergegangen, und es wachsen neue heran, die richten werden.

Nicht weit aber von jener Gegend, in welcher Philipp Otto Runge seinen Morgen gemalt hat, unter demselben Himmel sozusagen, liegt eine merkwürdige Landschaft, in der sich damals einige junge Leute zusammengefunden hatten, unzufrieden mit der Schule, sehnsüchtig nach sich selbst und willens, ihr Leben irgendwie in die Hand zu nehmen. Sie sind nicht mehr von dort fortgegangen, ja, sie haben es sogar vermieden, größere Reisen zu machen, immer bange, etwas zu versäumen, irgendeinen unersetzlichen Sonnenuntergang, irgendeinen grauen Herbsttag oder die Stunde, da nach stürmischen Nächten die ersten Frühlingsblumen aus der Erde kommen. Die Wichtigkeiten der Welt fielen ihnen ab und sie erfuhren jene große Umwertung aller Werte, die vor ihnen Constable erfahren hatte, der in einem Briefe schrieb: »Die Welt ist weit, nicht zwei Tage sind gleich, nicht einmal zwei Stunden; noch hat es seit Schöpfung der Welt zwei Baumblätter gegeben, die einander gleich waren.« Ein Mensch, der zu dieser Erkenntnis gelangt, fängt ein neues Leben an. Nichts liegt hinter ihm, alles vor ihm und: »Die Welt ist weit.«

Diese jungen Menschen, die jahrelang ungeduldig und unzufrieden auf Akademien gesessen hatten, »drängten sich« – wie Runge schrieb – »zur Landschaft, sie suchten etwas Bestimmtes in dieser Unbestimmtheit«. Die Landschaft ist bestimmt, sie ist ohne Zufall, und ein jedes fallende Blatt erfüllt, indem es fällt, eines der größten Gesetze des Weltalls. Diese Gesetzmäßigkeit, die niemals zögert und sich in jedem Augenblicke ruhig und gelassen vollzieht, macht die Natur zu einem solchen Ereignis für junge Menschen. Gerade das suchen sie, und wenn sie in ihrer Ratlosigkeit nach einem Meister verlangen, so meinen sie nicht jemanden, der fortwährend in ihre Entwicklung eingreift und durch ein Rütteln die geheimnisvollen Stunden stört, in denen die Kristallbildung ihrer Seele geschieht; sie wollen ein Beispiel. Sie wollen ein Leben sehen, neben sich, über sich, um sich, ein Leben, das lebt, ohne sich um sie zu kümmern. Große Gestalten der Geschichte leben so, aber sie sind nicht sichtbar, und man muß die Augen schließen, um sie zu sehen. Junge Menschen aber schließen nicht gerne die Augen, zumal wenn sie Maler sind: sie wenden sich an die Natur und, indem sie sie suchen, suchen sie sich.

Es ist interessant zu sehen, wie auf jede Generation eine andere Seite der Natur erziehend und fördernd wirkt; diese rang sich zur Klarheit durch, indem sie in Wäldern wanderte, jene brauchte Berge und Burgen, um sich zu finden. Unsere Seele ist eine andere als die unserer Väter; wir können noch die Schlösser und Schluchten verstehen, bei deren Anblick sie wuchsen, aber wir kommen nicht weiter dabei. Unsere Empfindung gewinnt keine Nuance hinzu, unsere Gedanken vertausendfachen sich nicht, wir fühlen uns wie in etwas altmodischen Zimmern, in denen man sich keine Zukunft denken kann. Woran unsere Väter in geschlossenem Reisewagen, ungeduldig und von Langerweile geplagt, vorüberfuhren, das brauchen wir. Wo sie den Mund auftaten, um zu gähnen, da tun wir die Augen auf, um zu schauen; denn wir leben im Zeichen der Ebene und des Himmels. Das sind zwei Worte, aber sie umfassen eigentlich ein einziges Erlebnis: die Ebene. Dia Ebene ist das Gefühl, an welchem wir wachsen. Wir begreifen sie und sie hat etwas Vorbildliches für uns, da ist uns alles bedeutsam: der große Kreis des Horizontes und die wenigen Dinge, die einfach und wichtig vor dem Himmel stehen. Und dieser Himmel selbst, von dessen Dunkel-und Hellwerden jedes von den tausend Blättern eines Strauches mit anderen Worten zu erzählen scheint und der, wenn es Nacht wird, viel mehr Sterne faßt, als jene gedrängten und ungeräumigen Himmel, die über Städten, Wäldern und Bergen sind.

In einer solchen Ebene leben jene Maler, von denen zu reden sein wird. Ihr danken sie, was sie geworden sind und noch viel mehr: Ihrer Unerschöpflichkeit und Größe danken sie, daß sie immer noch werden.

Es ist ein seltsames Land. Wenn man auf dem kleinen Sandberg von Worpswede steht, kann man es ringsum ausgebreitet sehen, ähnlich jenen Bauerntüchern, die auf dunklem Grund Ecken tiefleuchtender Blumen zeigen. Flach liegt es da, fast ohne Falte, und die Wege und Wasserläufe führen weit in den Horizont hinein. Dort beginnt ein Himmel von unbeschreiblicher Veränderlichkeit und Größe. Er spiegelt sich in jedem Blatt. Alle Dinge scheinen sich mit ihm zu beschäftigen; er ist überall. Und überall ist das Meer. Das Meer, das nicht mehr ist, das einmal vor Jahrtausenden hier stieg und fiel und dessen Düne der Sandberg war, auf dem Worpswede liegt. Die Dinge können es nicht vergessen. Das große Rauschen, das die alten Föhren des Berges erfüllt, scheint sein Rauschen zu sein, und der Wind, der breite mächtige Wind, bringt seinen Duft. Das Meer ist die Historie dieses Landes. Es hat kaum eine andere Vergangenheit.

Einst, als das Meer zurücktrat, da begann es sich zu formen. Pflanzen, die wir nicht kennen, erhoben sich, und es war ein rasches und hastiges Wachsen in dem fetten, faltigen Schlamm. Aber das Meer, als ob es sich nicht trennen könnte, kam immer wieder mit seinen äußersten Wassern in die verlassenen Gebiete, und endlich blieben schwarze schwankende Sümpfe zurück, voll von feuchtem Getier und langsam vermodernder Fruchtbarkeit. So lagen die Flächen allein, ganz mit sich beschäftigt, jahrhundertelang. Das Moor bildete sich. Und endlich begann es sich an einzelnen Stellen zu schließen, leise, wie eine Wunde sich schließt. Um diese Zeit, man nimmt das dreizehnte Jahrhundert an, wurden in der Weserniederung Klöster gegründet, welche holländische Kolonisten in diese Gegenden, in ein schweres, ungewisses Leben, schickten. Später folgen (selten genug) neue Ansiedelungsversuche, im sechzehnten Jahrhundert, im siebzehnten, aber erst im achtzehnten nach einem bestimmten Plan, durch dessen energische Durchführung die Ländereien an der Weser, an der Hamme, Wümme und Wörpe, dauernd bewohnbar werden. Heute sind sie ziemlich bevölkert; die frühen Kolonisten, soweit sie sich halten konnten, sind reich geworden durch den Verkauf des Torfs, die späteren führen ein Leben aus Arbeit und Armut, nah an der Erde, wie im Bann einer größeren Schwerkraft stehend. Etwas von der Traurigkeit und Heimatlosigkeit ihrer Väter liegt über ihnen, der Väter, die, als sie auswanderten, ein Leben verließen, um in dem schwarzen, schwankenden Land ein neues zu beginnen, von dem sie nicht wußten, wie es enden sollte. Es gibt keine Familienähnlichkeit unter diesen Leuten; das Lächeln der Mütter geht nicht auf die Söhne über, weil die Mütter nie gelächelt haben. Alle haben nur ein Gesicht: das harte, gespannte Gesicht der Arbeit, dessen Haut sich bei allen Anstrengungen ausgedehnt hat, so daß sie im Alter dem Gesicht zu groß geworden ist wie ein lange getragener Handschuh. Man sieht Arme, die das Heben schwerer Dinge übermäßig verlängert hat, und Rücken von Frauen und Greisen, die krumm geworden sind wie Bäume, die immer in demselben Sturm gestanden haben. Das Herz liegt gedrückt in diesen Körpern und kann sich nicht entfalten. Der Verstand ist freier und hat eine gewisse einseitige Entwickelung durchgemacht. Keine Vertiefung, aber eine Zuspitzung ins Findige, Stichlige, Witzige. Die Sprache unterstützt ihn dabei. Dieses Platt mit seinen kurzen, straffen, farbigen Worten, die wie mit verkümmerten Flügeln und Watbeinen gleich Sumpfvögeln schwerfällig einhergehen, hat ein natürliches Wachstum in sich. Es ist schlagfertig und geht gerne in ein lautes, klapperndes Gelächter über, es lernt von den Situationen, es ahmt Geräusche nach, aber es bereichert sich nicht von innen heraus: es setzt an. Man hört es oft weithin in den Mittagspausen, wenn die schwere Arbeit des Torfstichs, die zum Schweigen zwingt, unterbrochen ist. Man hört es selten am Abend, wo die Müdigkeit zeitig hereinbricht und der Schlaf fast zugleich mit der Dämmerung in die Häuser tritt.

Diese Häuser liegen an den langen, geraden »Dämmen« weit zerstreut; sie sind rot mit grünem oder blauem Fachwerk, überhäuft von dicken, schweren Strohdächern und gleichsam in die Erde hineingedrückt von ihrer massigen, pelzartigen Last. Manche kann man von den Dämmen aus kaum sehen; sie haben sich die Bäume vors Gesicht gezogen, um sich zu schützen vor den immerwährenden Winden. Ihre Fenster blitzen durch das dichte Laub wie eifersüchtige Augen, die aus einer dunklen Maske schauen. Ruhig liegen sie da, und der Rauch der Feuerstelle, der sie ganz erfüllt, quillt aus der schwarzen Tiefe der Türe und drängt sich aus den Ritzen des Daches. An kühlen Tagen bleibt er um das Haus herum stehen, seine Formen noch einmal größer und gespenstisch-grau wiederholend. Im Innern ist fast alles ein Raum, ein weiter, länglicher Raum, in dem sich der Geruch und die Wärme des Viehs mit dem scharfen Qualm des offenen Feuers zu einer wunderlichen Dämmerung mischen, in der es wohl möglich wäre sich zu verirren. Im Hintergrunde erweitert sich diese »Diele«, rechts und links erscheinen Fenster und geradeaus liegen die Stuben. Sie enthalten nicht viel Gerät. Einen geräumigen Tisch, viele Stühle, einen Eckschrank mit etwas Glas und Geschirr und die abgeschlossenen, großen, mit Schiebetüren versehenen Bettverschläge. In diesen Schlafschränken werden die Kinder geboren, vergehen die Sterbestunden und Hochzeitsnächte. Dorthin, in dieses letzte, enge, fensterlose Dunkel hat sich das Leben zurückgezogen, das überall sonst im ganzen Hause von der Arbeit verdrängt wurde.

Seltsam, unvermittelt fallen in dieses Dasein die Feste hinein, die Hochzeiten, die Taufen, die Begräbnisse. Steif und befangen stellen sich die Bauern um den Sarg, steif und befangen schleifen sie den Hochzeitstanz. Ihre Trauer geben sie bei der Arbeit aus und ihre Lustigkeit ist eine Reaktion auf den Ernst, den die Arbeit ihnen auferlegt. Es gibt Originale unter ih-nen, Witzbolde und Gewitzigte, Zynische und Geisterseher. Manche wissen von Amerika zu erzählen, andere sind nie über Bremen hinausgekommen. Die einen leben in einer gewissen Zufriedenheit und Stille, lesen die Bibel und halten auf Ordnung, viele sind unglücklich, ha-ben Kinder verloren und ihre Weiber, aufgebraucht von Not und Anstrengung, sterben langsam hin, vielleicht, daß da und dort einer aufwächst, den eine unbestimmte, tiefe, rufende Sehnsucht erfüllt – vielleicht, – aber die Arbeit ist stärker als sie alle.

Im Frühling, wenn das Torfmachen beginnt, erheben sie sich mit dem Hellwerden und brin-gen den ganzen Tag, von Nässe triefend, durch das Mimikry ihrer schwarzen, schlammigen Kleidung dem Moore angepaßt, in der Torfgrube zu, aus der sie die bleischwere Moorerde emporschaufeln. Im Sommer, während sie mit den Heu-und Getreideernten beschäftigt sind, trocknet der fertigbereitete Torf, den sie im Herbst auf Kähnen und Wagen in die Stadt führen. Stundenlang fahren sie dann. Oft schon um Mitternacht klirrt der schrille Wecker sie wach. Auf dem schwarzen Wasser des Kanals wartet beladen das Boot, und dann fahren sie ernst, wie mit Särgen, auf den Morgen und auf die Stadt zu, die beide nicht kommen wollen.

Und was wollen die Maler unter diesen Menschen? Darauf ist zu sagen, daß sie nicht unter ihnen leben, sondern ihnen gleichsam gegenüberstehen, wie sie den Bäumen gegenüberstehen und allen den Dingen, die umflutet von der feuchten, tonigen Luft, wachsen und sich bewe-gen. Sie kommen von fernher. Sie drücken diese Menschen, die nicht ihresgleichen sind, in die Landschaft hinein; und das ist keine Gewaltsamkeit. Die Kraft eines Kindes reicht dafür aus, – und Runge schrieb: »Kinder müssen wir werden, wenn wir das Beste erreichen wollen.« Sie wollen das Beste erreichen und sie sind Kinder geworden. Sie sehen alles in einem Atem, Menschen und Dinge. Wie die eigentümliche farbige Luft dieser hohen Himmel keinen Un-terschied macht und alles, was in ihr aufsteht und ruht, mit derselben Güte umgibt, so üben sie eine gewisse naive Gerechtigkeit, indem sie, ohne nachzudenken, Menschen und Dinge, in stillem Nebeneinander, als Erscheinungen derselben Atmosphäre und als Träger von Farben, die sie leuchten macht, empfinden. Sie tun niemandem unrecht damit. Sie helfen diesen Leuten nicht, sie belehren sie nicht, sie bessern sie nicht damit. Sie tragen nichts in ihr Leben hinein, das nach wie vor ein Leben in Elend und Dunkel bleibt, aber sie holen aus der Tiefe dieses Lebens eine Wahrheit heraus, an der sie selbst wachsen, oder, um nicht zuviel zu sagen, eine Wahrscheinlichkeit, die man lieben kann.

Und da lagen nun vor den jungen Leuten, die gekommen waren, um sich zu finden, die vielen Rätsel dieses Landes. Die Birkenbäume, die Moorhütten, die Heideflächen, die Menschen, die Abende und die Tage, von denen nicht zwei einander gleich sind, und in denen auch nicht zwei Stunden sind, die man verwechseln könnte. Und da gingen sie nun daran, diese Rätsel zu lieben.

Es wird nun im folgenden von diesen Menschen die Rede sein, nicht in Form einer Kritik, auch nicht mit der Prätension, Abgeschlossenes zu geben. Das wäre nicht gut möglich; denn es handelt sich hier um Werdende, um Leute, die sich verändern, die wachsen, und die vielleicht, im Augenblick, da ich diese Worte schreibe, etwas schaffen, was alles widerlegt, was vorangegangen ist. Mag ich dann immerhin von einer Vergangenheit gesprochen haben; auch das hat seinen Wert. Es sind zehn Jahre Arbeit, von denen ich hier berichte, zehn Jahre ernster, einsamer deutscher Arbeit. Und im übrigen gilt auch hier die Beschränkung, die immer vorausgesetzt werden muß, wo einer versucht, dem Leben eines Menschen wahrsagend nachzugehen: »Wir werden oft vor dem Unbekannten innezuhalten haben.«

Fritz Mackensen

Figuren-, Porträt-und Landschaftsmaler, Bildhauer und Radierer. Geboren 8. April 1866 in Greene, Braunschweig. Schüler von Peter Janssen, F. A. Kaulbach und Dietz. Begründer der Künstlerkolonie Worpswede (1889). 1908 Lehrer, 1910 bis 1918 Direktor der Kunstschule Weimar. Lebt in Worpswede.

»Meine Empfindung bleibt immer die gleiche. Sie kann sich nur im bewundernden Anschauen der Natur weiterbilden.« Dieses »bewundernde Anschauen« ist der Grundzug seines Lebens. Dieses »bewundernde Anschauen« wandte er schon 1884 auf das Land an, das er nicht vergessen konnte und zu dem er immer wieder zurückkam. In diesem »bewundernden Anschauen« wuchsen die Ziele, die er sich gestellt hatte und die Freunde, die ihn umgaben; sie strömten die Kraft von Idealen aus, die er selbst ihnen verlieh. So bekam die Freundschaft eine große Bedeutung für ihn. Gerne allein, aber vor Vereinsamung bang, suchte er immer nach Gleichgesinnten und fand sie. Mit einem lieben Genossen, dem Maler Otto Modersohn, kam er im Juni 1889 wieder nach Worpswede. Ein anderer sollte nachkommen. Man wartete auf ihn; aber statt seiner traf, in den ersten Tagen schon, sein gemeinsamer Abschiedsbrief an die Freunde ein: Alexander Hecking, der Bildhauer, von dem Mackensen so Großes erwartete, hatte sich im Münchener Hofgarten erschossen. Sein letzter Wille sicherte Mackensen die Möglichkeit, etwas unbekümmerter zu arbeiten. Mit diesem erschütternden Ereignisse, dem die Freunde verstört und hilflos gegenüberstanden, setzte die Worpsweder Lernzeit ein. Es war, als sollten sie noch einmal auf den Ernst des Berufes hingewiesen werden, dem Verzweiflung und Tod so nahe ist, solange er nicht das ganze Leben durchdrungen hat. Sie hätten dieses schmerzlichen Aufrufes kaum bedurft.

Sie gingen an die Arbeit, einer dem anderen helfend, einander begreifend, wetteifernd miteinander. Bald kam als dritter Hans am Ende hinzu. Und sie fühlten alle, daß dies der Anfang eines neuen Lebens war, und daß sie ganz ebenso wie jene Kolonisten, die aus dem Knechtdienst um der Freiheit willen herübergekommen waren, sich ein neues Land voll Heimat und Zukunft urbar machten. Der Sommer verging mit Schauen und Staunen. Unerwartet schnell war der Nachmittag da, an dem man zum letztenmal die liebgewordenen Wege durchs Moor ging, ein fortwährendes Abschiednehmen im Blick, der sich schwer trennen konnte. Niemand sprach. Endlich auf einer Brücke stand man still. Unten lag der Schiffgraben mit seinem schweren farbigen Wasser und in seiner Tiefe klang in reichen Spiegelbildern die Herrlichkeit des Herbstes und des Himmels an. Zusammengefaßt in dem engen Rahmen dieser Ufer, gleichmäßig überzogen von den dunklen Lasuren der ruhigen Wasserfläche, schien noch einmal alles Glück, das die letzten Wochen gebracht hatten, in einem Bilde vereint zu sein. Es wirkte so stark, daß in den Dreien, die da schweigsam und traurig beisammenstanden, fast gleichzeitig der Entschluß reifte, nicht mehr an die Akademie zu gehen und den Winter über in Worpswede zu bleiben. Mackensen, der für einige Tage nach Düsseldorf gereist war, schrieb, ungeduldig wieder zurückzukehren, in einem Brief an seine Freunde: »Kinder, wir wollen auf unserem Stück Erde zusammenhalten, wie die Kletten, um später dazustehen wie die Bäume in der Kunst.«

So brach der erste Worpsweder Winter an. In dem großen Bauernhofe der Witwe Behrens wurde den jungen Malern ein wohnliches Heim bereitet und man hielt sie dort wie die Söhne des Hauses. Hans am Ende war nur zeitweilig da, aber die beiden anderen erlebten das ganze langsame Verklingen des Herbstes, gingen zusammen durch die großen Stürme des November und fanden sich an den langen Abenden, wenn der Teekessel summte, in der warmen wohnlichen Stube ein. War man im Sommer und Herbst meistens schweigend draußen umhergegangen, jeder für sich suchend, findend und lauschend, so kam nun eine Zeit der Gespräche und der Auseinandersetzungen, die sich oft in dem vom Qualm der langen Pfeifen ganz unwegsam gewordenen Zimmer weit in die stürmische Nacht hinein ausdehnten. Was wurde da nicht alles erörtert! Die Eindrücke des Sommers stiegen auf, wurden verglichen, geprüft, aneinandergehalten. Man suchte sich klar zu werden, was an diesem und jenem Motiv das Zwingende, das Überzeugende war. Weshalb es wirkte und worin seine Wichtigkeit lag. Man gedachte Böcklins, der das Tiefste und Wesentlichste aus der Natur herausholte und der es so selig zu sagen verstand. Erinnerungen aus Rembrandt stiegen auf und verbanden sich damit; die Landschaft in Braunschweig mit dem großen Gewitter und die Radierungen, vor allem diese. Und wenn man, ganz erschöpft von Gesprächen, nicht mehr weiter konnte, las man. Man las Bücher aus Norden. Björnson besonders. Der schien etwas Verwandtes zu haben. Man begriff die harten, ragenden Bauernfiguren, man sah sie, man lebte unter ihnen. Man begriff diese Frauen, die einmal geliebt und später gearbeitet hatten. Und die ernste, choralartige Begleitung, mit welcher die nordische Natur und die Nähe eines nördlichen Meeres jene kargen, wie in Eichenholz geschnittenen Schicksale umgab, glaubte man vor den Fenstern zu hören... Immer wieder hörte man von einem neuen Buche, und jedes folgende brachte irgend etwas Großes, dem man zustimmte und daran man sich freute, hinzu. Die Welt wuchs. Man fühlte das Vorhandensein Gleichgesinnter überall auf den tausend verborgenen Wegen der Natur und, während man hier in der Entlegenheit dieses Moordorfs einschneite, war man auf einmal weniger allein.

So ließ man den Frühling kommen. Diesen ernsten, innigen Worpsweder Frühling, der mit dem Rostbraunwerden des Gagelstrauches fast wie ein Herbst beginnt, bis die unbeschreiblich hellen Grüns der Birken wie Knabenstimmen einfallen. Aber es kam noch zu keiner eigentlichen Arbeit. Der Eindrücke waren zu viele. Und was früher war, wußte niemand. Den beiden schien es, als hätten sie noch nie gemalt, als hätte überhaupt noch nie jemand gemalt, und es war unendlich schwer, den ersten Anfang zu machen. Man wußte genau, was man wollte, und Mackensen notiert einmal: »Ich habe gestern morgen Bilder gesehen, so originell, wie sie nur ein Millet gemalt hat; ein Leben in größter Einfachheit... dann die Frau, am Feuer sitzend, dann der Mann mit dem Kind! Es stürmen tausend Ideen (ausführbar) auf mich ein.«... Dieses »ausführbar« in Klammer ist bezeichnend. Es nimmt sich sehr zurückhaltend und unsicher aus und scheint froh, an keinen Zeitbegriff gebunden zu sein. Die Stunde war noch nicht gekommen. Ja, im Herbst des folgenden Jahres, 1890, mußte man sogar nach Hamburg gehen, um Geld zu verdienen. Mackensen malte Porträts. Modersohn machte den zaghaften Versuch, im Hamburger Kunstverein drei kleine Landschaften auszustellen. Aber die Bilder wurden nicht aufgehängt, im Gegenteil; man stellte sie ihm auf einem leeren Kohlenwagen wieder zu.

Und als der Frühling kam, kehrten beide, mit einem befreiten Atemholen, nach Worpswede zurück, das sie nun schon ganz als ihre Heimat betrachteten. Nun kam ein Jahr gemeinsamer Arbeit. Unzählige Studien wurden gemalt. Modersohn, dessen Art es entsprach, alle starken Eindrücke in raschen Daten festzustellen, brachte manchen Tag bis zu sechs Blätter mit nach Hause. Eine Weile lang wurde Mackensen mitgerissen; ein Wettlauf entstand, bei dem er unterlag. Er blieb zurück, holte Atem und besann sich auf sich selbst. Hier begann jeder der beiden Freunde seinen eigenen Weg zu gehen. Hatten sie bisher wie aus einer Kraft gelebt, so hielten sich ihre gesonderten Kräfte nunmehr das Gleichgewicht. Sie hörten auf, eine und dieselbe Straße zu teilen, aber sie bekamen immer mehr das Gefühl, dasselbe Land nach zwei verschiedenen Seiten hin zu erforschen. Das war eine neue, reiche Gemeinsamkeit: denn, daß es ein weites Land sei, wollten sie.

Es zeigt sich immer wieder, daß die künstlerischen Ereignisse sich, weit unter der Oberfläche des momentanen Lebens, in einer gleichsam zeitlosen Tiefe vollziehen. Während Mackensen noch damit beschäftigt war, Studien zu malen, die ihm schwer fielen und ihn bedrückten, waren seine Kräfte tiefinnerlich schon um ein werdendes Bild versammelt, das er dann im Herbst in verhältnismäßig kurzer Zeit heruntermalte. Es war schon fertig in ihm, als er vor die Leinwand trat. Es hatte vielleicht schon im Frühjahr, als Idee, irgendwie in ihm geblüht, inzwischen war der Sommer vergangen und nun, im Herbst, fiel es von ihm ab, reif, schwer, ausgewachsen, in Einklang mit der ganzen Natur und mit allen Bäumen dieses Herbstes. Man kann dieses Bild nicht besser kennzeichnen, als es durch diese Übereinstimmung mit dem Gange des Jahres geschieht. Es gleicht einer nordischen Frucht, einem Herbstapfel mit gesunder, starker, farbiger Schale, dessen Duft schon seinen Geschmack ahnen läßt: eine herbe Saftigkeit und zugleich etwas von jener verhaltenen Süße, wie sie gewisse dunkelrote Rosen bei Einbruch der Nacht ausströmen. So ist dieses Bild, welches, im Besitz der Bremer Kunsthalle, »Der Säugling« heißt; Mackensen hat es öfters auch die Frau auf dem Torfkarren genannt. Diese beiden Namen geben seinen Inhalt: eine Frau, auf dem Torfkarren sitzend, säugt ihr Kind. Das ist alles, das heißt, es ist der Anlaß zu allem, was dieses Bild an Größe, Schlichtheit und Schönheit enthält...Hier hat er mit einem Wort gesagt, was er später in längeren Sätzen wiederholt hat.

Hier hätte man fragen können: »Wo ist Mackensen hergekommen?« Wer ist es, der dieses Bild gemalt hat? Erinnern wir uns, daß es ein junger Mann ist aus dem Flecken Greene im Braunschweigischen, sechsundzwanzig Jahre alt, auf dem Lande wohnend, unter Bauern. Bei Fritz August Kaulbach und bei Dietz hat er gearbeitet, aber man merkt, daß er vergessen hat, was die ihm sagen konnten. Und außer ihnen hat ihm kaum jemand etwas gesagt...

Und Bilder? Bilder hat er wenige gesehen. Bis zu seinem achtzehnten Jahre keine. Dann eine Handzeichnung von Holbein, später in München manches: Tizian, Dürer, Böcklin und Feuerbach. Vielleicht einmal einige Reproduktionen nach Millet. Aber hindert das zu fragen: »Wo ist Mackensen hergekommen?« Es ist immer dieselbe Frage. Und die Antwort heißt: Aus sich. Aus den rätselhaften Tiefen der Persönlichkeit. Aus Vätern und Müttern, aus vergessenen Schmerzen und Schönheiten, aus vergangenen Zufällen und unvergänglichen Gesetzen.

Man betrachte dieses Bild. Man präge sich diesen ruhigen Kontur ein, den Ausdruck dieses Gesichtes, auf dem die Arbeit verklingt, um der Liebe Platz zu machen, man sehe sich diese Hände an, wie sie sich groß und ruhend über dem Kinde schließen, – man wird mir zugeben, daß das lauter noch ungesagte Dinge sind, die sich hier aussprechen. Und man wird nicht umhin können zu bewundern, wie ruhig und selbstverständlich sie das tun, wie reif, ohne übertriebene Lautheit, ohne Betonung.

»Unsere Augen sehen gesund und frei« – schreibt Mackensen einmal. Und dieses Bild ist voll von diesem gesunden Sehen. Gesundheit ist Gleichgewicht. Und hier, in diesem Bilde, ist Gleichgewicht. Gleichgewicht in der Raumverteilung, in Form und Farbe. Die Farbe ist schwer, nicht ganz frei in der Empfindung, das einzige Zögernde in dem Bilde. Aber diese Vorsichtigkeit trägt nur dazu bei, das still zurückhaltende, abwartende Wesen dieses Werkes zu steigern.

Es ist ein Devotionsbild des Protestantismus. Keine Madonna, eine Mutter; die Mutter eines Menschen, der lächeln wird; die Mutter eines Menschen, der leiden wird; die Mutter eines Menschen, der sterben wird: die Mutter eines Menschen.

Auf den Ausstellungen vom Jahre 1895 hat dieses Bild keine Rolle gespielt. Vielleicht weil es schlecht gehängt worden ist, besonders aber weil gleichzeitig ein ganz großes Bild desselben Künstlers ausgestellt war, das, obwohl es, mit seinen etwa 40 Figuren, nicht an die Größe des Mutterbildes heranreicht, im Leben und in der Entwicklung Mackensens eine wichtige Stelle einnimmt. Es ist jenes Bild, das zu malen er sich entschloß, als er das erste Mal nach Worpswede kam. Damals sah er das Missionsfest in dem benachbarten Schlußdorf, und im Jahre 1887 sah er es wieder. Er schrieb darüber an Otto Modersohn: »Die Leute schon so zu sehen ist famos; nun denke Dir aber diese interessantesten Leute bei einem Missionsfest, tief andächtig, unter freiem Himmel. Heute morgen fuhren wir per Wagen nach einem nahen Dorf, und ich hörte bis 6 Uhr abends vier Prediger. Das heißt, ich skizzierte während dieser Predigten die andächtigen Leute. Ich bin ganz selig in dem Gedanken, später ein Bild davon malen zu können...«

Er ahnte damals noch nicht, was es heißen würde, dieses Bild zu malen. Es war keine Seligkeit. Es war ein Kampf.

Gleich nachdem »Der Säugling« beendet war, ging er daran. Die Riesenleinwand stand meistens im Freien, nur im ärgsten Winter auf der Diele eines Bauernhauses. An ein Atelier war nicht zu denken. An die Kirchenmauer gelehnt, stand das Bild, Tag und Nacht. Zeitig früh, im kühlen Morgenschatten malte er. Und der Herbst war da mit seinen Stürmen. Malen hieß frieren. Malen hieß mit dem Winde ringen wie Jakob mit dem Engel des Herrn. Malen hieß nachts aufspringen und stundenlang draußen bei dem Bilde stehen, wenn der Sturm es zu stürzen drohte. Das hieß malen. Wer hat schon so gemalt?

Im nächsten Sommer, als das Bild, um der Modelle willen, in Selsingen, auf der Geest, stand, ging es nicht viel besser. Ungewöhnlich früh setzte der Herbst des Jahres 1893 ein. Und dazu die inneren Kämpfe, die Zweifel und Hoffnungslosigkeiten, die bei einer so kolossalen Aufgabe nicht ausbleiben konnten. Vielleicht, so schien es, hätte das Bild kleiner und zu Hause gemalt werden müssen, mit Studien nach der Natur. Es hatte etwas Entmutigendes, mit dieser Riesenleinwand hinter den Modellen herzuziehen, wie mit einem ungeheuren Menschenkäfig. Und jahrelang im Winde zu stehen und zu frieren.

Mackensen sah sich nach jemandem um, der helfen könnte … Eine Weile dachte er sogar daran, nach München zu Uhde zu gehen. Aber schließlich ist er doch allein, ohne Hilfe, fertig geworden. In Berlin, wo er, durch Vermittlung Bokelmanns, ein Atelier in der Akademie erhalten hatte, vollendete er in den folgenden Wintern das große, schwere Bild. Er nannte es »Gottesdienst im Freien«. Und ein »Gottesdienst im Freien« waren diese drei Arbeitsjahre wirklich für ihn gewesen. Er hat sich ihn nicht leicht gemacht, seinen Gottesdienst. Wie ein Knecht hat er seinem Gotte gedient, mit der Frömmigkeit eines Asketen und Kreuzfahrers. Nicht mit Worten, mit der Tat.

Wie sollte man es anders als freudig begrüßen, daß man in dem Bilde Spuren jenes Ringens erkennt, aus dem es entstanden ist? Sollte nur der Sieg ein Denkmal haben und der Kampf keines?

Der »Gottesdienst« war für Mackensen auch der erste Schritt in die größere Öffentlichkeit. Bekannt werden mußte in diesem Falle heißen: berühmt werden; wenigstens für München gilt dies, für Bremen, wo die Bilder zuerst ausgestellt waren, noch nicht. Dort sah sie, mit den Bildern der anderen »Worpsweder«, Herr von Stieler, der Präsident der Münchener Genossenschaft, und er bot den fünf Malern, die jetzt in Worpswede wohnten, einen besonderen Saal im Glaspalast des Jahres 1895 an. Sie kamen, und sie waren das Ereignis der Saison. Mackensen und Modersohn vor allem. Modersohn vielleicht noch mehr. Denn für Mackensen gab es auf den ersten Blick Anklänge; das Publikum, das ja viel gesehen hat, konnte, da es flüchtig zu sehen liebt, an irgendeinen Armeleutemaler denken. Viele erinnerten an Uhde. Modersohn aber konnte man sich, auch bei oberflächlichem Zusehen, nicht erklären … Staunend kaufte man seinen »Sturm im Teufelsmoor«. Mackensen aber erhielt, obwohl er noch gar keine Auszeichnung besaß, für den »Gottesdienst im Freien« die große goldene Medaille.

Aber es ist fast belanglos, wie die Öffentlichkeit sich zu diesen stillen, einsamen Arbeitern stellte. Hätte sie sich gesträubt, es wäre auch nicht anders gewesen. Diese Leute wußten ihren Weg und fuhren fort, ihn zu gehen.

Mackensens Weg geht geradeaus auf den Menschen zu, auf den Menschen dieser einsamen schwarzen Erde, auf der er lebte. Wo er in die Natur sah, fand er scharf umrissene Einzeldinge, aber in den Menschen, in diesen stillen nordischen Gestalten, war alles zusammengefaßt, was er suchte. Es gibt Künstler, die, wenn sie Musik hören, plötzlich einen Charakter, eine Szene, eine Stimmung begreifen, die ihnen lange unfaßbar schien: Ein Lied war imstande, die weithin zerstreuten Strahlen zu sammeln, was in der Natur entfernt oder streng getrennt nebeneinanderliegt, zu vereinen, und sie empfangen von ihm, fast vollendet, was ihnen zu schaffen unmöglich schien. Was für diese Künstler die Musik ist, das ist für Mackensen die Figur: der Extrakt der Landschaft. Wo er nur Landschaften gibt, hat man das Gefühl von etwas Verdünntem, Abgeschwächtem, Leerem. In seinen landschaftlichen Zeichnungen drängt sich dies, bei aller Trefflichkeit, ganz besonders auf. Diese Blätter wirken wie Seiten, die mit einer großen, sicheren Handschrift dicht beschrieben sind. Das Bildhafte fehlt, das Starke, Gesammelte, Konzentrierte, diese malerische Expansivkraft, die sofort wieder da ist, wo es sich um eine figürliche Darstellung handelt. Und doch ist Mackensen kein Menschenmaler; er hat keine Überlegenheit über das menschliche Gesicht, und Porträts setzen ihn in Verlegenheit. Wohl konnte er jene Menschen malen, deren Schicksale, nach dem Worte Taines, aus der Beeinflussung der Natur entspringen und nur aus ihr. Kulturmenschen, Leute aus der Stadt sind Heimatlose für ihn, und Gott weiß woher ihre Schicksale stammen. Es fehlt ihm an Fähigkeit und an Freude, das zu erforschen. Sie muten ihn an wie abgeschnittene Blumen, die man aus einem fernen, fremden Lande geschickt bekommt. Sie sagen ihm nichts oder doch nur einen Anfangsbuchstaben, und er hat keine Lust, weiterzuraten; er müßte den Boden sehen, auf dem sie gestanden haben, die Luft, die um sie war, das Licht, das sie erwärmt, und den Regen, der sie verdunkelt hat, um sich für sie interessieren zu können. Und ähnlich wie er vor solchen Blumen nicht als Künstler stünde, sondern einfach als der und der, so ist es auch bei Aufgaben dieser Art das Private, Zufällige, gleichsam das Bürgerliche, das, indem es spricht, den Künstler in ihm stört und kränkt.

Mensch (im banalen Sinne genommen) und Künstler sind ja nie ein und dieselbe Person. Der Künstler ist das Wunderbare, der Mensch das Erklärliche; der Mensch ist in dem Flecken so und so geboren, der den Künstler gar nicht interessiert; der Mensch ist, aus was für Verhältnissen er auch kommen mag, doch immerhin Produkt dieser bestimmten Verhältnisse, selbst dann, wenn er sie widerlegt. Den Künstler aus diesen Verhältnissen heraus ableiten zu wollen, ist falsch, schon deshalb, weil er sich überhaupt aus nichts ableiten läßt. Er ist und bleibt das Wunder, die unbefleckte Empfängnis ins Seelische übertragen; das, wovor alle staunend stehen, am meisten vielleicht er selbst.

Otto Modersohn

Maler, geb. 22. Februar 1865 Soest, studierte 1884/88 in Düsseldorf (Dücker) 1888 in München, 1888/89 in Karlsruhe (Baisch), lebte 1889 bis 1908 in Worpswede. 1901 Heirat mit Paula Becker. Seit 1908 in Fischerhude ansässig. Malt hauptsächlich Landschaften, gelegentlich auch Figurenbilder und Bildnisse. Starb am 10. März 1943 in Rothenburg.

Ein bekannter Kritiker schrieb am 15. Oktober 1895: »Der Erfolg, den die Maler von Worpswede auf der heurigen Jahresausstellung im Münchener Glaspalast errangen, hat in der Geschichte der neueren Kunst nicht seinesgleichen. Kommen da ein paar junge Leute daher, deren Namen niemand kennt, aus einem Ort, dessen Namen niemand kennt, und man gibt ihnen nicht nur einen der besten Säle, sondern der eine erhält die große goldene Medaille und dem anderen kauft die Neue Pinakothek ein Bild ab. Für den, der irgend weiß, wie ein Künstler zu solchen Ehren sonst nur durch langjähriges Streben und gute Verbindungen kommen kann, ist das eine so fabelhafte Sache, daß er sie nicht glauben würde, hätte er sie nicht selbst erlebt. Niemals ist eine Wahrheit so unwahrscheinlich gewesen.«

Diese unwahrscheinliche Wahrheit war vor allem Otto Modersohn. Er war mit nicht weniger als acht Bildern vertreten, acht rasch hintereinander gemalten Bildern, in denen alles Glanz, Klang und atemraubende Bewegung war... Aber man sah auf den ersten Blick, daß sie ein Mensch in sich trug, ein schauender Mensch mit einer weiten Seele, in der alles Farbe und Landschaft wurde. Man stand vor Erlebnissen. Es waren confessions, was da gegeben war. Bekenntnisse in Versen, in breiten, langzeiligen, rauschenden Versen. Die Sprache war neu, die Wendungen ungewöhnlich, die Kontraste klangen aneinander wie Gold und Glas. Man hatte ähnliches nie gesehen, man war beunruhigt, betroffen, ungläubig. Bis jemand den Namen Böcklin aussprach. Freilich, jeder behauptete, diesen Namen auf der Zunge gehabt zu haben; Böcklin: damit war alles gesagt. Einige Vorsichtige aber meinten: Nein, nicht alles. Und heute fühlt man sogar: nichts.

Nein, es war wirklich nichts damit gesagt. Ein bekannter Name war neben einen unbekannten gestellt worden. Nun standen sie zum ersten Male nebeneinander. Und? Und die Bilder des Unbekannten waren erklärt, mit Etikette versehen, chronologisch eingeordnet. Und? Und man konnte das Weitere ruhig abwarten. – Von diesem Weiteren wird hier die Rede sein.

Es genügt, kurz zu notieren, daß Otto Modersohn, neunzehn Jahre alt, Münster verließ und die Akademie in Düsseldorf bezog, wo er vier Jahre arbeitete. Daß er dort eine liebevolle Teilnahme bei Professor Dücker und Fritz Mackensens Freundschaft gewann und mit ihm und Alexander Hecking im Jahre 1888 nach München kam. In München sah er Böcklins »Meeresstille« und das kleine, schmeichelnd weiche Bild in der Schackgalerie lange an, ging aber dann für ein Jahr zu Professor Baisch nach Karlsruhe, wo er ebenso unbefriedigt blieb wie früher in Düsseldorf. Das Resultat dieser letzten Jahre lautet, kurz zusammengefaßt: es muß anders werden. Und nun ist zu erzählen, wie es anders wurde, ganz anders.

Worpswede begann; es ist schon gesagt worden wie. Es war von jenem Herbst die Rede, da drei junge Maler auf einer Brücke standen und nicht Abschied nehmen konnten; von dem Winter, der da kam mit langen Abenden und Gesprächen und mit Büchern, die man fürs Leben liebgewann; von dem anderen Winter in Hamburg und davon, daß keiner recht beginnen konnte. Auch für Otto Modersohn war es nicht leicht anzufangen. Wohl war ein Wunder geschehen. Eines von jenen Wundern, die geschehen müssen in jedem Künstlerleben, damit es sich ganz entfalten könne. Eine Sprache war ihm gegeben worden, eine eigene Sprache... Aber nun lag die eigentliche Arbeit erst vor ihm. Er fühlte es vielleicht in den ersten Wochen schon, daß hier in der seltsamen, geheimnisvoll reichen Natur Worpswedes seine Sprache auf ihn wartete, er begegnete auf seinen Wegen tausend Ausdrücken für tausend Erlebnisse seiner Seele und er erkannte sie auf den ersten Blick. Hier war ein Land, mit dessen Dingen er sich sagen konnte. Hier waren Morgen voll Hoffnung und Heiterkeit und Nächte voll Sterne und Stille. Tage brachen an, in denen Unruhe war, Wucht und Sturm und die Ungeduld junger Pferde vor dem Gewitter. Und wenn es Abend wurde, so war eine Herrlichkeit in allen Dingen, gleichsam ein flutendes Überfließen, wie bei jenen Fontänen, bei denen eine jede Schale sich füllt, um sich rauschend in eine tiefere zu ergießen. Und immer, wenn dieser Überschwang verklungen war, kam eine Stunde, die noch nicht Nacht war und nicht mehr Tag. Der Glanz war noch da, aber er blendete nicht mehr. Er lag still an die Dinge geschmiegt und schien aus ihren Poren auszuströmen in die lautlos dunkelnde Luft. Eigentümlich vereinfacht waren die Konturen der Bäume; alles Kleinliche war von ihnen genommen. Und die Nachtigall, die in ihnen zu schlagen begann, erhob ihre Stimme; und ihre Stimme ging über die Ebene hin, als ob es die Stimme eines großen Vogels wäre.

Erinnerungen stiegen auf. Erinnerungen an Kirchen und Gärten, Könige und Kinder von Königen. Hier war alles wiedergefunden, was einmal so lieb und nahe und wichtig war; und alles war hier an jeder Stelle. Man mußte nicht mehr von einem zum anderen gehen, von der Kirche in den Garten und vor die Stadt und in den Rathaussaal. Dieses Land hatte keine Historie gehabt. Aus langsam sich schließenden Sümpfen war es aufgewachsen, und die Leute, die sich; arm und elend, darin niederließen, hatten keine Geschichte. Und doch schien alle Vergangenheit und die Pracht aller Vergangenheit irgendwie darin enthalten zu sein. Als hätte man ein farbiges Zeitalter zerstampft und dann in die Sümpfe verrührt, aus denen diese Welt entstanden war. Der Boden war schwarzbraun, fast schwarz, aber er konnte sich dem Rot zuneigen oder dem Violett, einem Rot und einem Violett, wie es nur in alten Brokaten gleich schwer und leuchtend zu finden war. Oft war er weithin mit Heide überzogen, und das gab ihm eine rauhe Oberfläche, die bald stark farbig, bald verblichen schien und fleckig, hell und dunkel, wie ungleichmäßig aufgekämmter Sammet. Und neben der Heide stand in weiten Streifen ein weiches, wehendes Gras, blaß, blond, immer bewegt, und ohne Glanz. Im Herbst vor allem war es so. Die Birken standen da und konnten, gleich weißverkleideten Heiligen, das Licht kaum unterdrücken, das in ihnen war. Ihre Stämme enthielten alles Weiß der Welt, nach geheimnisvollen Gesetzen geordnet. Da war das Weiß der Lilien, in dem immer etwas vom Mondschein schimmert, da war das schattige Weiß, wie es im menschlichen Auge ist, und das rötliche, gleichsam erregte Weiß mancher Rosenblätter. Da waren Weiße, die nie jemand gesehen hatte, und die man nicht nennen konnte; so besonders waren sie. Und wenn man zu Füßen der Birke nur ein wenig die Erde hob, so sah man Wurzeln, gekleidet in ein großes, rauschendes Rot, das Rot mächtiger Könige, das Rot Tizians und Veroneses. Und man hatte das Gefühl, als müßte man nur irgendwo die schwankende Kruste dieses Landes aufreißen, um die Farben aller Feste und den Glanz urweltlicher Sommertage an die hundert Wurzeln gebunden zu finden. Aber wenn man ein Stück weiterging und an den Schiffgraben trat, in welchem regloses Wasser lag wie ein Spiegel aus dunkelblauem Stahl, da konnte man auch denken, daß unter allem, unter Wiesen und Wegen und Hainen, derselbe gläserne Abgrund stand, in den eine buntdunkle Welt schwer und hilflos hinunterhing.

Dieses Wunder war geschehen. Der Seele eines jungen Malers war dieser Wortschatz gegeben worden, damit sie sich sage. Aber bei den ersten Versuchen erwies es sich schon, daß es vor allem nötig war, diese Sprache zu erlernen, still und nüchtern zu erlernen mit dem Buche in der Hand, Gesetz für Gesetz. Wohl war die Sprache da, aber er beherrschte sie nicht. Wie eine Kette mit edlen Steinen lag sie vor ihm, aber er vermochte nicht, sie zu tragen. Und so ging er denn hinaus Tag für Tag in die Natur, schrieb ihre großen Worte nach und ihre kleinen, und ihre ganz kleinen Worte, streng, gewissenhaft, ohne auch nur an einer Silbe zu rühren. Das war Grammatik. Und langsam konnte man zur Syntax übergehen, im Winter. Da lagen in der niederen Stube Otto Modersohns Schmetterlinge, aufgeschlagen wie Bücher. Er las auf ihren Flügeln und in den Federn von Vögeln wie in einem Kompendium der Farbenlehre. Das waren keine trockenen Lehrbücher. Einfach und reich zugleich war ihr Stil, voll von Beispielen und Gleichnissen. Und dann sah er gepreßten Pflanzen zu, wenn sie vertrockneten. An Stelle der frischen Farben traten welke, stumpfe, Farben der Erinnerung statt der Farben des Lebens. Rot dunkelte fast zu Schwarz, Blau verblich wie an der Sonne und alle Grüns nahmen eine bräunliche, dauerhafte Färbung an, die sich nicht mehr veränderte. Aber trotz dieses Wechsels ging die Harmonie nicht verloren. jede Ton schien vom anderen zu wissen, und nach dem Schwanken einiger Verwandlungen trat ein neues Gleichgewicht ein, ebenso eigentümlich, geheimnisvoll und reich wie die Melodie des Lebens war. Jahre vergingen so, ganz mit Lernstunden angefüllt, und wenn etwas diese Jahre verdüsterte, so war es die Ungeduld dessen, der sich danach sehnte, in der Sprache zu dichten, die er eben richtig zu schreiben begann. An manchen Stellen prägte sich auch, durch den herben Ernst des Lernenden hindurch, das linde Lächeln des Dichters ahnend aus. Es gibt eine Studie aus dem Jahre 1893, ein gewissenhaftes Diktat nach der Natur, das doch (man kann nicht sagen weshalb) wie ein Gedicht anmutet. Da sieht man eine kleine Wiesenschlucht, in der ein Rest Wasser steht, glanzlos hell. Weiden rings herum. Von der Höhe des Hanges aus dem grauen, zerstreuten Licht, ist ein Mädchen heruntergekommen und steht nun vorgebeugt, nahe am Wasser. Ihre rote Jacke leuchtet, von der Dämmerung vertieft, aus dem gedämpften Silbergrün dieses stillen Bildes.

Aber es kommen auch wieder Zeiten der Zagheit und des Zweifels, Zeiten, wie sie jeder Lernende durchmacht, wo die Aufgabe unermeßlich scheint und kaum noch begonnen. Als Reaktion einer solchen Zeit sind jene acht Bilder zu betrachten, welche in München, im Glaspalast von 1895, so großes Aufsehen erregten. Sie zeigen nicht nur eine gewisse sichere Beherrschung der Sprache, es hat auch schon der Prozeß einer bestimmten Stilbildung seinen Anfang genommen, die nun von Bild zu Bild fortschreitet, zugleich mit einer fast täglichen Erweiterung des Wortschatzes und der Fähigkeit, ihn immer unbewußter zu gebrauchen. Denn dieser weite, weite Weg mußte gegangen werden: durch das klare und starke Bewußtwerden jeder Silbe hindurch zum Wiedervergessen, d. h. zum unbewußten, naiven Gebrauchen der erworbenen Werte. Es wäre gewiß schwer für Modersohn nach Jahren so absichtsvoller Arbeit, jene unbewußten Wege wiederzufinden, auf denen seiner Kunst (wie jeder Dichterkunst) das Tiefste kommen muß. Vielen sind sie zugewachsen, während sie an der Natur hingen. Bei ihm aber kam von da, an jedem Abend fast, die Lust zu kleinen Blättern, zu Blättern, handgroß, die er, hingegeben an den Willen seines Stiftes, zeichnete, ohne daran zu denken, daß er es tat. In diese Zeichnungen strömte immerfort das Innerste, Intimste, das, was er in den Bildern noch nicht zu sagen wagte; in einer aus schwarz und rot geflochtenen Dämmerung lebt hier seine Welt, wie die Rose in der Knospe lebt, mit angehaltenem Atem, dunkel und gedrängt. Diese Blätter sind, gleichsam über alle Worte weg, aus dem Geiste jener Sprache gemacht, nach deren Besitz er rang und ringt. Wenn das andere ein redliches Gehen war, sind sie ein Flug und Schuß nach demselben Ziel. Je vollkommener und naiver aber der Ausdruck in seinen Bildern wird, desto mehr empfangen auch sie vom Geiste der Sprache, in der sie geschrieben sind, desto mehr nähern sie sich dem Wesen jener Blätter, wie sich die Menschen vielleicht, je reifer sie werden, immer mehr ihren Seelen nähern, bis sie endlich, an einem Höhepunkte des Lebens, mit ihnen eins werden. So gehen auch hier zwei Wege einer seltsamen, und man kann sagen, selten schönen künstlerischen Entwicklung aufeinander zu, um, vielleicht sehr bald, ineinander zu fließen. Erst wenn eine solche Vereinigung erfolgt sein wird, wird man diesen Dichtermaler kennen, wie er jetzt schon im Dunkel jener kleinen Blätter, die sich nicht vervielfältigen lassen, lebt und wie seine besten Bilder ihn versprechen. Die Zahl dieser Bilder ist sehr groß. Aber man tut ihnen ein Leides, wenn man sie beschreiben will. Dieser Adept des Abends hat wundervolle Dämmerungen gemalt, Dämmerungen, die auf den Vließen der Schafe zittern, Dämmerungen, die sich im Wasser spiegeln, tiefe, stille Dämmerungen um irgendeine einsame Gestalt. Mit ein wenig Weiß stellt er manchmal ein Mädchen in seine Mondaufgänge, und man sieht sie stehen und schimmern, wie man Regine sieht in der kleinen verwandten Landschaft von Theodor Storm:

> Und webte auch auf jenen Matten
> Noch jene Mondesmärchenpracht,
> Und stünd' sie noch in Waldesschatten
> Inmitten jener Sommernacht;
> Und fänd' ich selber wie im Traume
> Den Weg zurück durch Moor und Feld,
> Sie schritte doch vom Waldessaume
> Niemals hinunter in die Welt.

Und doch genügte es nicht, ihn den Maler der Dämmerung zu nennen. Es gibt Abende von ihm, die wie auf Mahagoni gemalt sind, und Morgen, voll Frühling und Frische, und schattige Tage mit weiten, sonnigen Fernen.

Er hat es auch selbst einmal gesagt: »Das Kräftigste, Leuchtendste, Üppigste, wie das Zarteste, Lindeste, Feinste, – das Düstere, Tiefe, Satte, wie das Lichte, Heitere: Rauschen und Säuseln, Gold und Silber, Sammet und Seide, alles, alles liegt mir am Herzen.«

Und alles das, was ihm am Herzen liegt, enthält die rätselhafte Natur dieses Landes. Das Starke und das Stille hat Ausdrücke in ihr, für »Rauschen und Säuseln, Gold und Silber, Sammet und Seide« gibt es viele, unvergleichlich klingende Namen. Und die Worte, die für das Starke sind, lassen sich immer noch steigern und steigern, bis sie das Stärkste bedeuten, das man ertragen kann, und das, was Stilles besagt, klingt, mit der Sordine genommen, stiller denn Stille. Kontraste sind da. Es kommen Zeiten in diesem Lande, wo die Winde nicht aufhören und so gewaltig sind, daß die Tage kaum Zeit haben zu sein; denn die Winde, die aus dem Westen gehen, reißen den Abend herbei, der unerwartet früh, wie ein Gewitter, über die Weiten stürzt. Und in der Nacht, wenn der Sturm zu Stürmen wird, die, so breit wie die Welt, über die Moore kommen, rollen, jagen und sich überschlagen, da können die in den Häusern meinen, das Meer sei wieder da und nehme sein altes Bereich brausend in Besitz. Und daneben gibt es Tage und Nächte, wie sie manchmal zwischen Bergen sind, beinahe starr vor Reglosigkeit, mit aufrecht stehender Luft und Wässern, ruhiger als Spiegel. Oder man geht über die Heide hin, die sich bunt und brach stundenweit auszudehnen scheint, von gebückten Bäumen unterbrochen, deren Dasein in einsamer Vergessenheit vergeht. Und plötzlich heben, wie die Strophen eines Gedichts, Parkwege an, rhythmisch angelegt und mit einer gewissen graziösen Müßigkeit Halbkreise beschreibend zu dem nächsten Platze hin, statt gerade auf ihn zuzugehen. Man entdeckt Spuren einer vergangenen Gartenkunst an den Hecken, die wie Leute, welche in ihrer Jugend bei Hofe verkehrten, einen halbvergessenen Anstand zur Schau tragen, dessen sie sich gerne erinnern, man findet Stellen, wo einmal zierliche Brücken ihren Sprung über ungefährliche Bäche ausführten, und entlegene Orte, an welchen Altane gestanden haben mögen, verschwiegen, und von scheinbar absichtslosen Pfaden leise aufgespürt.

Oder es tut sich hinter einem Haus mit einemmal unvermutet eine Weite auf, in der, groß und geräumig wie sie ist, Häuser und Bäume und Baumgruppen mit Verschwendung verteilt sind, so daß man dieser Ebene, deren Wege so endlos sind, keinen Namen zu geben wagt. Zeit und Zufall scheint von ihr abgetan und man glaubt die Länder der Erde zu sehen und den Schatten Gottvaters über stillen, weithin weidenden Herden.

Es ist nichts unmöglich in diesem Land. Und auch das Unwahrscheinliche empfängt von der Fülle der Himmel die Gegenständlichkeit und Wahrhaftigkeit wirklicher Dinge. Diese Himmel enden mit jenem Kreis, an dem die Gestirne sich halten und die Regen, ehe sie niederfallen; aber sie beginnen hier, unter uns. Sie ruhen auf jedem Blatt, sie liegen auf den Haaren und in den Händen der Kinder, sie stützen sich nachdenklich auf alle Dinge.

So Mächtiges – Worte für fast Unsagbares – enthält dieses Land, die Sprache Otto Modersohns. Und es ist zu sehen, daß er sie immer mehr als Dichter gebraucht. Schon kennt er sie so genau, daß er zu wählen weiß unter ihren Werten; immer mehr strebt er danach, nur das Wichtige zu geben, das Große, das Tiefnotwendige. Dichtung ist Auswahl. Und wenn alles Wichtige da ist, dann bindet eines das andere mit der magnetischen Kraft der Massen und es fügt sich von selbst, d. h. nach seinen eigenen Gesetzen zu einer einheitlichen, nirgends offenen Form. Diese organisch erwachsene Form bringt zwei Wirkungen mit sich: Stille und Intimität nach innen, und nach außen hin jene volle dekorative Deutlichkeit, die das Bild erst zum Bilde macht. Das dekorative Element rechnet aber nicht nur mit der Form, es bedarf vor allem der Farbe. Wie breit dieser Maler das Wesen der Farbe faßt, ist schon geschildert worden. Was der Rembrandt-Deutsche gesagt hat, erkennt er an. Auch ihm gilt Huhn, Hering und Apfel für koloristischer als Papagei, Goldfisch und Orange. Aber es liegt für ihn keine Beschränkung darin, nur ein Unterschied. Nicht das Südliche will er malen, das seine Farbigkeit immer im Munde führt und mit ihr prahlt. Dinge, die innerlich voller Farbe sind, das was er mit einem unübertrefflichen Worte »die geheimnisvolle Farbenandacht des Nordens« nennt, hält er für seine Aufgabe. Man wird diese Aufgabe noch schätzen lernen und den nicht übersehen können, der sein Leben darangesetzt hat, sie zu lösen. Es ist ein stiller, tiefer Mensch, der seine eigenen Märchen hat, seine eigene, deutsche, nordische Welt.

Fritz Overbeck

Landschaftsmaler und Radierer, geboren Bremen 15. September 1869, gest. 7. Juni 1909 Bröcken bei Vegesack. Schüler der Düsseldorfer Akademie 1892. Von 1894 bis 1906 in Worpswede. Mitglied der Kolonie.

Als Modersohn und Mackensen im Herbst 1891 wieder einmal nach Düsseldorf und in den »Tartarus« kamen, da fanden sie lauter neue Leute und wenig bekannte Gesichter. Die Gäste aus Worpswede erregten Neugier und Staunen. Keiner von den jungen Leuten konnte sich denken, daß es möglich sei, auch im Winter in irgendeinem Dorf zu sitzen, einzuschneien und der Welt den Rücken zu drehen. Und einer, der sich besonders wunderte, kam auf Otto Modersohn zu und, da er, obwohl er schweigsam schien, zu reden pflegte, wenn die Zeit zum Reden gekommen war, fragte er ihn, wie es möglich sei. »Worpswede? Das kenne ich wohl«, sagte er, »ich bin Bremer.« Und, einmal im Gange, fragte er weiter, wie es denn da auf dem Dorfe sei. Man konnte merken, er hatte nicht übel Lust, es selbst zu erproben. Modersohn besah sich aufmerksam den breitschultrigen, bartlosen jungen Mann mit der schweren, gedrungenen Gestalt, der damals bei Jernberg arbeitete und dessen liebstes Wort »unbändige Naturkraft« war. Er lud ihn ein zu kommen. Und es dauerte nicht lange, daß er kam und blieb. Es war Fritz Overbeck.

Worpswede war auch für ihn das Ereignis. Anders als für Modersohn. Er hatte hier nicht die Sprache gefunden, in der er seine Seele sagen wollte. Er dachte gar nicht daran, sie zu sagen: er war kein Dichter. Es träumte irgendwo in ihm hinter einer dicken Schale von Schweigsamkeit, und er brauchte ein Gegengewicht dafür in der Welt. Deshalb malte er, malte die Dinge nach seinem Ebenbilde, stark, breitschultrig und voll von einer schweren Schweigsamkeit. Und hier waren sie nun so oder vielleicht sah er sie so, jedenfalls kamen sie seinem Schauen entgegen, gingen auf ihn ein, und ihre klangvollen Farben und die Behäbigkeit ihrer Formen und die Stille, mit der sie dastanden: alles das gab ihm das Gefühl von einer Wirklichkeit, die um ihn war, und eben das brauchte er: Wirklichkeit.

Fritz Overbeck malt, wie manche Leute Musik machen: sie spielen, und das Stück, das sie spielen, ist stark oder sanft, gewaltig oder erwartungsvoll; aber, obwohl sie es ganz meisterhaft spielen, sind sie selber nicht drin, sie spielen es, um irgendwo zu Hause zu sein, nicht in dem Liede, irgendwo, wo sie sind. So malt er: nur daß seine Bilder das Gegenteil sind von Musik. Musik löst alles Vorhandene auf in Möglichkeiten und diese Möglichkeiten wachsen und wachsen und vertausendfältigen sich, bis die ganze Welt nichts ist als eine leise schwingende Fülle, ein unabsehbares Meer von Möglichkeiten, von denen man keine einzige zu ergreifen braucht. Auf seinen Bildern aber setzt sich alles zur Wirklichkeit um, füllt sich, verdichtet sich. Sogar seine Himmel sind Tatsachen, an denen man nicht vorüber kann. Wenn er sie wolkenlos malt, dann ist es die kräftige Farbe, die sie stofflich macht, aber viel öfter stehen Wolken in ihnen, greifbar und groß, Wolkendörfer, eine Wolkenstadt. Auch seine Mondnächte sind so, voll eines Himmels, der zur Erde gehört, der schwer geworden ist und sich daran gewöhnt hat, mit den Dingen zu leben. Es ist eine große, rührende, kindliche Bejahung der Welt in dieser herzlichen, handfesten Malerei. Nirgends kann ein Zweifel aufkommen, es gibt nichts, was ungewiß wäre, überall steht es in breiten Lettern: Est, est, est!

Man betrachte seine Radierungen. Eine der ältesten gleich mit der Brücke und der Mühle und dem Berg in der Ferne bestätigt, was hier zu sagen versucht worden ist. Ja sie weist sogar noch darüber hinaus. Sie spricht von der Kunst, die Massen im Räume zu verteilen; hier ist mit ihnen hantiert worden wie mit Dingen. Die einen sind gleichsam hineingestellt, andere hineingeschoben, und die Balken der Brücke scheinen vom Berge her an ihren Platz geschleudert worden zu sein. Das alles sitzt, und man mag daran rütteln, es rührt sich nicht. Und die andere Brücke, genannt: Stürmischer Tag. Hier scheint es gelungen, den Sturm selbst zu einem Dinge zu machen. Er füllt das ganze Blatt aus, und Gräser, Büsche und Bäume scheinen nur seine Konturen zu sein. Die Birken aber, denen man ansieht, daß sie im Wehen gewachsen sind, zeugen von hundert Sturmtagen und Sturmnächten. Immer wieder findet man sie bei ihm, diese viel zu langen Birken mit den Bewegungen des Windes, dem sie nachgegeben haben und über den sie schließlich doch wieder hinausgewachsen sind in lautlos stehenden Sommertagen. Auch in ruhigen Morgen-und Mittaglandschaften, wenn die Wassergräben einen fröhlichen oder trägen Himmel wiederholen, winden sie sich manchmal hinauf, diese aufgeregten Birkenstämme, wie beunruhigt von ihrer Vergangenheit. Und sie scheinen dann durch ihren bizarren und eigensinnigen Kontrast die Stille ihrer versöhnten Umgebung noch zu vertiefen.

Es sind fast dieselben Motive, die Overbeck auf Radierungen und Bildern verwendet, und durch seine Malerei wie durch seine Schwarzweißkunst geht dasselbe Streben wie ein breiter Strom: Einzelheiten in ihrer ganzen Pracht hinzustellen, ohne dadurch den Gesamtwert aufzuheben. So oder ähnlich hat er selbst früher einmal ausgesprochen, was er will. Und er setzt seinen Willen durch. Er hat seine Kunst damit ganz charakterisiert, und man tut gut, jenen Satz als Maßstab zu gebrauchen vor seinen Bildern. Man wird gegen sie am gerechtesten sein, wenn man untersucht, inwieweit in ihnen die Absicht des Malers erreicht worden ist. Es ist zu sagen, daß er in vielen Radierungen und in einigen Bildern der Erfüllung sehr nahe gekommen ist. In den Bildern kommt die Farbe hinzu, welche fähig ist, dem Bestreben, Einzelheiten in ihrer ganzen Pracht zu erfassen, sehr zu helfen; aber durch sie wird zugleich die Aufgabe erschwert, über die Einheitlichkeit des Ganzen an keiner Stelle hinauszugehen. Es ist nicht leicht, erhobene Stimmen in gleicher Stärke zu erhalten, und die Freude am einzelnen ist immer eine Gefahr für den Zusammenhang.

Seltsamerweise sind die Bilder Overbecks, obwohl ihre Farben mit erhobenen Stimmen verglichen werden konnten, von einer eigentümlichen Schweigsamkeit durchdrungen, die kein Laut unterbricht. Es ist schwer zu entscheiden, ob die Farbenstimmen sich gegenseitig aufheben, wie es manchmal mit den Geräuschen des Meeres der Fall ist, die man nicht mehr hört und als die Fülle eines unermeßlichen Schweigens zu empfinden geneigt ist, oder ob dieses Gefühl irgendwie inhaltlich begründet ist und durch den Umstand hervorgerufen wird, daß auf Overbecks Bildern fast nie eine Figur erscheint. Wo eine einmal vorkommt, ist sie so unwichtig, auch räumlich meistens so wenig dringend bedingt, daß man sie ruhig zudecken kann, ohne dem Wesen des Bildes auch nur im entferntesten Zwang anzutun. Aber seine Landschaften, wenn sie auch ohne Gestalten sind, machen doch nicht den Eindruck der Einsamkeit. Die Mondnächte und Sonnenuntergänge liegen vor einem offen da, als wäre man eben aus der Stube, wo liebe, nahe Menschen um ein Feuer beisammen sitzen, herausgetreten. Wohl rührt sich draußen nicht ein Blatt am Baum und es ist, soweit man sieht, niemand zu sehen, nicht einmal ein Hund schlägt an in der Nachbarschaft, aber man ist doch, während man da hinausblickt, ganz erfüllt und gleichsam durchwärmt von dem Bewußtsein jener nahen stillen Stube, in die man jeden Augenblick zurückkehren kann. Und die großen leuchtenden Tage, die er malt, sind lauter Sonntage, und die Leute sind dann alle zu Hause oder in der Kirche und ruhen aus vom langen Wochenwerk. Die Blicke feiernder Menschen scheinen auf dieser weiten, kräftigen Natur zu ruhen und aus ihr herauszustrahlen.

So ungefähr sechzehn Jahre mochte der junge Overbeck gewesen sein, als er anfing draußen vor der Natur zu zeichnen und zu malen. Wie wenig ernst seine Mutter übrigens damals seinen Plan, Maler zu werden, noch nahm, beweist der Umstand, daß sie ihm bei einer Dame Unterricht geben ließ, wo der schweigsame junge Mensch unter lauter ähnlich beschäftigten Backfischen eine äußerst merkwürdige Rolle spielte. Inzwischen absolvierte er langsam das Gymnasium und setzte den aufgeregten Bemühungen, die man machte, ihn von der unseligen Idee mit der Malerei abzubringen, nichts als seinen breiten Rücken entgegen, was ihm auch schließlich nach Düsseldorf verhalf. Die Akademie bildete damals natürlich den Inbegriff alles Heiles für ihn, aber er vergaß, wenn er das später einmal erzählte, niemals hinzuzusetzen: »Jetzt aber nicht mehr.«

Seine Ausdrucksweise hat, wie man sieht, etwas ungemein Überzeugendes und Klares, und diesem Umstand ist es zuzuschreiben, daß er im Jahre 1895, als alle Welt von Worpswede wissen wollte und kein Mensch imstande war, etwas davon zu erzählen, selbst zur Feder gegriffen hat, um in der »Kunst für Alle« von seiner und seiner Freunde Wahlheimat sachgemäß zu berichten. Was er damals geschrieben hat, ist seither oft und oft zitiert worden, aber man wird sich vielleicht trotzdem freuen, einige seiner schlichten Worte, die am besten zeigen können, wie dieser Maler sein Land sieht, hier wiederzuerkennen.

»Ein Hauch leiser Schwermut liegt ausgebreitet über der Landschaft. Ernst und schweigend umgeben weite Moore und sumpfige Wiesenpläne das Dorf, das, als suche es einen Zufluchtsort gegen unbekannte Schrecknisse, sich an dem steilen Hange einer alten Düne, dem Weyerberge, zusammendrängt. Wirr und regellos durcheinander zerstreut liegen Häuser und Hütten, beschirmt von schwerlastenden, moosüberkleideten Strohdächern und knorrigen Eichen, an deren weitausladenden Wipfeln sich machtlos die Stürme brechen, über dem Dorfe wölbt sich der »Berg«, zerklüftet von zahlreichen Rinnsalen, die das abfließende Regenwasser sich ausgewaschen, gekrönt mit einem verkümmerten Eichenbuschwald. In dessen Mitte erhebt sich auf freiem, mit alten Föhren umgebenem Platz ein Obelisk, zum Gedächtnis Findorffs, des Mannes, der im Anfang dieses Jahrhunderts die Gegend urbar gemacht, das Moor entwässert und dem Verkehr erschlossen hat. Aus wuchtigen Granitquadern aufgeschichtet, ragt das Monument in seltsamer Feierlichkeit gen Himmel. Von der einsamen Höhe schweift weithin der Blick ins Land hinaus, über Moor und Heide, Felder und Wiesen. Dunkle Eichenkämpe, die in ihrem Schatten spärliche Gehöfte der Bauern bergen, unterbrechen hin und wieder die Monotonie der großen Ebene. Wasserläufe blitzen auf und der Spiegel der schlangengleich gewundenen Hamme, darauf in stiller geheimnisvoller Fahrt schwarze Segel durchs Land ziehen. Darüber spannt sich der Himmel aus, der Worpsweder Himmel...«

Hans am Ende

Maler und Graphiker, geb. 31. Dezember 1864 in Trier. Schüler der Münchner Akademie (1884 bis 1886 und 1888/89) zuletzt unter W. Dietz, vorübergehend auch Karlsruhe unter Ferd. Keller ausgebildet. Befreundet mit Mackensen, 1889 in Worpswede niedergelassen, 1892/93 zu einem Studienaufenthalt zu O. Knille nach Berlin. 1896 goldene Medaille in Wien, 1904 in St.Louis. Landschaftsradierungen, ferner Bildnisse von G. Ebers und H. Allmers. Drucke von ihm in den größeren deutschen Kupferstichsammlungen. Starb 9. Juli 1918 in Stettin.

Die Periode »Worpswede« begann für Hans am Ende nicht weniger unvermittelt als die früheren Abschnitte seines Lebens. Der Münchener Aufenthalt hatte ihn auf alles eher vorbereitet, als darauf, in ein kleines entlegenes Dorf zu gehen, das irgendwo auf einer alten Düne lag und der Welt den Rücken kehrte. Aber wenn ein Leben einmal eine bestimmte Form gefunden hat, scheint es oft mit einer gewissen Zähigkeit daran festhalten zu wollen; mag die Persönlichkeit auch wachsen, die dieses Leben trägt, seine Entwicklungen vollziehen sich immer wieder nach der einmal erprobten Gesetzmäßigkeit, die durch eine reifende Individualität zwar nicht durchbrochen, aber für sich ausgenützt werden kann.

Als Hans am Ende nach Worpswede kam, mußten alle die vielen Beschäftigungen, die ihn in München erfüllt hatten, fortfallen. Da war nichts neben der Natur, einer Natur freilich, die so unerschöpflich war, daß sie verwirren konnte durch ihre Vielfalt. Aber eine Konzentration war doch immerhin geschehen. Nach den hundert zerstreuten Anforderungen der Stadt war da mit einem Male eine Aufgabe gestellt, die zwar in unzählig viele Aufgaben zerfiel, aber doch über sie alle fort zur Einheit führen konnte. Es ist nicht zu verwundern, daß die Aufgaben, die Hans am Ende als die seinen erkannt hat, nicht in einer Linie liegen. Seinem Wesen entsprach es, sich strahlenförmig nach allen Seiten hin zu entwickeln, und das Ziel einer solchen Entwicklung war notwendig der Kreis. Doch auch ein langsames Wachsen in konzentrischen, auseinander herausrollenden Kreisen war nicht seine Sache. Es ist, als hätte dieser ungeduldige Geist sich gleich seine äußerste Peripherie festgesteckt, um, Radius für Radius, zu ihr hinzugehen. Und wenn in dem einen eine fast unerhörte Kühnheit liegt, so mutet die kolossale Arbeit, die da so treu Schritt für Schritt geleistet worden ist, wie ein demütiges, stilles Dienen an, das zu jener Erfüllung hinführt. Manchmal verliert sich unterwegs die Spur und es scheint, als wäre der fernste Kreis im Fluge oder mit einem Wurfe erreicht worden. Immer aber geht das Streben mit einer seltenen Unerschrockenheit auf jene letzte Linie zu, die noch erreichbar ist.

Er wurde zunächst nur durch jene großen Blätter bekannt, die bereits von einer eigentümlichen Naturauffassung Zeugnis ablegen, welche er später von Bild zu Bild bestätigt und erweitert hat. In der »Mühle«, ebenso wie in dem Blatte »Immenhof«, ist noch viel Versuchendes, aber es steht alles Versuchte auf einer gewissen gleichmäßigen Stufe des Gelingens, und deshalb hat der Gesamteindruck doch etwas Breites, Einheitliches. Neben diesen großen Drucken, in welche gewissermaßen nur Resultate eingetragen wurden, gehen die kleinen Blätter her, die ungleichmäßiger, aber auch in vieler Beziehung aufschlußgebender sind. Hier wurde vieles erprobt und geprüft, was nicht gelingen mußte, was aber gleichwohl, weil es so unbetont geschah, gelang. Sie wirken, neben die großen Radierungen gehalten, wie geschriebene Tagebuchblätter neben gedruckten Buchseiten. Sie enthalten mehr als den Inhalt: der Duft der Stunde ihres Entstehens ist an sie gebunden, und es ist als hätte, wer sie schuf, nicht an viele gedacht, vielleicht nur an eine nahe Hand, die Liebes zärtlich zu halten weiß. Ich meine vor allem das sehr schöne Blatt »Träumerei«. Eine stille geschlossene Frauengestalt geht neben Birken mit gesenktem Gesicht, tief träumend, am Wasser hin. Links beginnt ein Wald, rechts stehen Schafe, schauen und weiden nicht mehr. Es dämmert schon. Das Wasser glänzt noch einmal auf, die Birken schimmern. Man könnte an ein Blatt von Klinger denken, etwa aus der Zeit, als der Handschuh entstand. Aber es ist eine andere Melancholie, ein anderer Traum.

Dann gibt es ein zweites Blatt. Ein Haus, hell, weit zurückgeschoben, am Rande einer Blumenwiese. Dünne Birken stehen licht davor und werfen lange Morgenschatten in das Gras. Und dann gibt es ein Bild: Blütenbäume, nichts als eine Reihe blühender Bäume in weitem, ebenem

Land; eine Frau, die die Arme hebt, ein Kind: Millet klingt an, aber es ist noch mehr, wie Jacobsen es geschrieben hat: »Blütenweiß stehen, Bouquette von Schnee, Kränze von Schnee, Kuppeln, Bogen, Girlanden, eine Feenarchitektur von weißen Blüten mit einem Hintergrunde von blauestem Himmel.« Solche Momente sind köstlich: wie wenn man am Abend bei einem einsamen Landhaus vorübergeht; man hört Musik, aber, wie man stehen bleibt, um zu lauschen, ist sie verklungen. Und nun steht man und wartet. Es sind Minuten voll Nachklang, Stille und Ungewißheit. Was wird nun kommen: etwas Frohes, etwas Mächtiges oder wird man hören wie das Klavier geschlossen wird? So sind diese Blätter, so ist dieses Bild: Pausen, Intervalle voll Machklang, Stille und Ungewißheit. Sie sind selten bei Am Ende, dessen Kunst eigentlich Musik ist. Musik, ja, das ist es, womit man sie am besten vergleichen kann. Musik von Hörnern und Harfen, Steigendes, Schwellendes, Verschwendung. Die Farben seiner Landschaften setzen ein, als hätten sie auf den Wink eines unsichtbaren Taktstockes gewartet. Wenn man vor seine Bilder tritt, gibt es einen kleinen letzten Augenblick der Stille, einer lautlosen Stille wie im Theater, knapp ehe die Ouvertüre beginnt. Dann fallen sie ein, stark, vielstimmig mit brausender Breite. Ein ganzes Orchester sammelt sich im Raum des Rahmens, und es ist alles da bis zum braunen Glänzen der Geigen und dem hellen Blitzen erhobener Hörner. Hans am Ende malt Musik, und die Landschaft, in der er lebt, wirkt musikalisch auf ihn. Darum sieht er sie nicht mit der stillen, sachlichen Ruhe des Malers an und versenkt sich nicht in sie mit des Dichters lauschenden Sinnen. Er ist ergriffen von ihr, hingerissen, emporgehoben und hinabgezogen. Er malt sie, gleichsam im Kampf mit ihr; als ob einer die Welle malte, die über ihm zusammenschlägt. Darum wächst sie ihm so über alle Maße hinaus, darum haben seine Formen, obwohl sie so stark und wirklich sind, doch etwas Unabgeschlossenes: als ob sie noch weiter wachsen wollten, um, wie jede Form in der Musik, endlich an einem Punkte höchster Spannung abzubrechen, sich aufzulösen, ein neues Leben zu beginnen. Eben dieses gleitende Wesen der Musik ist es, welches der Malerei zu widersprechen scheint. Und dieser Widerspruch ist auch da und dort in Am Endes Bildern sichtbar; manchmal ist er stärker als sie, manchmal aber ist er unterworfen und gezwungen worden, dem Bilde zu dienen. Da entstehen dann sehr eigentümliche Wirkungen. Niemand als ein Maler, der in dieser Weise die Natur erlebt, konnte jene heroischen Stunden malen, Stunden des Abends oder der Dämmerung, wenn jedes Ding über seinen Kontur hinaus in einen größeren zu wachsen scheint. Die Erde dehnt sich aus, die Flüsse verbreitern sich, Himmel scheint sich auf Himmel zu türmen, und wie Ruinen dunkler Riesenmauern steigen sehr ferne Baumgruppen davor auf. In solchen Momenten kommt die Natur einem tiefen, halb vergessenen Gefühl Am Endes entgegen, sie steigert und bestärkt es und, wie aus vielen Erinnerungen, findet er jene alten Birken, die sich so oft in die Mitte seiner Bilder hineinziehen, graugrün glänzend, hintereinander gereiht, wie die letzten Marmorsäulen langvergangener Kaiserpaläste.

Heinrich Vogeler

Zeichner, Radierer, Innenarchitekt, Kunstgewerbler, Buchkünstler und Dichter. Geb. 12. Dezember 1872 in Bremen. Schüler von P. Janssen und A. Kampf an der Düsseldorfer Akademie. Kam nach längeren Reisen im In-und Ausland 1894 nach Worpswede, wo sich vor allem Mackensen seiner annahm. Machte sich ansässig und erwarb den Bauernhof »Barkenhoff«. Heiratete die ortsansässige Kunstgewerblerin M. Schröder (bes. Gobelinwirkerin). Nach dem ersten Weltkrieg gründete V. eine kommunistische Arbeitsschule auf künstlerischer Grundlage. Bekannt zuerst als Zeichner und Buchdekorator. Eingehende Beschäftigung mit Möbelkunst. Gründung der von ihm geleiteten Worpsweder Werkstätte für Landhausmöbel. Silberschmiedearbeiten (darunter das Bremer Ratssilber). Einrichtung der alten Güldenkammer des Bremer Rathauses (1905). – 1923/24 Rußlandreisen nach Kardien und Zentralasien. 1925 Rückkehr nach Worpswede, Erneuerung der Wandgemälde im Barkenhoff. 1931 in Roucol, Askona, Gründung der Zeitschrift »Fontana Martina«. Erste Ausstellung im Liebknechthaus Berlin. 1931 wieder in Rußland. 1934 bis 1936 in Karelun. Über eigene Entwicklung und das eigene Werk ein Bericht in »Das Wort«, herausgegeben C. E. Erpenbeck, Bert Brecht, L. Feuchtwanger, W. Bredel. 1940 bis 1941 in Kabardina/Balkarien. 1941 aus Moskau evakuiert (als Deutscher). Starb 1942 in einem Dorf nahe Karaganda/Sibirien.

So lange der junge Heinrich Vogeler seine kleine, abgeschlossene, eigene Welt in sich herumtrug, war sie nicht viel mehr als eine kleine Eigenheit, ein persönlicher Widerspruch gegen alles andere, zu leise und vornehm, als daß er bemerkt worden wäre und von der ganzen großen Wirklichkeit fortwährend widerlegt. Es gehen viele mit solchem Anderssein, mit einem unaufhörlichen inneren Widerspruch in der Welt herum, und sie sind deshalb nicht mehr als unzufriedene Sonderlinge, deren Seltsamkeiten kaum ernst genommen werden. Es kommt darauf an, ob so ein Protest die Kraft hat sich durchzusetzen, sich als Wirklichkeit jener anderen, allgemein anerkannten Wirklichkeit gegenüber zu stellen, ihr das Gleichgewicht, zu halten, ja womöglich in seinen Höhepunkten überzeugender zu sein als sie. Die Weltgeschichte ist erfüllt von solchen Protesten; an den Auflehnungen einzelner rankt sie sich empor. Aber auch das mönchische Dasein (wie Franciscus es gemeint hat) ist ein solcher Protest, der, ohne an die Wirklichkeit der anderen zu rühren, im Begründen einer zweiten Wirklichkeit beruht. Da haben wir ein Leben, welches sich mit Mauern umgeben und darauf verzichtet hat, sich über diese Grenzen hinaus auszudehnen. Ein Leben nach innen. Und dieses Leben verarmt nicht. Inmitten schiffbrüchiger Zeiten scheint es die Zufluchtsstätte aller Reichtümer zu sein und wie in einem kleinen zeitlosen Bilde alles zu vereinen, wonach die Tage draußen ringen und jagen. Seine Gesetzmäßigkeit wird immer klarer und sichtbarer und wie ein schimmerndes Spinnennetz scheint es sich mit hundert wohlgefügten Fäden an seinen Mauern zu halten. Innige und einfältige Arbeit ist die Wurzel dieses Lebens, und ganz von selbst kommt alles Gute und Große aus ihm heraus: Fleiß und Freude und Frömmigkeit und endlich auch, ohne daß jemand es will, eine Kunst. Eine Kunst, die man von allem anderen nicht trennen kann; weil sie nichts ist, als dieses Leben selbst, wenn es blüht.

Wer sich nun entschließt, an Stelle einer mönchischen Gemeinschaft einen einzelnen zu setzen, einen Menschen von heute, der nach dem Willen seines Wesens, wie nach einer Ordensregel seine eigene Welt gebaut, begrenzt und verwirklicht hat, der wird am besten imstande sein, die Erscheinung Heinrich Vogelers und den Ursprung seiner Kunst zu verstehen; denn man kann von dieser Kunst nicht reden, ohne des Lebens zu gedenken, aus welchem sie wie eine fortwährende Folge fließt. Gleich der Kunst jener mittelalterlichen Mönche steigt sie aus einer engen und umhegten Welt auf, um an der Weite und Ewigkeit der Himmel leise preisend teilzunehmen.

Heinrich Vogeler fand in Worpswede den Boden für seine Wirklichkeit. Seine Kunst ist zuerst ein seliges und entzücktes Voraussagen derselben, und alle Märchen seines großen alten Skizzenbuches fangen mit den Worten: »Es wird einmal sein…« an. Zeichnungen und Radierungen erzählen, feinstimmig und flüsternd, von dem Künftigen. Und später – in Bildern – feiert er, reif und dankbar, die Erfüllungen seines Lebens. Das ist der eigentliche Inhalt seiner Kunst. Was ihn sonst noch beschäftigt, sind Erinnerungen aus Tagen oder Träumen, die er geheimnisvoll, wie Märchen, erzählt. Ein unermüdliches Erforschen der Formen geht nebenher, das ihn immer fähiger macht, alles, bis in die Nuancen genau so zu sagen, wie er es erlebt. Und er erlebt es ungewöhnlich und neu, so daß seine Kunstsprache sich viele Ausdrücke schaffen mußte, um seinen Erlebnissen folgen zu können. Aber auch ganz am Anfang, als sie nur wenig Worte besitzt, gebraucht er keine fremden Ausdrücke neben ihr und bedient sich ihrer, als ob sie unerschöpflich wäre. Und in jenen frühen radierten Blättern trägt gerade das Lückenhafte und stellenweise Ungeschickte der eigenartigen Formensprache dazu bei, den Reiz des Inhaltes zu erhöhen. Es besteht ein gewisser Parallelismus zwischen diesen schütteren Strichen und dem durchscheinenden und dürftigen Wesen der allerersten Frühlingstage, von denen er erzählt. Dünne Birken, Wiesen, in denen schüchtern frühe Blumen stehen, und ein großmaschiges Netz von Ästen, durch welches überall der blasse Himmel sieht. Manchmal sitzt ein schlankes Mädchen, ein stilles, gekröntes Kind, im Gras und schaut mit weiten Augen, fortwährend staunend, den Vögeln zu, die zu Neste tragen, manchmal steht eine Burg in der Ferne und alle Wege im ganzen Land gehen neugierig auf sie zu; manchmal ist es Wald im Hintergrund und vor dem Walde steht ein Ritter aufrecht da und bewacht das nachdenkliche Spiel der Schlangenbraut. Oder es kommt eine schmale Quelle gegangen im hohen Gras, und am Horizont vor den weißen eiförmigen Frühlingswolken taucht ein Knabe auf, ein Hund, Ziegen... Und dann kann man sehen, wie der Frühling wächst: die Bäume scheinen näher zusammenzutreten, die Wege werden heimlicher und bereiten sich vor, zu den ersten Liebestagen hinzuführen. Da entstehen die Blätter: »Liebesfrühling« und »Minnetraum«. Die beiden jungen Menschen, die sich liebhaben, wissen es schon. Sie sitzen nebeneinander, still zusammengefügt wie Hand in Hand. Und hinter ihnen erklingt der Liebe Lied, von einem Engel auf hoher Harfe gespielt: vor ihnen aber liegt der Liebe Land, in welchem Frühling ist, tief und aufgetan. Und wenn sie weitergehen, so treten Engel in langen Kleidern hinter den Bäumen hervor und umgeben sie mit ihrem Gesang, und singen alles, so daß ihnen gar nichts mehr zu sagen übrigbleibt:

> »Wir müssen, Geliebteste, leise
> hinschreiten, ich und du...«

Es ist mehr als nur ein Frühling in diesen Blättern. Und nicht das Glück der Menschen allein, die sich gefunden haben und nun zusammengehen, erklingt in ihnen, das Glück aller Dinge, die den Frühling fühlen, scheint darin irgendwie ausgesprochen zu sein; Heinrich Vogeler gehört zu denjenigen, von welchen es einmal in einem Briefe Jacobsens heißt, daß ihnen »die Bäume und der Bäume kleine Heimlichkeiten täglich Brot« sind. Er weiß in das Leben der kleinsten Blumen hineinzublicken; er kennt sie nicht von Sehen und vom Hörensagen. Er ist in ihr Vertrauen eingedrungen und wie der Käfer kennt er des Kelches Tiefe und Grund. Man betrachte seine Blumenstudien: sie sind von einer beispiellosen Gewissenhaftigkeit, und es ist doch nichts Pedantisches an ihnen; denn man fühlt die Wichtigkeit und Notwendigkeit eines jeden Striches und wie er unvermeidlich war. Die Kunst, in einer Blume, in einem Baumzweig, einer Birke oder einem Mädchen, das sich sehnt, den ganzen Frühling zu geben, alle Fülle und den Überfluß der Tage und Nächte, – diese Kunst hat keiner so wie Heinrich Vogeler gekonnt. Seine Mappe »An den Frühling« ist viel zu wenig bekannt geworden. Einzelne Blätter derselben gehören zu den schönsten Offenbarungen seines Werkes. Und hier zeigt es sich auch, weshalb seine Frühlingserfahrung so intim und tief, so wenig allgemein ist. Es ist nicht das weite Land, darin er wohnt, bei dem er den Lenz gelernt hat; es ist ein enger Garten, von dem er alles weiß, sein Garten, seine stille, blühende und wachsende Wirklichkeit, in der alles von seiner Hand gesetzt und gelenkt ist und nichts geschieht, was seiner entbehren könnte. Die kleinste Blume, die da entstand, hat er zur Taufe gehalten und jeder Rose hat er die Mauer hinaufgeholfen zu dem Platze, wo sie lächeln und leben wollte. Die Bäume, die draußen in der Heide stehen, sind ihm fremd wie die Menschen, die draußen wohnen; aber seiner Bäume Kindheit hat er Tag für Tag überwacht und hat teilgenommen an ihnen wie an Brüdern. Darum liebt er die großen

Winde dieses Landes, weil sie sich wie Hände an seine Bäume legen und das, was er geplant hat, bilden und biegen in den bewegten Nächten des Frühlings, wenn die Stämme, steigender Säfte voll, wie Fontänen stehen im Sturme. Und der weite Himmel ist ihm lieb, weil er seiner kleinen Blumen Licht und Regen ist und der Glanz auf den Blättern seiner Bäume und in den Fenstern des weißen Hauses, das mitten im Garten steht. Er ist der Gärtner dieses Gartens, wie man der Freund einer Frau ist: leise geht er auf seine Wünsche ein, die er selbst erweckt hat, und sie tragen ihn weiter, indem er sie erfüllt. Was er ihm im Herbste vertraut, kommt ihm neu im Frühling entgegen, und was er in den Frühling legt, bleibt nicht so, wächst, wächst in den Sommer hinein, hat ein Leben für sich und seinen eigenen Tod in den tödlichen Tagen des Herbstes. So lebt er sein Leben in den Garten hinein, und dort scheint es sich auf hundert Dinge zu verteilen und auf tausend Arten weiterzuwachsen. In diesen Garten schreibt er seine Gefühle und Stimmungen wie in ein Buch; aber das Buch liegt in den Händen der Natur, die wie ein großer Dichter die flüchtigsten seiner Einfälle gebraucht, um sie auf eine unerwartete Weise auszuführen. So hat er einen Baum gepflanzt oder eine Laube geflochten um des Frühlings willen; und er hat den Baum schlank und zart und die Laube locker gemacht, wie es im Sinne des Frühlings war. Aber die Jahre gehen, der Baum und die Laube verändern sich, sie werden reicher, breiter und schattiger, der ganze Garten wird dichter und rauscht immer mehr, – und so reißen die Dinge, die er aus einem frühlinglichen Empfinden gepflanzt hat, ihn mit, in den Sommer hinein, in den sie sich immer tiefer verlieren. An diesem Garten, an den sich immer steigernden Anforderungen seiner verzweigteren Bäume, ist Heinrich Vogelers Kunst gewachsen; hier waren ihr immer neue, immer schwerere Aufgaben gestellt, Aufgaben, die langsam von Jahr zu Jahr komplizierter wurden und anspruchsvoller. Da waren nicht mehr die kleinen Bäume um ihn, die sich mit wenigen Linien sagen ließen, und was sich rankte, ging nicht nur auf den Spuren mehr, auf denen er es geführt hatte, empor. Aus umrandeten Schleiern waren gefüllte Spitzen aus dichtem Grün geworden, und es galt den Gesetzen eines verschlungenen Musters nachzugehen. Die Kronen der Bäume hatten sich dichter vergittert und überall waren unter dem Einfluß des Wachstums und des Windes neue Linien entstanden, Linien und Systeme von Linien, Überschneidungen und Verkürzungen, die auf den ersten Blick etwas Verwirrendes hatten. Aber es war nicht der erste Blick, der auf ihnen ruhte. Es war ein Auge, das nicht allein sah, sondern das auch wußte und gesehen hatte, wie alles geworden war. Dieses Wissen ist es, was die Bäume, die Heinrich Vogeler später gezeichnet hat, so überzeugend, was das Durcheinander von unzählbar vielen Zweigen so klar und organisch macht. Er hat manchmal…Bäume erfunden, deren Astwerk von so fabelhafter Durchbildung und Gesetzmäßigkeit erfüllt ist, daß sie einer komplizierten Wirklichkeit genau nachgebildet scheinen. Seine Liniensprache, welche auf den frühen Radierungen, nur wenige Ausdrücke, rhythmisch (wie im Volkslied) wiederholte, entnahm dem dichteren Garten tausend Bereicherungen. An Stelle des Lockeren und Lichten, das seinen Blättern und Bildern im Anfang eigentümlich schien, tritt immer mehr das Bestreben, einen gegebenen Raum organisch auszufüllen. Auf den Radierungen aus der späteren Zeit beginnt diese neue Absicht deutlich zu werden, aber erst auf den Federzeichnungen erfüllt sie sich ganz. Wie eine Baumflechte mit tausend und aber tausend Fäden überzieht die Zeichnung das Blatt, überwuchert es mit ihrem Reichtum, breitet sich darinnen aus wie ein Gewebe unter dem Mikroskop. Mag, was den Inhalt dieser merkwürdigen Blätter betrifft, die dekadente Linienphantastik Aubrey Beardsleys anregend auf Vogeler gewirkt haben, das Wesentliche an ihnen wuchs aus ihm heraus, und der Einfluß seines Gartens ist stärker als jeder andere gewesen.

Es ist eine Nebenerscheinung dieser eigentümlichen Entwicklung Heinrich Vogelers, daß sie ihn ganz besonders befähigt hat, Bücher zu schmücken. Seine Absichten gehen schon lange (seitdem er sich mit einigen guten Ex libris dem Wesen des Buches genähert hat) nach dieser Seite hin, aber erst jetzt, da sein Linienstil diese Durchbildung erreicht hat, wird er imstande sein, ganz Glückliches in dieser Richtung zu leisten. Einige Titelblätter in der Insel, die Ausstattung eines kleinen Bandes Bierbaumscher Gedichte und der wundervolle Schmuck, mit dem er das Drama »Der Kaiser und die Hexe« von Hugo von Hofmannsthal umgeben hat, bestätigen, daß seine ruhig und geschlossen wirkende und doch innerlich so reiche Linienkunst wie keine geeignet ist, neben dem Gange edler Lettern wie ein Gesang herzugehen. Aber nicht dem Buchgewerbe allein, allem was Kunstgewerbe heißt, ist dieser Künstler eine große Hoffnung. In seiner auf Verwirklichungen gestellten Eigenart mußte sich bald der Wunsch entwickeln, Dinge zu machen. Aus ganz früher Zeit stammen gestickte Bucheinbände, Wandbekleidungen und Gläser, aber auch anderer Gegenstände sucht seine Empfindung, die sich immer mehr in Wirklichkeiten umsetzt, mächtig zu werden. Es ist versucht worden, diesen »Stil« als eine Nach-empfindung des späteren Empire zu deuten, aber es liegt näher, seine Dürftigkeit und Naivität auf das Wesen junger Gärten zurückzuführen und ihn als eine Frucht jener Frühlingskunst zu betrachten, die einen großen Raum in Heinrich Vogelers Schaffen einnimmt. Inzwischen hat auch dieses Stilgefühl sich erweitert und ausgebildet, und es kann sich besser durchsetzen, seit der Künstler sich die Kenntnis einzelner Stoffe erworben hat, seit er weiß, wie Seide und Sil-ber, Holz und Glas behandelt werden müssen, wenn alle Besonderheiten und Tugenden des Materials sich entfalten sollen. Vielleicht war es der Mondschein über seinem Garten, der ihn zuerst auf das Silber hingewiesen hat, das er jetzt, wie ein Dichter seine Sprache, beherrscht. Er versteht dieses sanfte, wahlverwandte Metall und seine mädchenhafte Art wie kein zweiter. Der schöne Spiegel und die Leuchter, die nach seinem Entwurf hergestellt worden sind, können nur Silber sein; man denkt sie in Silber, wenn man sie abgebildet sieht. Wie er Metall überhaupt zu brauchen weiß, davon zeugt auch das prachtvolle Messing-Rosengitter des Kamins, das, indem es organisch aufwächst, zugleich wie ein Visier das Feuer durchschauen läßt, das sich dahinter erheben soll.

Die Ausführung von Spitzen war nur ein Schritt in gerader Linie über die Federzeichnungen hinaus: die Verwirklichung, welche ihnen am nächsten lag. Aber die Beschäftigung mit anderen Stoffen wies neben der Form immer wieder auf die Farbe hin. Und auch für die Farbe und die Farbendichtung: das Bild – wußte der wachsende Garten vieles zu lehren.

Man weiß nicht, wie man ihn nennen soll. Er ist der Meister eines stillen, deutschen Mari-enlebens, das in einem kleinen Garten vergeht.

Die Stürme des Frühlings gehen über das Land. Aber manchmal halten sie ein und es entsteht eine Stille. Es kommen Tage, da der ganze Himmel Regen ist, lauer hellgrauer Regen, – und die ganze Erde ein Empfangen und Halten dieses Regens, der sanft fällt, ohne sich wehe zu tun.

Und die Stunden gehen, und es gleicht keine der anderen. Und viele nahen, entfalten sich und schließen sich wieder, ohne daß jemand es sieht. Und man denkt manchmal, daß das die besten und seltsamsten sind, die am meisten Größe haben.

Es ist so vieles nicht gemalt worden, vielleicht alles. Und die Landschaft liegt unverbraucht da wie am ersten Tag. Liegt da, als wartete sie auf einen, der größer ist, mächtiger, einsamer. Auf einen, dessen Zeit noch nicht gekommen ist.

Auguste Rodin

Erster Teil (1902)
Einer jungen Bildhauerin

Paris, im Dezember 1902

»Die Schriftsteller wirken durch Worte....

die Bildhauer aber durch Taten «

Pomponius Gauricus, in seiner Schrift »De sculptura." (Um 1504)
The hero is he who is immovably centred.
(Emerson)

Rodin war einsam vor seinem Ruhme. Und der Ruhm, der kam, hat ihn vielleicht noch einsamer gemacht. Denn Ruhm ist schließlich nur der Inbegriff aller Mißverständnisse, die sich um einen neuen Namen sammeln.

Es sind ihrer sehr viele um Rodin, und es wäre eine Lange und mühsame Aufgabe, sie aufzuklären. Es ist auch nicht nötig; sie stehen, um den Namen, nicht um das Werk, das weit über dieses Namens Klang und Rand hinausgewachsen und namenlos geworden ist, wie eine Ebene namenlos ist, oder ein Meer, das nur auf der Karte einen Namen hat, in den Büchern und bei den Menschen, in Wirklichkeit aber nur Weite ist, Bewegung und Tiefe.

Dieses Werk, von dem hier zu reden ist, ist gewachsen seit Jahren und wächst an jedem Tage wie ein Wald und verliert keine Stunde. Man geht unter seinen tausend Dingen umher, überwältigt von der Fülle der Funde und Erfindungen, die es umfaßt, und man sieht sich unwillkürlich nach den zwei Händen um, aus denen diese Welt erwachsen ist. Man erinnert sich, wie klein Menschenhände sind, wie bald sie müde werden und wie wenig Zeit ihnen gegeben ist, sich zu regen. Und man verlangt die Hände zu sehen, die gelebt haben wie hundert Hände, wie ein Volk von Händen, das vor Sonnenaufgang sich erhob zum weiten Wege dieses Werkes. Man fragt nach dem, der diese Hände beherrscht. Wer ist dieser Mann?

Es ist ein Greis. Und sein Leben ist eines von denen, die sich nicht erzählen lassen. Dieses Leben hat begonnen und es geht, es geht tief in ein großes Alter hinein, und es ist für uns, als ob es vor vielen hundert Jahren vergangen wäre. Wir wissen nichts davon. Es wird eine Kindheit gehabt haben, irgendeine, eine Kindheit in Armut, dunkel, suchend und ungewiß. Und es hat diese Kindheit vielleicht noch, denn –, sagt der heilige Augustinus einmal, wohin sollte sie gegangen sein? Es hat vielleicht alle seine vergangenen Stunden, die Stunden der Erwartung und der Verlassenheit, die Stunden des Zweifels und die langen Stunden der Not, es ist ein Leben, das nichts verloren und vergessen hat, ein Leben, das sich versammelte, da es verging. Vielleicht, wir wissen nichts davon. Aber nur aus einem solchen Leben, glauben wir, kann eines solchen Wirkens Fülle und Überfluß entstanden sein, nur ein solches Leben, in dem alles gleichzeitig ist und wach und nichts vergangen, kann jung und stark bleiben und sich immer wieder zu hohen Werken erheben. Es wird vielleicht eine Zeit kommen, da man diesem Leben seine Geschichte erfinden wird, seine Verwickelungen, seine Episoden und Einzelheiten. Sie werden erfunden sein. Man wird von einem Kinde erzählen, das oft zu essen vergaß, weil es ihm wichtiger schien, mit einem schlechten Messer Dinge in geringes Holz zu schneiden, und man wird in die Tage des jungen Menschen irgend eine Begegnung setzen, die eine Verheißung zukünftiger Größe, eine von jenen nachträglichen Prophe-zeiungen enthält, die so volkstümlich und rührend sind. Es könnten ganz gut die Worte sein, die irgend ein Mönch vor fast fünfhundert Jahren dem jungen Michel Colombe gesagt haben soll, diese Worte: »Travaille, petit, regarde tout ton saoul et le clocher à jour de Saint-Pol, et les belles œuvres des compaignons, regarde, aime le bon Dieu, et tu auras la grâce des grandes choses.« »Und du wirst die Gnade der großen Dinge haben.« Vielleicht hat ein inneres Gefühl so, nur unendlich viel leiser als der Mund des Mönches, zu dem jungen Menschen gesprochen an einem der Kreuzwege seines Anbeginns. Denn gerade das suchte er: die Gnade der großen Dinge. Da war das Louvre mit den vielen lichten Dingen der Antike, die an südliche Himmel erinnerten und an die Nähe des Meeres, und dahinter erhoben sich andere, schwere steinerne Dinge, aus undenklichen Kulturen hinüberdauernd in noch nicht gekommene Zeiten. Da waren Steine, die schliefen, und man fühlte, daß sie erwachen würden bei irgend einem Jüngsten Gericht, Steine, an denen nichts Sterbliches war, und andere, die eine Bewegung trugen, eine Gebärde, die so frisch geblieben war, als sollte sie hier nur aufbewahrt und eines Tages irgend einem Kinde gegeben werden, das vorüberkam. Und nicht allein in den berühmten Werken und den weithin-sichtbaren war dieses Lebendigsein; das Unbeachtete, Kleine, das Namenlose und Überzählige war nicht weniger erfüllt von dieser tiefen, innerlichen Erregtheit, von dieser reichen und überraschenden Unruhe des Lebendigen. Auch die Stille, wo Stille war, bestand aus hundert und hundert Bewegungsmomenten, die sich im Gleichgewicht hielten. Es gab kleine Figuren da, Tiere besonders, die sich bewegten, streckten oder zusammenzogen, und wenn ein Vogel saß, so wußte man doch, daß es ein Vogel war, ein Himmel wuchs aus ihm heraus und blieb um ihn stehen, eine Weite war zusammengefaltet auf jede seiner Federn gelegt und man konnte sie aufspannen und ganz groß machen. Und ganz ähnlich war es mit den Tieren, die auf den Kathedralen standen und saßen oder unter den Konsolen kauerten, verkümmert und gekrümmt und zu träge zum Tragen. Da waren Hunde und Eichhörnchen, Spechte und Eidechsen, Schildkröten, Ratten und Schlangen. Wenigstens eines von jeder Art. Diese Tiere schienen draußen eingefangen worden zu sein in den Wäldern und auf den Wegen, und der Zwang, unter steinernen Ranken, Blumen und Blättern zu leben, mußte sie selbst langsam verwandelt haben zu dem was sie nun waren und immer bleiben sollten. Aber es fanden sich auch Tiere, die schon in dieser versteinten Umgebung geboren waren, ohne Erinnerung an ein anderes Dasein. Sie waren schon ganz die Bewohner dieser aufrechten, ragenden, steil steigenden Welt. Unter ihrer fanatischen Magerkeit standen spitzbogige Skelette. Ihre Münder waren weit und schreiend wie bei Tauben, denn die Nähe der Glocken hatte ihr Gehör zerstört. Sie trugen nicht, sie streckten sich und halfen so den Steinen steigen. Die Vogelhaften hockten oben auf den Balustraden, als wären sie eigentlich unterwegs und wollten nur ein paar Jahrhunderte lang ausruhen und hinunterstarren auf die wachsende Stadt. Andere, die von Hunden abstammten, stemmten sich waagrecht vom Rand der Traufen in die Luft, bereit, das Wasser der Regen aus ihren vom Speien angeschwollenen Rachen zu werfen. Alle hatten sich umgebildet und angepaßt, aber sie hatten nichts an Leben verloren, im Gegenteil, sie lebten stärker und heftiger, lebten für ewig das inbrünstige und ungestüme Leben jener Zeit, die sie hatte erstehen lassen.

Und wer diese Gebilde sah, der empfand, daß sie nicht aus einer Laune geboren waren, nicht aus einem spielerischen Versuch, neue, unerhörte Formen zu finden. Die Not hatte sie geschaffen. Aus der Angst vor den unsichtbaren Gerichten eines schweren Glaubens hatte man sich zu diesem Sichtbaren gerettet, vor dem Ungewissen flüchtete man zu dieser Verwirklichung. Noch suchte man sie in Gott, nichtmehr indem man ihm Bilder erfand und versuchte, sich den Vielzufernen vorzustellen: indem man alle Angst und Armut, alles Bangsein und die Gebärden der Geringen in sein Haus trug, in seine Hand legte, auf sein Herz stellte, war man fromm. Das war besser als malen; denn die Malerei war auch eine Täuschung, ein schöner und geschickter Betrug; man sehnte sich nach Wirklicherem und Einfachem. So entstand die seltsame Skulptur der Kathedralen, dieser Kreuzzug der Beladenen und der Tiere.

Und wenn man von der Plastik des Mittelalters zurücksah zur Antike und wieder über die Antike hinaus in den Anfang unsagbarer Vergangenheiten, schien es da nicht, als verlangte die menschliche Seele immer wieder an lichten oder bangen Wendepunkten nach dieser Kunst, die mehr giebt als Wort und Bild, mehr als Gleichnis und Schein: nach dieser schlichten Dingwerdung ihrer Sehnsüchte oder Ängste? Zuletzt in der Renaissance gab es eine große plastische Kunst; damals als das Leben sich erneut hatte, als man das Geheimnis der Gesichter fand und die große Gebärde, die im Wachsen war.

Und jetzt? War nicht wieder eine Zeit gekommen, die nach diesem Ausdruck drängte, nach dieser starken und eindringlicher Auslegung dessen, was in ihr unsagbar war, wirr und rätselhaft? Die Künste hatten sich irgendwie erneut, Eifer und Erwartung erfüllte und belebte sie; aber vielleicht sollte gerade diese Kunst, die Plastik, die noch in der Furcht einer großen Vergangenheit zögerte, berufen sein zu finden, wonach die andern tastend und sehnsüchtig suchten? Sie mußte einer Zeit helfen können, deren Qual es war, daß fast alle ihre Konflikte im Unsichtbaren lagen. Ihre Sprache war der Körper. Und diesen Körper, wann hatte man ihn zuletzt gesehen? Schichte um Schichte hatten sich die Trachten darüber gelegt, wie ein immer erneuter Anstrich, aber unter dem Schutz dieser Krusten hatte die wachsende Seele ihn verändert, während sie atemlos an den Gesichtern arbeitete. Er war ein anderer geworden. Wenn man ihn jetzt aufdeckte, vielleicht enthielt er tausend Ausdrücke für alles Namenlose und Neue, das inzwischen entstanden war, und für jene alten Geheimnisse, die, aufgestiegen aus dem Unbewußten, wie fremde Flußgötter ihre triefenden Gesichter aus dem Rauschen des Blutes hoben. Und dieser Körper konnte nicht weniger schön sein als der der Antike, er mußte von noch größerer Schönheit sein. Zwei Jahrtausende länger hatte das Leben ihn in den Händen behalten und hatte an ihm gearbeitet, gehorcht und gehämmert Tag und Nacht. Die Malerei träumte von diesem Körper, sie schmückte ihn mit Licht und durchdrang ihn mit Dämmerung, sie umgab ihn mit aller Zärtlichkeit und allem Entzücken, sie befühlte ihn wie ein Blumenblatt und ließ sich tragen von ihm wie von einer Welle, – aber die Plastik, der er gehörte, kannte ihn noch nicht.

Hier war eine Aufgabe, groß wie die Welt. Und der vor ihr stand und sie sah, war ein Unbekannter, dessen Hände nach Brot gingen, in Dunkelheit. Er war ganz allein, und wenn er ein richtiger Träumer gewesen wäre, so hätte er einen schönen und tiefen Traum träumen dürfen, einen Traum, den niemand verstanden hatte, einen von jenen langen, langen Träumen, über denen ein Leben hingehen kann wie ein Tag. Aber dieser junge Mensch, der in der Manufaktur von Sèvres seinen Verdienst hatte, war ein Träumer, dem der Traum in die Hände stieg, und er begann gleich mit seiner Verwirklichung. Er fühlte, wo man anfangen mußte eine Ruhe, die in ihm war, zeigte ihm den weisen Weg. An dieser Stelle offenbart sich schon Rodins tiefe Übereinstimmung mit der Natur, von der der Dichter Georges Rodenbach, der ihn geradezu eine Naturkraft nennt, so schöne Worte zu sagen wußte. Und in der Tat, es ist eine dunkle Geduld in Rodin, die ihn beinahe namenlos macht, eine stille, überlegene Langmut, etwas von der großen Geduld und Güte der Natur, die mit einem Nichts beginnt, um still und ernst den weiten Weg zum Überfluß zu gehen. Auch Rodin vermaß sich nicht, Bäume machen zu wollen. Er fing mit dem Keim an, unter der Erde gleichsam. Und dieser Keim wuchs nach unten, senkte Wurzel um Wurzel abwärts, verankerte sich, ehe er anfing einen kleinen Trieb nach oben zu tun. Das brauchte Zeit und Zeit. »Man muß sich nicht eilen «, sagte Rodin den wenigen Freunden, die um ihn waren, wenn sie ihn drängten.

Damals kam der Krieg, und Rodin ging nach Brüssel und arbeitete, wie der Tag es befahl. Er führte einige Figuren an Privathäusern aus und mehrere von den Gruppen auf dem Börsengebäude und schuf die vier großen Eckfiguren bei dem Denkmal des Bürgermeisters Loos im Parc d' Anvers. Das waren Aufträge, die er gewissenhaft ausführte, ohne seine wachsende Persönlichkeit zu Worte kommen zu lassen. Seine eigentliche Entwickelung ging nebenher, zusammengedrängt in die Pausen, in die Abendstunden, ausgebreitet in der einsamen Stille der Nächte, vor sich, und er mußte diese Teilung seiner Energie jahrelang ertragen. Er besaß die Kraft derjenigen, auf die ein großes Werk wartet, die schweigsame Ausdauer derer, die notwendig sind.

Während er an der Börse von Brüssel beschäftigt war, mochte er fühlen, daß es keine Gebäude mehr gab, die die Werke der Skulptur um sich versammelten, wie es die Kathedralen getan hatten, diese großen Magnete der Plastik einer vergangenen Zeit. Das Bildwerk war allein, wie das Bild allein war, das Staffelei-Bild, aber es bedurfte ja auch keiner Wand wie dieses. Es brauchte nicht einmal ein Dach. Es war ein Ding, das für sich allein bestehen konnte, und es war gut, ihm ganz das Wesen eines Dinges zu geben, um das man herumgehen und das man von allen Seiten betrachten konnte. Und doch mußte es sich irgendwie von den anderen Dingen unterscheiden, den gewöhnlichen Dingen, denen jeder ins Gesicht greifen konnte. Es mußte irgendwie unantastbar werden, sakrosankt, getrennt vom Zufall und von der Zeit, in der es einsam und wunderbar wie das Gesicht eines Hellsehers aufstand. Es mußte seinen eigenen, sicheren Platz erhalten, an den nicht Willkür es gestellt hatte, und es mußte eingeschaltet werden in die stille Dauer des Raumes und in seine großen Gesetze. In die Luft, die es umgab, mußte man es wie in eine Nische hineinpassen und ihm so eine Sicherheit geben, einen Halt und eine Hoheit, die aus seinem einfachen Dasein, nicht aus seiner Bedeutung kam.

Rodin wußte, daß es zunächst auf eine unfehlbare Kenntnis des menschlichen Körpers ankam. Langsam, forschend war er bis zu seiner Oberfläche vorgeschritten, und nun streckte sich von Außen eine Hand entgegen, welche diese Oberfläche von der anderen Seite ebenso genau bestimmte und begrenzte, wie sie es von Innen war. Je weiter er ging auf seinem entlegenen Wege, desto mehr blieb der Zufall zurück, und ein Gesetz führte ihn dem anderen zu. Und schließlich war es diese Oberfläche, auf die seine Forschung sich wandte. Sie bestand aus unendlich vielen Begegnungen des Lichtes mit dem Dinge, und es zeigte sich, daß jede dieser Begegnungen anders war und jede merkwürdig. An dieser Stelle schienen sie einander aufzunehmen, an jener sich zögernd zu begrüßen, an einer dritten fremd an einander vorbeizugehen; und es gab Stellen ohne Ende und keine, auf der nicht etwas geschah. Es gab keine Leere.

In diesem Augenblick hatte Rodin das Grundelement seiner Kunst entdeckt, gleichsam die Zelle seiner Welt. Das war die Fläche, diese verschieden große, verschieden betonte, genau bestimmte Fläche, aus der alles gemacht werden mußte. Von da ab war sie der Stoff seiner Kunst, das, worum er sich mühte, wofür er wachte und litt. Seine Kunst baute sich nicht auf eine große Idee auf, sondern auf eine kleine gewissenhafte Verwirklichung, auf das Erreichbare, auf ein Können. Es war kein Hochmut in ihm. Er schloß sich an diese unscheinbare und schwere Schönheit an, an die, die er noch überschauen, rufen und richten konnte. Die andere, die große, mußte kommen, wenn alles fertig war, so wie die Tiere zur Tränke kommen, wenn die Nacht sich vollendet hat und nichts Fremdes mehr an dem Walde haftet.

Mit dieser Entdeckung begann Rodins eigenste Arbeit. Nun erst waren alle die herkömmlichen Begriffe der Plastik für ihn wertlos geworden. Es gab weder Pose, noch Gruppe, noch Komposition. Es gab nur unzählbar viele lebendige Flächen, es gab nur Leben, und das Ausdrucksmittel, das er sich gefunden hatte, ging gerade auf dieses Leben zu. Nun hieß es seiner und seiner Fülle mächtig zu werden. Rodin erfaßte das Leben, das überall war, wohin er sah. Er erfaßte es an den kleinsten Stellen, er beobachtete es, er ging ihm nach. Er erwartete es an den Übergängen, wo es zögerte, er holte es ein, wo es lief, und er fand es an allen Orten gleich groß, gleich mächtig und hinreißend. Da war kein Teil des Körpers unbedeutend oder gering: er lebte. Das Leben, das in den Gesichtern wie auf Zifferblättern stand, leicht ablesbar und voll Bezug auf die Zeit, – in den Körpern war es zerstreuter, größer, geheimnisvoller und ewiger. Hier verstellte es sich nicht, hier ging es nachlässig, wo es nachlässig war, und stolz bei den Stolzen; zurücktretend von der Bühne des Angesichtes, hatte es die Maske abgenommen und stand, wie es war, hinter den Kulissen der Kleider. Hier fand er die Welt seiner Zeit, wie er jene des Mittelalters an den Kathedralen erkannt hatte: versammelt um ein geheimnisvolles Dunkel, zusammengehalten von einem Organismus, an ihn angepaßt und ihm dienstbar gemacht. Der Mensch war zur Kirche geworden und es gab tausend und tausend Kirchen, keine der anderen gleich und jede lebendig. Aber es galt zu zeigen, daß sie alle eines Gottes waren.

Jahre und Jahre ging Rodin auf den Wegen dieses Lebens als ein Lernender und Demütiger, der sich als Anfänger fühlte. Niemand wußte von seinen Versuchen, er hatte keinen Vertrauten und wenig Freunde. Hinter der Arbeit, die ihn nährte, verbarg sich sein werdendes Werk und erwartete seine Zeit. Er las viel. Man war gewohnt, ihn in Brüssels Straßen immer mit einem Buche in der Hand zu sehen, aber vielleicht war dieses Buch oft nur ein Vorwand für das Vertieftsein in sich selbst, in die ungeheuere Aufgabe, die ihm bevorstand. Wie allen Tätigen war auch ihm das Gefühl, eine unabsehbare Arbeit vor sich zu haben, ein Antrieb, etwas – seine Kräfte vermehrte und versammelte. Und kamen Zweifel, kamen Ungewißheiten, kam die große Ungeduld der Werdenden zu ihm, die Furcht eines frühen Todes oder die Drohung der täglichen Not, so fand das alles in ihm schon einen stillen, aufrechten Widerstand, einen Trotz, eine Stärke und Zuversicht, alle die noch nicht entfalteten Fahnen eines großen Sieges. Vielleicht war es die Vergangenheit, die in solchen Momenten auf seine Seite trat, die Stimme der Kathedralen, die er immer wieder hören ging. Auch aus den Büchern kam vieles was ihm zustimmte. Er las zum ersten Male Dantes Divina Comedia. Es war eine Offenbarung. Er sah die leidenden Leiber eines anderen Geschlechtes vor sich, sah, über alle Tage fort, ein Jahrhundert, dem die Kleider abgerissen waren, sah das große und unvergeßliche Gericht eines Dichters über seine Zeit. Da waren Bilder, die ihm recht gaben, und wenn er von den weinenden Füßen Nikolaus des Dritten las, so wußte er schon, daß es weinende Füße gab, daß es ein Weinen gab, das überall war, über einem ganzen Menschen, und Tränen, die aus allen Poren traten. Und von Dante kam er zu Baudelaire. Hier war kein Gericht, kein Dichter, der an der Hand eines Schattens zu den Himmeln stieg, ein Mensch, einer von den Leidenden hatte seine Stimme erhoben und hielt sie hoch über die Häupter der anderen empor, wie um sie zu retten vor einem Untergang. Und in diesen Versen gab es Stellen, die heraustraten aus der Schrift, die nicht geschrieben, sondern geformt schienen, Worte und Gruppen von Worten, die geschmolzen waren in den heißen Händen des Dichters, Zeilen, die sich wie Reliefs anfühlten, und Sonette, die wie Säulen mit verworrenen Kapitälen die Last eines bangen Gedankens trugen. Er fühlte dunkel, daß diese Kunst, wo sie jäh aufhörte, an den Anfang einer anderen stieß, und daß sie sich nach dieser anderen gesehnt hatte; er fühlte in Baudelaire einen, der ihm vorangegangen war, einen, der sich nicht von den Gesichtern hatte beirren lassen und der nach den Leibern suchte, in denen das Leben größer war, grausamer und ruheloser.

Seit jenen Tagen blieben diese beiden Dichter ihm immer nah, er dachte über sie hinaus und kehrte zu ihnen zurück. In jener Zeit, wo seine Kunst sich formte und vorbereitete, wo alles Leben, das sie lernte, namenlos war und nichtsbedeutete, gingen Rodins Gedanken in den Büchern der Dichter umher und holten sich dort eine Vergangenheit. Später, als er als Schaffender diese Stoffkreise wieder berührte, da stiegen ihre Gestalten wie Erinnerungen aus seinem eigenen Leben, weh und wirklich, in ihm auf und gingen in sein Werk wie in eine Heimat ein.

Endlich nach Jahren einsamer Arbeit machte er den Versuch, mit einem Werke hervorzutreten. Es war eine Frage an die Öffentlichkeit. Die Öffentlichkeit antwortete verneinend. Und Rodin verschloß sich abermals für dreizehn Jahre. Es waren die Jahre, in denen er, immer noch als Unbekannter, zum Meister ausreifte, zum unumschränkten Beherrscher seiner eigenen Mittel, immerfort arbeitend, denkend, versuchend, unbeeinflusst der Zeit, die an ihm nicht teilnahm. Vielleicht gab ihm der Umstand, daß seine ganze Entwickelung in dieser ungestörten Stille vor sich gegangen war, später, als man um ihn stritt, als man seinem Werk widersprach, jene gewaltige Sicherheit. Da, als man anfing an ihm zu zweifeln, hatte er keinen Zweifel mehr an sich selbst. Das alles lag hinter ihm. Nicht mehr von dem Zuruf und dem Urteil der Menge hing sein Schicksal ab, es war schon entschieden, als man meinte, es mit Spott und Feindseligkeit vernichten zu können. In der Zeit, als er wurde, klang keine fremde Stimme zu ihm, kein Lob, das ihn hätte irremachen, kein Tadel, der ihn hätte verwirren können. Wie Parzifal heranwächst, so wuchs sein Werk in Reinheit heran, allein mit sich und mit einer großen ewigen Natur. Nur seine Arbeit sprach zu ihm. Sie sprach zu ihm des Morgens beim Erwachen, und des Abends klang sie lange in seinen Händen nach wie in einem fortgelegten Instrumente. Darum war sein Werk so unüberwindlich: weil es erwachsen zur Welt kam; nicht mehr als werdendes erschien es, das um seine Berechtigung bat, sondern als Wirklichkeit, die sich durchgesetzt hat, die da ist, mit der man rechnen muß. Wie ein König, der hört, daß in seinem Reiche eine Stadt gebaut werden soll, überlegt, ob es gut sei, das Privileg zu gewähren, zögert und endlich aufbricht, die Stelle zu besehen; er kommt hin und findet eine große gewaltige Stadt, die fertig ist, steht, steht wie von Ewigkeit her mit Mauern, Türmen und Toren: so kam die Menge, als man sie schließlich rief, zu dem Werke Rodins, das fertig war.

Diese Periode des Reifwerdens ist begrenzt durch zwei Werke. An ihrem Anfang steht der Kopf des Mannes mit der gebrochenen Nase, an ihrem Ende die Gestalt des jungen Mannes, des Mannes der ersten Zeiten, wie Rodin ihn genannt hat. Der Homme au nez cassé wurde im

Jahre 1864 vom >Salon< zurückgewiesen. Man begreift das sehr gut, denn man fühlt, daß in diesem Werke Rodins Art schon ganz ausgereift war, ganz vollendet und sicher; mit der Rücksichtslosigkeit eines großen Bekenntnisses widersprach es den Anforderungen der akademischen Schönheit, die noch immer die allein herrschende war. Umsonst hatte Rude seiner Göttin des Aufruhrs auf dem Triumphtor der place de l' Etoile die wilde Gebärde gegeben und den weiten Schrei, umsonst hatte Barye seine geschmeidigen Tiere geschaffen, und den >Tanz< Carpeaux' hatte man nur verhöhnt um sich schließlich so weit an ihn zu gewöhnen, daß man ihn nichtmehr sah. Es war alles beim alten geblieben. Die Plastik, die betrieben wurde, war immer noch die der Modelle, der Posen und der Allegorieen, das leichte, billige und gemächliche Metier, das mit der mehr oder weniger geschickten Wiederholungen von einigen sanktionierten Gebärden auskam. In dieser Umgebung hätte schon der Kopf des Mannes mit der gebrochenen Nase jenen Sturm erregen müssen, der erst bei späteren Werken Rodins losbrach. Aber wahrscheinlich hat man ihn, als die Arbeit eines Unbekannten, fast unbesehen wieder zurückgeschickt.

Man fühlt, was Rodin anregte, diesen Kopf zu formen, den Kopf eines alternden, häßlichen Mannes, dessen gebrochene Nase den gequälten Ausdruck des Gesichtes noch verstärken half; es war die Fülle von Leben, die in diesen Zügen versammelt war; es war der Umstand, daß es auf diesem Gesichte gar keine symmetrischen Flächen gab, daß nichts sich wiederholte, daß keine Stelle leer geblieben war, stumm oder gleichgültig. Dieses Gesicht war nicht vom Leben berührt worden, es war um und um davon angetan, als hätte eine unerbittliche Hand es in das Schicksal hineingehalten wie in die Wirbel eines waschenden, nagenden Wassers. Wenn man diese Maske in Händen hält und dreht, ist man überrascht über den fortwährenden Wechsel der Profile, von denen keines zufällig ist, ratend oder unbestimmt. Es giebt an diesem Kopf keine Linie, keine Überschneidung, keinen Kontur, den Rodin nicht gesehen und gewollt hat. Man glaubt zu fühlen, wie einige von diesen Furchen früher kamen, andere später, wie zwischen dem und jenem Riß, der durch die Züge geht, Jahre hegen, bange Jahre, man weiß, daß von den Zeichen dieses Gesichtes einige langsam eingeschrieben wurden, gleichsam zögernd, daß andere erst leise vorgezeichnet waren und von einer Gewohnheit oder einem Gedanken, der immer wiederkam, nachgezogen wurden, und man erkennt jene scharfen Scharten, die in einer Nacht entstanden sein mußten, wie vom Schnabel eines Vogels hineingehackt in die überwache Stirne eines Schlaflosen. Man muß sich mühsam erinnern, daß alles das auf dem Raume eines Gesichtes steht, so viel schweres, namenloses Leben erhebt sich aus diesem Werke. Legt man die Maske vor sich nieder, so meint man auf der Höhe eines Turmes zu stehen und auf ein unebenes Land herabzusehen, über dessen wirre Wege viele Völker gezogen sind. Und hebt man sie wieder auf, so hält man ein Ding, das man schön nennen muß um seiner Vollendung willen. Aber nicht aus der unvergleichlichen Durchbildung allein ergiebt sich diese Schönheit. Sie entsteht aus der Empfindung des Gleichgewichts, des Ausgleichs aller dieser bewegten Flächen untereinander, aus der Erkenntnis dessen, daß alle diese Erregungsmomente in dem Dinge selbst ausschwingen und zu Ende gehen. War man eben noch ergriffen von der vielstimmigen Qual dieses Angesichtes, so fühlt man gleich darauf, daß keine Anklage davon ausgeht. Es wendet sich nicht an die Welt; es scheint seine Gerechtigkeit in sich zu tragen, die Aussöhnung aller seiner Widersprüche und eine Geduld, groß genug für alle seine Schwere.

Als Rodin diese Maske schuf, hatte er einen ruhig sitzenden Menschen vor sich und ein ruhiges Gesicht. Aber es war das Gesicht eines Lebendigen und als er es durchforschte, da zeigte sich, daß es voll von Bewegung war, voll von Unruhe und Wellenschlag. In dem Verlauf der Linien war Bewegung, Bewegung war in der Neigung der Flächen, die Schatten rührten sich wie im Schlafe, und leise schien das Licht an der Stirne vorbeizugehen. Es gab also keine Ruhe, nicht einmal im Tode; denn mit dem Verfall, der auch Bewegung ist war selbst das Tote dem Leben noch untergeordnet. Es gab nur Bewegung in der Natur; und eine Kunst, die eine gewissenhafte und gläubige Auslegung des Lebens geben wollte, durfte nicht jene Ruhe, die es nirgends gab, zu ihrem Ideale machen. In Wirklichkeit hat auch die Antike nichts von einem solchen Ideal gewußt. Man mußte nur an die Nike denken. Diese Skulptur hat uns nicht nur die Bewegung eines schönen Mädchens überliefert, das seinem Geliebten entgegengeht, sie ist zugleich ein ewiges Bildnis griechischen Windes, seiner Weite und Herrlichkeit. Und sogar die Steine älterer Kulturen waren nicht ruhig. In die hieratisch verhaltene Gebärde uralter Kulte war die Unruhe lebendiger Flächen eingeschlossen, wie Wasser in die Wände des Gefäßes. Es waren Strömungen in den verschlossenen Göttern, welche saßen, und in den stehenden war eine Gebärde, die wie eine Fontäne aus dem Steine stieg und wieder in denselben zurückfiel, ihn mit vielen Wellen erfüllend. Nicht die Bewegung war es, die dem Sinne der Skulptur (und das heißt einfach dem Wesen des Dinges) widerstrebte; es war nur die Bewegung, die nicht zu Ende geht, die nicht von anderen im Gleichgewicht gehalten wird, die hinausweist über die Grenzen des Dinges. Das plastische Ding gleicht jenen Städten der alten Zeit, die ganz in ihren Mauern lebten: die Bewohner hielten deshalb nicht ihren Atem an und die Gebärden ihres Lebens brachen nicht ab. Aber nichts drang über die Grenzen des Kreises, der sie umgab, nichts war jenseits davon, nichts zeigte aus den Toren hinaus und keine Erwartung war offen nach außen. Wie groß auch die Bewegung eines Bildwerkes sein mag, sie muß, und sei es aus unendlichen Weiten, sei es aus der Tiefe des Himmels, sie muß zu ihm zurückkehren, der große Kreis muß sich schließen, der Kreis der Einsamkeit, in der ein Kunst-Ding seine Tage verbringt. Das war das Gesetz, welches, ungeschrieben, lebte in den Skulpturen vergangener Zeiten. Rodin erkannte es. Was die Dinge auszeichnet, dieses Ganz-mit-sich-Beschäftigtsein, das war es, was einer Plastik ihre Ruhe gab; sie durfte nichts von außen verlangen oder erwarten, sich auf nichts beziehen, was draußen lag, nichts sehen, was nicht in ihr war. Ihre Umgebung mußte , in ihr liegen. Es war der Bildhauer Lionardo, der der Gioconda die Unnahbarkeit gegeben hat, diese Bewegung, die nach innen geht, dieses Schauen, dem man nicht begegnen kann. Wahrscheinlich wird sein Franzeico Sforza ebenso gewesen sein, von einer Gebärde bewegt, die, gleich einem stolzen Gesandten seines Staates mach vollbrachtem Auftrag, zu ihm zurückkehrte.

In den langen Jahren, die zwischen der Maske des Homme au nez cassé und jener Figur des Mannes der ersten Zeiten vergingen, vollzogen sich viele stille Entwickelungen in Rodin. Neue Beziehungen verbanden ihn fester mit der Vergangenheit seiner Kunst. Diese Vergangenheit und ihre Größe, an der so viele wie an einer Last getragen hatten, ihm wurde sie der Flügel, der ihn trug Denn wenn er in jener Zeit je eine Zustimmung empfangen hat, eine Bestärkung dessen, was er wollte und suchte, so kam sie von den Dingen der Antike und aus dem faltigen Dunkel der Kathedralen. Menschen redeten nicht zu ihm. Steine sprachen.

Der Homme au nez cassé hatte geoffenbart, wie Rodin den Weg durch ein Gesicht zu gehen wußte, der Mann der ersten Zeiten bewies seine unumschränkte Herrschaft über den Körper. >Souverain tailleur d' ymaiges

Diese Gestalt ist auch noch in anderem Sinne bedeutsam. Sie bezeichnet im Werke Rodins die Geburt der Gebärde. Jene Gebärde, die wuchs und sich allmählich zu solcher Größe und Gewalt entwickelte, hier entsprang sie wie eine Quelle, welche leise an diesem Leibe niederrann. Sie erwachte im Dunkel der ersten Zeiten und sie scheint, in ihrem Wachsen, durch die Weite dieses Werkes wie durch alle Jahrtausende zu gehen, weit über uns hinaus zu denen, die kommen werden. Zögernd entfaltet sie sich in den erhobenen Armen; und diese Arme sind noch so schwer, daß die Hand des einen schon wieder ausruht auf der Höhe des Hauptes. Aber sie schläft nichtmehr, sie sammelt sich; ganz hoch oben auf dem Gipfel des Gehirnes, wo es einsam ist, bereitet sie sich vor auf die Arbeit, auf die Arbeit der Jahrhunderte, die nicht Absehn noch Ende hat. Und in dem rechten Fuße steht wartend ein erster Schritt.

Man könnte von dieser Gebärde sagen, daß sie wie in einer harten Knospe eingeschlossen ruht. Eines Gedankens Glut und ein Sturm im Willen – sie öffnet sich und es entsteht jener Johannes mit den redenden, erregten Armen, mit dem großen Gehen dessen, der einen Anderen hinter sich kommen fühlt. Der Körper dieses Mannes ist nichtmehr unerprobt: die Wüsten haben ihn durchglüht, der Hunger hat ihm weh getan, und alle Dürste haben ihn geprüft. Er hat bestanden und ist hart geworden. Sein hagerer Asketenleib ist wie ein Holzgriff in dem die weite Gabel seines Schrittes steckt. Er geht. Er geht, als wären alle Weiten der Welt in ihm und als teilte er sie aus mit seinem Gehen. Er geht. Seine Arme sagen von diesem Gang und seine Finger spreizen sich und scheinen in der Luft das Zeichen des Schreitens zu machen.

Dieser Johannes ist der erste Gehende im Werke Rodins. Es kommen viele nach. Es kommen die Bürger von Calais, die ihren schweren Gang beginnen, und alles Gehen scheint vorzubereiten auf den großen herausfordernden Schritt des Balzac.

Aber auch die Gebärde des Stehenden entwickelt sich weiter, sie schließt sich, sie rollt sich zusammen wie brennendes Papier, sie wird stärker, geschlossener, erregter. So ist jene Figur der Eva, die ursprünglich bestimmt war, über dem Höllentor zu stehen. Der Kopf senkt sich tief in das Dunkel der Arme, die sich über der Brust zusammenziehen wie bei einer Frierenden. Der Rücken ist gerundet, der Nacken fast horizontal, die Haltung vorgebogen wie zu einem Lauschen über dem eigenen Leibe, in dem eine fremde Zukunft sich zu rühren beginnt. Und es ist, als wirkte die Schwerkraft dieser Zukunft auf die Sinne des Weibes und zöge sie herab aus dem zerstreuten Leben in den tiefen demütigen Knechtdienst der Mutterschaft.

Immer und immer wieder kam Rodin bei seinen Akten auf dieses Sich-nach-innen-Biegen zurück, auf dieses angestrengte Horchen in die eigene Tiefe; so ist die wundervolle Gestalt, die er La Méitation genannt hat, so ist jene unvergeßliche Voix intérieure, die leiseste Stimme Victor Hugo'scher Gesänge, die auf dem Denkmal des Dichters fast verborgen unter der Stimme des Zornes steht. Niemals ist ein menschlicher Körper so um sein Inneres versammelt gewesen, so gebogen von seiner eigenen Seele und wieder zurückgehalten von seines Blutes elastischer Kraft. Und wie auf dem tief seitwärts gesenkten Leibe der Hals sich ein wenig aufrichtet und streckt und den horchenden Kopf über das ferne Rauschen des Lebens hält, das ist so eindringlich und groß empfunden, daß man sich keiner ergreifenderen und verinnerlichteren Gebärde zu erinnern weiß. Es fällt auf, daß die Arme fehlen. Rodin empfand sie in diesem Fall als eine zu leichte Lösung seiner Aufgabe, als etwas, was nicht zu dem Körper gehört, der sich in sich selber hüllen wollte, ohne fremde Hülfe. Man kann an die Duse denken, wie sie in einem Drama d'Annunzio's, schmerzhaft verlassen, ohne Arme zu umarmen versucht und zu halten ohne Hände. Diese Szene, in der ihr Körper eine Liebkosung lernte, die weit über ihn hinausging, gehört zu den Unvergeßlichkeiten ihres Spieles. Es vermittelte den Eindruck, daß die Arme ein Überfluß waren, ein Schmuck, eine Sache der Reichen und der Unmäßigen, die man von sich werfen konnte, um ganz arm zu sein. Nicht als hätte sie Wichtiges eingebüßt, wirkte sie in diesem Augenblick; eher wie einer, der seinen Becher verschenkt, um aus dem Bache zu trinken, wie ein Mensch, der nackt ist und noch ein wenig hülflos in seiner tiefen Blöße. So ist es auch bei den armlosen Bildsäulen Rodins; es fehlt nichts Notwendiges. Man steht vor ihnen als vor etwas Ganzem, Vollendetem, das keine Ergänzung zuläßt. Nicht aus dem einfachen Schauen kommt das Gefühl des Unfertigen, sondern aus der umständlichen Überlegung," aus der kleinlichen Pedanterie, welche sagt, daß zu einem Körper Arme gehören und daß ein Körper ohne Arme nicht ganz sein könne, auf keinen Fall. Es ist nicht lange her, da lehnte man sich in derselben Weise gegen die vom Bildrande abgeschnittenen Bäume der Impressionisten auf man, hat sich sehr rasch an diesen Eindruck gewöhnt, man hat, für den Maler wenigstens, einsehen und glauben gelernt, daß ein künstlerisches Ganzes nicht notwendig mit dem gewöhnlichen Ding-Ganzen zusammenfallen muß, daß, unabhängig davon, innerhalb des Bildes neue Einheiten entstehen, neue Zusammenschlüsse, Verhältnisse und Gleichgewichte. Es ist in der Skulptur nicht anders. Dem Künstler steht es zu, aus vielen Dingen eines zu machen und aus dem kleinsten Teil eines Dinges eine Welt. Es giebt im Werke Rodins Hände, selbständige, kleine Hände, die, ohne zu irgend einem Körper zu gehören, lebendig sind. Hände, die sich aufrichten, gereizt und böse, Hände, deren fünf gesträubte Finger zu bellen scheinen wie die fünf Hälse eines Höllenhundes. Hände, die gehen, schlafende Hände, und Hände, welche erwachen; verbrecherische, erblich belastete Hände und solche, die müde sind, die nichts mehr wollen, die sich niedergelegt haben in irgend einen Winkel, wie kranke Tiere, welche wissen, daß ihnen niemand helfen kann. Aber Hände sind schon ein komplizierter Organismus, ein Delta, in dem viel fernherkommendes Leben zusammenfließt, um sich in den großen Strom der Tat zu ergießen. Es giebt eine Geschichte der Hände, sie haben tatsächlich ihre eigene Kultur, ihre besondere Schönheit; man gesteht ihnen das Recht zu, eine eigene Entwickelung zu haben, eigene Wünsche, Gefühle, Launen und Liebhabereien. Rodin aber, der durch die Erziehung, die er sich gegeben hat, weiß, daß der Körper aus lauter Schauplätzen des Lebens besteht, eines Lebens, das auf jeder Stelle individuell und groß werden kann, hat die Macht, irgendeinem Teil dieser weiten schwingenden Fläche die Selbständigkeit und Fülle eines Ganzen zu geben. Wie der menschliche Körper für Rodin nur so lange ein Ganzes ist, als eine gemeinsame (innere oder äußere) Aktion alle seine Glieder und Kräfte im Aufgebot hält, so ordnen sich ihm andererseits auch Teile verschiedener Leiber, die aus innerer Notwendigkeit aneinander haften, zu einem Organismus ein. Eine Hand, die sich auf eines anderen Schulter oder Schenkel legt, gehört nichtmehr ganz zu dem Körper, von dem sie kam: aus ihr und dein Gegenstand, den sie berührt oder packt, entsteht ein neues Ding, ein Ding mehr, das keinen Namen hat und niemandem gehört; und um dieses Ding, dass seine bestimmten Grenzen hat, handelt es sich nun. Diese Erkenntnis ist die Grundlage für die Gruppierung der Gestalten bei Rodin; aus ihr kommt jenes unerhörte Aneinander-Gebunden-Sein der Figuren, jenes Zusammenhalten der Formen, jenes Sich-Nicht-Loslassen, um keinen Preis. Er geht nicht von den Figuren aus, die sich umfassen, er hat keine Modelle, die er anordnet und zusammenstellt. Er fängt bei den Stellen der stärksten Berührung als bei den Höhepunkten des Werkes an; dort, wo etwas Neues entsteht, setzt er ein und widmet alles Wissen seines Werkzeugs den geheimnisvollen Erscheinungen, die das Werden eines neuen Dinges begleiten. Er arbeitet gleichsam beim Schein der Blitze, die an diesen Punkten entstehen, und sieht nur diejenigen Teile der ganzen Körper, die beschienen sind. Der Zauber der großen Gruppe des Mädchens und des Mannes, die Der Kuß genannt wird, liegt in dieser weisen und gerechten Verteilung des Lebens; man hat das Gefühl als gingen hiervon allen Berührungsflächen Wellen in die Körper hinein, Schauer von Schönheit, Ahnung und Kraft. Daher kommt es, daß man die Seligkeit dieses Kusses überall auf diesen Leibern zu schauen glaubt; er ist wie eine Sonne, die aufgeht, und sein Licht liegt überall. Aber noch wunderbarer ist jener andere Kuß, um den sich, wie die Mauer um einen Garten, jenes Werk erhebt, welches Éternelle Idole heißt. Eine der Wiederholungen dieses Marmors ist im Besitze Eugène Carrières, und in der stillen Dämmerung seines Hauses lebt dieser klare Stein wie ein Quell, in dem immer dieselbe Bewegung ist, derselbe Aufstieg und Niederfall verzauberter Kraft. Ein Mädchen kniet. Ihr schöner Leib hat sich sanft zurückgelehnt. Ihr rechter Arm hat sich nach hinten gestreckt, und ihre Hand hat tastend ihren Fuß gefunden. In diese drei Linien, aus denen kein Weg hinausführt in die Welt, schließt sich ihr Leben mit seinem Geheimnis ein. Der Stein unter ihr hebt sie empor, wie sie so kniet. Und man glaubt plötzlich in der Haltung, in die dieses junge Mädchen aus Trägheit, aus Träumerei oder aus Einsamkeit verfiel, eine uralte heilige Gebärde zu erkennen, in welche die Göttin ferner, grausamer Kulte versunken war. Der Kopf dieses Weibes neigt sich ein wenig vor; mit einem Ausdruck von Nachsicht, Hoheit und Geduld, sieht sie, wie aus der Höhe einer stillen Nacht, auf den Mann hinab, der sein Gesicht in ihre Brust versenkt wie in viele Blüten. Auch er kniet, aber tiefer, tief im Stein. Seine Hände liegen hinter ihm, wie wertlose und leere Dinge. Die Rechte ist offen; man sieht hinein. Von dieser Gruppe geht eine geheimnisvolle Größe aus. Man wagt (wie so oft bei Rodin) nicht, ihr eine Bedeutung zu geben. Sie hat tausende. Wie Schatten gehn die Gedanken über sie und hinter jedem steigt sie neu und rätselhaft auf in ihrer Klarheit und Namenlosigkeit.

Etwas von der Stimmung eines Purgatorio lebt in diesem Werke. Ein Himmel ist nah, aber er ist noch nicht erreicht; eine Hölle ist nah, aber sie ist noch nicht vergessen. Auch hier strahlt aller Glanz von der Berührung aus; von der Berührung der beiden Körper und von der Berührung des Weibes mit sich selbst.

Und nichts anderes als eine immer neue Ausgestaltung des Themas von der Berührung lebendiger und bewegter Flächen, ist jene gewaltige Porte de l'Enfer, an der Rodin seit zwanzig Jahren einsam gearbeitet hat und deren Guß nun bevorsteht. Gleichzeitig im Erforschen der Bewegung von Flächen und ihrer Vereinigung fortschreitend, kam Rodin dazu, Körper zu suchen die sich mit vielen Stellen berührten, Körper, deren Berührungen heftiger waren, stärker, ungestümer. Je mehr Berührungspunkte zwei Körper einander boten, je ungeduldiger sie aufeinander zustürzten, gleich chemischen Stoffen von großer Verwandtschaft, desto fester und organischer hielt das neue Ganze, das sie bildeten, zusammen. Erinnerungen aus Dante tauchten auf. Ugolino, und die Wandernden selbst, Dante und Virgil aneinandergedrängt, das Gewühl der Wollüstigen, aus dem, wie ein verdorrter Baum, die greifende Gebärde des Geizigen ragte. Die Zentauren, die Riesen und Ungeheuer, Sirenen, Faune und Weiber von Faunen, alle die wilden und reißenden Gott-Tiere des vorchristlichen Waldes kamen auf ihm zu. Und er schuf. Er verwirklichte alle die Gestalten und Formen des Dantischen Traumes, hob sie empor, wie aus der bewegten Tiefe eigener Erinnerungen und gab ihnen, einem nach dem anderen, des Dingseins leise Erlösung. Hunderte von Figuren und Gruppen entstanden auf diese Art. Aber die Bewegungen, die er in den Worten des Dichters fand, gehörten einer anderen Zeit; sie erweckten in dem Schaffenden, der sie auferstehen ließ, das Wissen von, tausend anderen Gebärden, Gebärden des Greifens, Verlierens, Leidens und Lassens, die inzwischen entstanden waren, und seine Hände, die keine Ermüdung kannten, gingen weiter und weiter, über die Welt des Florentiners hinaus zu immer neuen Gesten und Gestalten.

Dieser ernste, gesammelte Arbeiter, der nie nach Stoffen gesucht hatte und keine andere Erfüllung wollte, als die, welche seinem immer reiferen Werkzeug erreichbar war, kam auf diesem Wege durch alle Dramen des Lebens: jetzt tat sich ihm die Tiefe der Liebesnächte auf, die dunkle lust-und kummervolle Weite, in der es, wie in einer noch immer heroischen Welt, keine Kleider gab, in der die Gesichter verlöscht waren und die Leiber galten. Er kam mit weißglühenden Sinnen, als ein Suchender des Lebens, in die große Wirrnis dieses Ringens und was er sah war: Leben. Es wurde nicht eng um ihn, klein und schwül. Es wurde weit. Die Atmosphäre der Alkoven war fern. Hier war das Leben, war tausendmal in jeder Minute, war in Sehnsucht und Weh, in Wahnsinn und Angst, in Verlust und Gewinn. Hier war ein Verlangen, das unermeßlich war, ein Durst so groß, daß alle Wasser der Welt in ihm wie ein Tropfen vertrockneten, hier war kein Lügen und Verleugnen, und die Gebärden von Geben und Nehmen, hier waren sie echt und groß. Hier waren die Laster und die Lästerungen, die Verdammnisse und die Seligkeiten, und man begriff auf einmal, daß eine Welt arm sein mußte, die das alles verbarg und vergrub und tat, als ob es nicht wäre. Es war. Neben der ganzen Geschichte der Menschheit ging diese andere Historie her, die keine Verkleidungen kannte, keine Konventionen, keine Unterschiede und Stände, – nur Kampf. Auch sie hatte ihre Entwickelung gehabt. Sie war aus einem Trieb eine Sehnsucht geworden, aus einer Begierde zwischen Mann und Weib ein Begehren von Mensch zu Mensch. Und so erscheint sie im Werke Rodins – Noch ist es die ewige Schlacht der Geschlechter, aber das Weib ist nichtmehr das überwältigte oder das willige Tier. Sie ist sehnsüchtig und wach wie der Mann, und es ist, als hätten sie sich zusammengetan, um beide nach ihrer Seele zu suchen. Der Mensch, der nachts aufsteht und leise zu einem anderen geht, ist wie ein Schatzgräber, der das große Glück, das so notwendig ist, ergraben will am Kreuzweg des Geschlechts. Und in allen Lastern, in allen Lüsten wider die Natur, in allen diesen verzweifelten und verlorenen Versuchen, dem Dasein einen unendlichen Sinn zu finden, ist etwas von jener Sehnsucht, die die großen Dichter macht. Hier hungert die Menschheit über sich hinaus. Hier strecken sich Hände aus nach der Ewigkeit. Hier öffnen sich Augen, schauen den Tod und fürchten ihn nicht; hier entfaltet sich ein hoffnungsloses Heldentum, dessen Ruhm wie ein Lächeln kommt und geht und wie eine Rose blüht und bricht. Hier sind die Stürme des Wunsches und die Windstillen der Erwartung; hier sind Träume, die zu Taten werden, und Taten, die in Träumen vergehen. Hier wird, wie in einer Riesenspielbank, ein Vermögen von Kraft gewonnen oder verloren. Das alles steht in dem Werke Rodins. Er, der schon durch soviel Leben gegangen war, hier fand er des Lebens Fülle und Überfluß. Die Körper, an denen jede Stelle Wille war, die Munde, die die Form von Schreien hatten, welche aus den Tiefen der Erde zu steigen schienen. Er fand die Gebärden der Urgötter, die Schönheit und Geschmeidigkeit der Tiere, den Taumel alter Tänze und die Bewegungen vergessener Gottesdienste seltsam verbunden mit den neuen Gebärden, die entstanden waren in der langen Zeit, während welcher die Kunst abgewendet war und allen diesen Offenbarungen blind. Diese neuen Gebärden waren ihm besonders interessant. Sie waren ungeduldig. Wie einer, der lange nach einem Gegenstand sucht, immer ratloser wird, zerstreuter und eiliger, und um sich herum eine Zerstörung schafft, eine Anhäufung von Dingen, die er aus ihrer Ordnung zieht, als wollte er sie zwingen mitzusuchen, so sind die Gebärden der Menschheit, die ihren Sinn nicht finden kann, ungeduldiger geworden, nervöser, rascher und hastiger. Und alle die durchwühlten Fragen des Daseins liegen um sie her. Aber ihre Bewegungen sind zugleich auch wieder zögernder geworden. Sie haben nichtmehr die gymnastische und entschlossene Gradheit, mit der frühere, Menschen nach allem gegriffen haben. Sie gleichen nicht jenen Bewegungen, die in den alten Bildwerken aufbewahrt sind, den Gesten, bei denen nur der Ausgangspunkt und der Endpunkt wichtig war. Zwischen diese beiden einfachen Momente haben sich unzählige Übergänge eingeschoben, und es zeigte sich, daß gerade in diesen Zwischen-Zuständen das Leben des heutigen Menschen verging, sein Handeln und sein Nicht-handeln-Können. Das Ergreifen war anders geworden, das Winken, das Loslassen und das Halten. In allem war viel mehr Erfahrung und zugleich auch wieder mehr Unwissenheit; viel mehr Mutlosigkeit und ein fortwährendes Angehen gegen Widerstände; viel mehr Trauer um Verlorenes, viel mehr Abschätzung, Urteil, Erwägung und weniger Willkür. Rodin schuf diese Gebärden. Er machte sie aus einer oder aus mehreren Gestalten, formte sie zu Dingen in seiner Art. Er gab Hunderten und Hunderten von Figuren, die nur ein wenig größer waren als seine Hände, das Leben aller Leidenschaften zu tragen, das Blühen aller Lüste und aller Laster Last. Er schuf Körper, die sich überall berührten und zusammenhielten wie ineinander verbissene Tiere, die als ein Ding in die Tiefe fallen; Leiber, die horchten wie Gesichter und ausholten wie Arme; Ketten von Leibern, Gewinde und Ranken, und schwere Trauben von Gestalten, in welche der Sünde Süße stieg aus den Wurzeln des Schmerzes. Gleich machtvoll und überlegen hat nur Lionardo Menschen zusammengefügt in seiner grandiosen Beschreibung des Weltuntergangs. Wie dort, gab es auch hier solche, die sich in den Abgrund warfen, um das große Weh vergessen zu können, und solche, die ihren Kindern die Köpfe zerschlugen, damit sie nicht hineinwüchsen in das große Weh. Das Heer dieser Figuren war viel zu zahlreich geworden, um in den Rahmen und die Türflügel des HöllenTores hineinzupassen. Rodin wählte und wählte. Er schied alles aus, was zu einsam war, um sich der großen Gesamtheit zu unterwerfen, alles was nicht ganz notwendig war in diesem Zusammenhang. Er ließ die Gestalten und Gruppen selbst sich ihren Platz finden; er beobachtete das Leben des Volkes, das er geschaffen hatte, belauschte es und tat jedem seinen Willen. So erwuchs allmählich die Welt dieses Tores. Seine Fläche, an welche die plastischen Formen angefügt wurden, begann sich zu beleben; mit immer leiser werdenden Reliefs verhallte die Erregung der Figuren in die Fläche hinein. Im Rahmen ist von beiden Seiten ein Aufsteigen, ein Sich-empor-Ziehen und Hoch-Heben, in den Flügeln des Tores ein Fallen, Gleiten und Stürzen die herrschende Bewegung. Die Flügel treten ein wenig zurück, und ihr oberer Rand ist von dem vorspringenden Rand des Querrahmens noch durch eine ziemlich große Fläche getrennt. Vor diese, in den still geschlossenen Raum, ist die Gestalt des Denkers gesetzt, des Mannes, der die ganze Größe und alle Schrecken dieses Schauspieles sieht, weil er es denkt. Er sitzt versunken und stumm, schwer von Bildern und Gedanken, und alle seine Kraft (die die Kraft eines Handelnden ist) denkt. Sein ganzer Leib ist Schädel geworden und alles Blut in seinen Adern Gehirn. Er ist der Mittelpunkt des Tores, obwohl noch über ihm auf der Höhe des Rahmens drei Männer stehen. Die Tiefe wirkt auf sie und formt sie aus der Ferne. Sie haben ihre Köpfe zusammengebogen, ihre drei Arme sind vorgestreckt, laufen zusammen und zeigen hinunter auf dieselbe Stelle, in denselben Abgrund, welcher sie niederzieht mit seiner Schwere. Der Denker aber muß sie in sich tragen.

Unter den Gruppen und Bildwerken, die aus Anlaß dieses Tores entstanden sind, giebt es viele von großer Schönheit. Es ist unmöglich, sie alle aufzuzählen, wie es unmöglich ist, sie zu beschreiben. Rodin selbst hat einmal gesagt, er müßte ein Jahr reden, um eines seiner Werke mit Worten zu wiederholen. Man kann nur sagen, daß diese kleinen Bildwerke, welche in Gips, Bronze und Stein erhalten sind, ähnlich wie manche von den kleinen Tierfiguren der Antike den Eindruck ganz großer Dinge machen. Es giebt in Rodins Atelier den Abguß eines kaum handgroßen Panthers griechischer Arbeit (das Original befindet sich im Medaillen-Kabinett der Pariser National-Bibliothek); wenn man unter seinem Leibe durch von vorn in den Raum blickt, der von den vier geschmeidigstarken Tatzen gebildet wird, kann man glauben, in die

Tiefe eines indischen Felsentempels zu sehen; so wächst dieses Werk und weitet sich zur Größe seiner Maße. Ähnlich ist es bei den kleinen Plastiken Rodins. Indem er ihnen viele Stellen giebt, unzählbar viele, vollkommene und bestimmte Flächen, macht er sie groß. Die Luft ist um sie wie um Felsen. Wenn in ihnen ein Aufstehn ist, dann scheint es, als hüben sie die Himmel empor, und die Flucht ihres Falles reißt die Sterne mit.

Vielleicht ist damals auch die Danaide entstanden, die sich aus dem Knieen niedergeworfen hat in ihr fließendes Haar. Es ist wunderbar, um diesen Marmor langsam herumzugehen: den langen, langen Weg um die reichentfaltete Rundung dieses Rückens, zu dem sich im Stein wie in einem großen Weinen verlierenden Gesicht, zu der Hand, die, wie eine letzte Blume, noch einmal leise vom Leben spricht, tief im ewigen Eise des Blockes. Und die Illusion, die Tochter des Ikarus, diese blendende Dingwerdung eines langen hülflosen Falles. Und die schöne Gruppe, die L'homme et sa pensée genannt worden ist. Die Darstellung eines Mannes der kniet und, mit seiner Stirne Berührung, aus dem Stein vor ihm die leisen Formen eines Weibes weckt, die an den Stein gebunden bleiben; wenn man hier auslegen will, so mag man sich freuen über den Ausdruck dieser Untrennbarkeit, mit der der Gedanke an des Mannes Stirne haftet: denn es ist immer nur sein Gedanke, der lebt und vor ihm steht; gleich dahinter ist Stein. Verwandt damit ist auch der Kopf, der sich sinnend und still bis zum Kinn aus einem großen Steine löst, der Gedanke, dieses Stück Klarheit, Sein und Gesicht, das sich langsam aus dem schweren Schlafe des dumpf Dauernden erhebt. Und dann die Karyatide. Nichtmehr die aufrechte Figur, die leicht oder schwer das Tragen eines Steines erträgt, unter den sie sich doch nur gestellt hat, als er schon hielt; ein weiblicher Akt, knieend, gebeugt, in sich hineingedrückt und ganz geformt von der Hand der Last, deren Schwere wie ein fortwährender Fall in alle Glieder sinkt. Auf jedem kleinsten Teile dieses Leibes liegt der ganze Stein wie ein Wille, der größer war, älter und mächtiger, und doch hat seines Tragens Schicksal nicht aufgehört. Er trägt, wie man im Traum das Unmögliche trägt, und findet keinen Ausweg. Und sein Zusammengesunkensein und Versagen ist immer noch Tragen geblieben, und wenn die nächste Müdigkeit kommt und den Körper ganz niederzwingt ins Liegen, so wird auch das Liegen noch Tragen sein, Tragen ohne Ende. So ist die Karyatide.

Man kann, wenn man will, die meisten Werke Rodins mit Gedanken begleiten, erklären und umgeben. Für alle, denen das einfache Schauen ein zu ungewohnter und schwerer Weg zur Schönheit ist, giebt es andere Wege, Umwege über Bedeutungen, die edel sind, groß und voll Gestalt. Es ist, als ob das unendliche Gut-und Richtigsein dieser Akte, das vollkommene Gleichgewicht aller ihrer Bewegungen, die wunderbare innere Gerechtigkeit ihrer Verhältnisse, ihr Vom-Leben-Durchdrungensein, als ob alles das; was sie zu schönen Dingen macht, ihnen auch die Kraft verliehe, unübertreffliche Verwirklichungen der Stoffe zu sein, die der Meister in die Nähe rief, da er sie benannte. Nie ist ein Stoff bei Rodin an ein Kunst-Ding gebunden, wie ein Tier an einen Baum. Er lebt irgendwo in der Nähe des Dinges und lebt von ihm, etwa wie der Kustos einer Sammlung. Man erfährt manches, wenn man ihn ruft; wenn man es aber versteht, ohne ihn auszukommen, ist man mehr allein und ungestört und erfährt noch mehr.

Wo die erste Anregung vom Stofflichen ausging, wo eine antike Sage, die Stelle eines Ge-dichtes, eine historische Szene oder eine wirkliche Person Schaffens-Anlaß war, da übersetzt sich, wenn Rodin beginnt, während der Arbeit das Stoffliche immer mehr in Sachliches und Namenloses: in die Sprache der Hände übertragen, haben die Anforderungen, die sich ergeben, alle einen neuen, ganz auf die plastische Erfüllung bezüglichen Sinn.

In den Zeichnungen Rodins geht, vorbereitend, dieses Vergessen und Verwandeln der stoffli-chen Anregung vor sich. Er hat auch in dieser Kunst seine eigenen Ausdrucksmittel sich erzo-gen, und das macht diese Blätter (es sind viele Hunderte) zu einer selbständigen und originellen Offenbarung seiner Persönlichkeit.

Da sind zunächst, aus früherer Zeit, Tuschzeichnungen mit überraschend starken Licht-und Schattenwirkungen, wie der berühmte Homme au Taureau, bei dem man an Rembrandt denken möchte, wie der Kopf des jungen Saint Jean-Baptiste oder die schreiende Maske für den Genius des Krieges; lauter Notizen und Studien, welche dem Künstler das Leben der Flächen erkennen halfen und ihr Verhältnis zur Atmosphäre. Dann kommen Akte, die mit jagender Sicherheit gezeichnet sind, Formen, ausgefüllt von allen ihren Konturen, modelliert mit vielen schnellen Federstrichen, und andere, eingeschlossen in die Melodie eines einzigen vibrierenden Umrisses, aus dem sich mit unvergeßlicher Reinheit eine Gebärde erhebt. So sind die Zeichnungen, mit denen Rodin, auf den Wunsch eines feinsinnigen Sammlers hin, ein Exemplar der > Fleurs du Mal< begleitet hat. Man sagt nichts, wenn man da von einem sehr tiefen Verständnis Baudelaire'scher Verse spricht; man versucht mehr zu sagen, wenn man sich erinnert, wie diese Gedichte in ihrem Mit-sichGesättigtsein keine Ergänzung zulassen und keine Steigerung über sich hinaus: und daß man doch beides empfindet, Ergänzung und Steigerung, wo Rodin'sche Linien sich diesem Werke anschmiegen, das ist ein Maßstab für die hinreißende Schönheit dieser Blätter. Die Federzeichnung, die neben das Gedicht La mort des pauvres gestellt ist, reicht mit einer Gebärde von so einfacher, fortwährend wachsender Großheit über diese großen Verse hinaus, daß man meint, sie erfülle die Welt von Aufgang nach Untergang.

Und so sind auch die Radierungen mit der kalten Nadel, in denen der Lauf unendlich zarter Linien wie der äußerste Umriß eines schönen gläsernen Dinges erscheint, der, in jedem Augenblicke genau bestimmt, hinfließt über das Wesen einer Wirklichkeit.

Endlich aber entstanden auch jene seltsamen Dokumente des Momentanen, des unmerklich Vorübergehenden. Rodin vermutete, daß unscheinbare Bewegungen, die das Modell tut, wenn es sich unbeobachtet glaubt, rasch zusammengefaßt, eine Stärke des Ausdrucks enthalten könnten, die wir nicht ahnen, weil wir nicht gewohnt sind, sie mit gespannter und tätiger Aufmerksamkeit zu begleiten. Indem er das Modell nicht aus dem Auge verlor und seiner erfahrenen und raschen Hand ganz das Papier überließ, zeichnete er eine Unmenge niegesehener, immer versäumter Gebärden auf, und es ergab sich, daß die Kraft des Ausdrucks, die von ihnen ausging, ungeheuer war. Bewegungs-zusammenhänge, die noch nie als Ganzes überschaut und erkannt worden waren, stellten sich dar, und sie enthielten alle Unmittelbarkeit, Wucht und Wärme eines geradezu animalischen Lebens. Ein Pinsel voll Ocker, schnell, mit wechselnder Betonung durch diesen Kontur geführt, modellierte so unglaublich stark die eingeschlossene Fläche, daß man meinte, plastische Figuren aus gebrannter Erde zu sehen. Und wieder war eine ganz neue Weite entdeckt, namenlosen Lebens voll; eine Tiefe, über die alle hallenden Schrittes gegangen waren, gab ihre Wasser dem, in dessen Händen die Weidenrute gewahrsagt hatte.

Auch wo es galt, Porträts zu geben, gehörte der zeichnerische Ausdruck des Themas zu den Vorbereitungen, über welche Rodin, langsam und sich sammelnd, zu dem fernen Werke geht. Denn, so unrecht man hat, in seiner plastischen Kunst eine Art von Impressionismus zu sehen, so ist doch die Menge präzis und kühn erfaßter Impressionen immer der große Reichtum, aus welchem er schließlich das Wichtige und Notwendige auswählt, um es in reifer Synthese zusammenzufassen. Wenn er von den Körpern, die er erforscht und bildet, zu den Gesichtern kommt, muß es ihm manchmal sein, als träte er aus einer windigen, bewegten Weite in eine Stube, in welcher viele beisammen sind: hier ist alles gedrängt und dunkel, und die Stimmung eines Interieurs herrscht unter den Bogen der Brauen und im Schatten des Mundes. Während über den Leibern immer Wechsel und Wellenschlag ist, Ebbe und Flut, steht in den Gesichtern die Luft. Es ist wie in Zimmern, in denen sich viel ereignet hat, Freudiges und Banges, Schweres und Erwartungsvolles. Und kein Ereignis ist ganz vergangen, keins hat das andere ersetzt; eines ist neben das andere gestellt worden und stehn geblieben und welk geworden wie eine Blume im Glase. Wer aber von draußen kommt, aus dem großen Wind, der bringt Weite herein in die Stuben.

Die Maske des Mannes mit der gebrochenen Nase war das erste Porträt, das Rodin geschaffen hat. In diesem Werke ist seine Art, durch ein Gesicht zu gehen, schon ganz ausgebildet, man fühlt seine unbegrenzte Hingabe an das Vorhandene, seine Ehrfurcht vor jeder Linie, die das Schicksal gezogen hat, sein Vertrauen zu dem Leben, das schafft, auch wo es entstellt. In einer Art von blindem Glauben hatte er den Homme au nez cassé geschaffen, ohne zu fragen, wer der Mann war, dessen Leben in seinen Händen noch einmal verging. Er hatte ihn gemacht, wie Gott den ersten Menschen gemacht hat, ohne die Absicht, etwas anderes zu wirken als das

Leben selbst, namenloses Leben. Aber immer wissender, immer erfahrener und größer kam er zu den Gesichtern der Menschen zurück. Er konnte ihre Züge nicht mehr sehen, ohne an die Tage zu denken, die daran gearbeitet hatten, an dieses ganze Heer von Handwerkern, die fortwährend um ein Gesicht herumgehen, als könnte es niemals fertig werden. Aus einer stillen und gewissenhaften Wiederholung des Lebens wurde so in dem reifen Manne eine erst tastende und versuchende, immer sicherer und kühner werdende Auslegung der Schrift, mit der die Gesichter über und überbedeckt waren. Er gab seiner Phantasie nicht Raum; er erfand nicht. Er verachtete nicht einen Augenblick den schweren Gang seines Werkzeugs. Es wäre ja so leicht gewesen, es auf irgend welchen Flügeln zu überholen. Wie früher ging er neben ihm einher, ging die ganzen weiten Strecken, die gegangen sein mußten, ging wie der Pflüger hinter seinem Pflug. Aber während er seine Furchen zog, dachte er über sein Land nach und über die Tiefe seines Landes, über den Himmel, der darüber war, über den Gang der Winde und über der Regen Fall, über alles das, was war und wehe tat und verging und wiederkam und nicht aufhörte zu sein. Und er glaubte in alledem jetzt, besser und weniger verwirrt von dem Vielen, das Ewige zu erkennen, das, um dessenwillen auch das Leid gut und die Schwere Mutterschaft war und der Schmerz schön.

Diese Auslegung, die bei den Porträts begann, wuchs von da immer weiter in sein Werk hinein. Sie ist die letzte Stufe, der äußerste Kreis seiner weiten Entwickelung. Sie fing langsam an. Mit unendlicher Vorsicht betrat Rodin diesen neuen Weg. Wieder drang er von Fläche zu Fläche vor, ging der Natur nach und hörte auf sie. Sie selbst bezeichnete ihm gleich die Stellen, von denen er mehr wußte, als zu sehen war. Wenn er dort einsetzte und aus kleinen Verworrenheiten eine große Vereinfachung schuf, so tat er, was Christus den Leuten tat, wenn er die unklar Fragenden mit erhabenen Gleichnis reinigte von ihrer Schuld. Er erfüllte eine Intention der Natur. Er vollendete etwas, was im Werden hülflos war, er deckte die Zusammenhänge auf, wie der Abend eines Nebeltages die Berge aufdeckt, die in großen Wellen sich fortpflanzen in die Ferne.

Voll von seines ganzen Wissens lebendiger Last, sah er wie ein Zukünftiger in die Gesichter derer hinein, die um ihn lebten. Das giebt seinen Porträts die ungemein klare Bestimmtheit, aber auch jene prophetische Größe, die in den Bildern des Victor Hugo oder des Balzac sich zu einer unbeschreiblichen Vollendung erhob. Ein Bildnis schaffen hieß für ihn, in einem gegebenen Gesichte Ewigkeit suchen, jenes Stück Ewigkeit, mit dem es teilnahm an dein großen Gange ewiger Dinge. Er hat keinen gebildet, den er nicht ein wenig aus den Angeln gehoben hätte in die Zukunft hinein; wie man ein Ding vor den Himmel hält, um seine Formen reiner und einfacher zu verstehen. Das ist nicht, was man verschönern heißt, und auch charakteristisch machen ist kein passender Ausdruck dafür. Es ist mehr; es ist: das Dauernde vom Vergänglichen scheiden, Gericht halten, gerecht sein.

Sein Porträt-Werk umfaßt, auch wenn man von den Radierungen absieht, eine sehr große Zahl vollendeter und meisterhafter Bildnisse. Es giebt da Büsten in Gips, in Bronze, in Marmor und Sandstein, Köpfe in gebranntem Ton und Masken, die man einfach hat eintrocknen lassen. Frauenbildnisse kehren immer wieder zu allen Zeiten seines Werkes. Die berühmte Büste des Luxembourg-Museums ist eines der frühesten. Sie ist voll eigentümlichen Lebens, schön, von einem gewissen frauenhaften Zauber, aber sie wird von vielen späteren Werken an Einfachheit und Zusammenfassung der Flächen übertroffen. Sie ist vielleicht das einzige unter Rodins Werken, dem nicht nur die diesem Bildhauer eigentümlichen Tugenden seine Schönheit gegeben haben; dieses Porträt lebt zum Teil auch durch die Gnade jener Grazie, die in der französischen Plastik seit Jahrhunderten erblich ist. Es glänzt ein wenig mit der Eleganz, die auch die schlechte Skulptur französischer Tradition immer noch aufweist; es ist nicht ganz frei von jener galanten Auffassung der belle femme, über welche der Ernst und die tief einsetzende Arbeit Rodins so rasch hinauswuchs. Aber man tut gut, sich an dieser Stelle zu erinnern, daß er auch dieses angestammte Gefühl zu überwinden hatte; er mußte ein angeborenes Können unterdrücken, um ganz arm zu beginnen. Er mußte deshalb nicht aufhören, Franzose zu sein: auch die Meister der Kathedralen waren es.

Die späteren Frauen-Bildnisse haben eine andere, tiefer begründete und weniger geläufige Schönheit. Dabei ist vielleicht zu sagen, daß es meistens Ausländerinnen waren, Amerikanerinnen, deren Porträts Rodin ausgeführt hat. Es giebt darunter solche von wunderbarer Arbeit, Steine, die wie antike Kameen rein und unberührbar sind. Gesichter, deren Lächeln nirgends befestigt ist und so schleierleise über den Zügen spielt, daß es sich zu heben scheint bei jedem Atemholen. Rätselhaft verschlossene Lippen und Augen, die, über alles fort, in eine ewige Mondnacht schauen, traumhaft weit aufgetan. Und doch ist es, als empfände Rodin das Angesicht des Weibes am liebsten als einen Teil seines schönen Körpers, als wollte er, daß seine Augen Augen des Leibes seien und der Mund seines Leibes Mund. Wo er es so im Ganzen erschafft und schaut, da erhält auch das Gesicht einen so starken und ergreifenden Ausdruck nieverkündeten Lebens, daß die Porträts von Frauen (obwohl sie scheinbar >ausgeführter< sind) weit übertroffen werden.

Anders ist es bei den Männer-Bildnissen. Das Wesen eines Mannes kann man sich leichter im Raume seines Gesichtes versammelt denken. Man kann sich sogar vorstellen, daß es Augenblicke giebt (solche der Ruhe und solche der inneren Erregung), in welchen alles Leben in sein Gesicht eingetreten ist. Solche Augenblicke wählt Rodin, wo er ein männliches Porträt geben will; oder besser: er schafft sie. Er holt weit aus. Er giebt nicht dem ersten Eindruck recht und nicht dem zweiten und von allen nächsten keinem. Er beobachtet und notiert. Er notiert Bewegungen, die keines Wortes wert sind, Wendungen und Halb –Wendungen, vierzig Verkürzungen und achtzig Profile. Er überrascht sein Modell in seinen Gewohnheiten und Zufälligkeiten, bei Ausdrücken, die erst im Entstehen sind, bei Müdigkeiten und Anstrengungen. Er kennt alle Übergänge in seinen Zügen, weiß, woher das Lächeln kommt und wohin es zurückfällt. Er erlebt das Gesicht des Menschen wie eine Szene, an der er selbst teilnimmt, er steht mitten drin und nichts was passiert ist ihm gleichgültig oder entgeht ihm. Er läßt sich nichts von dem Betreffenden erzählen, er will nichts wissen als was er sieht. Aber er sieht alles.

So vergeht über jeder Büste viel Zeit. Das Material wächst, zum Teil in Zeichnungen, in ein paar Federstrichen und Tuschflecken festgehalten, zum Teil im Gedächtnisse angesammelt; denn dieses hat Rodin sich zu einem ebenso verläßlichen als bereiten Hülfsmittel ausgebildet. Sein Auge sieht während der Sitzungs-Stunden viel mehr, als er in dieser Zeit ausführen kann. Er vergißt nichts davon und oft, wenn das Modell ihn verlassen hat, beginnt für ihn das eigentliche Arbeiten aus der Fülle seiner Erinnerung. Seine Erinnerung ist weit und geräumig; die Eindrücke verändern sich nicht in ihr, aber sie gewöhnen sich an ihre Wohnung, und wenn sie von da in seine Hände steigen, so ist es, als wären sie natürliche Gebärden dieser Hände.

Diese Arbeitsweise führt zu gewaltigen Zusammenfassungen von hundert und hundert Lebensmomenten: und so ist auch der Eindruck, den diese Büsten machen. Die vielen fernen Kontraste und die unerwarteten Übergänge, die einen Menschen bilden und eines Menschen fortwährende Entwickelung, treffen einander hier in glücklichen Begegnungen und halten aneinander mit einer inneren Adhäsionskraft fest. Aus allen Weiten ihres Wesens sind diese Menschen zusammengeholt, alle Klimaten ihres Temperamentes entfalten sich auf den Hemisphären ihres Hauptes. Da ist der Bildhauer Dalou, in dem neben einer ausdauernden und geizigen Energie eine nervöse Müdigkeit vibriert, da ist Henri Roche-forts abenteuernde Maske, da ist Octave Mirbeau, bei dem hinter einem Tatmenschen eines Dichters Traum und Sehnsucht dämmert, und Puvis de Chavannes und Victor Hugo, den Rodin so genau kennt, und da ist vor allem die unbeschreiblich schöne Bronze, das Bildnis des Malers Jean-Paul Laurens, von dem eine gute Abbildung diesem Buch beigegeben wurde. Diese Büste ist vielleicht die schönste Sache im Luxembourg-Museum. Sie ist von einer so tiefen und zugleich so groß empfundenen Durchbildung der Oberfläche, so geschlossen in der Haltung, so stark im Ausdruck, so bewegt und wach, daß man das Gefühl nicht verliert, die Natur selbst habe dieses Werk aus den Händen des Bildhauers genommen, um es zu halten wie eines ihrer liebsten Dinge. Die prachtvolle Patina, deren rauch-schwarzen Belag das Metall, wie Feuer, Rammend und sprühend, durchbricht, trägt viel dazu bei, die unheimliche Schönheit dieses Bildwerkes zu vollenden.

Auch eine Büste von Bastien-Lepage existiert, schön und melancholisch, mit dem Ausdruck des Leidenden, dessen Arbeit ein fortwährender Abschied von seinem Werke ist. Sie ist für Damvillers, das kleine Heimatdorf des Malers, gemacht worden und ist dort auf dem Kirchhofe aufgestellt. Sie ist also eigentlich ein Denkmal. Und die Büsten Rodins in ihrer Vollständigkeit und ihrer ins Große gehenden Zusammenfassung haben alle etwas vom Denkmal an sich. Es kommt bei diesem nur eine weitere Vereinfachung der Flächen, eine noch strengere Auswahl des Notwendigen und die Bedingung des Weithinsichtbaren dazu. Die Denkmäler, die Rodin geschaffen hat, näherten sich immer mehr diesen Ansprüchen. Er begann mit dem Denkmal des Claude Gelée für Nancy; und es ist ein steiler Aufstieg von diesem ersten, interessanten Versuch bis zu dem grandiosen Gelingen des Balzac.

Mehrere von den Denkmälern Rodins sind nach Amerika gegangen, und das reifste von diesen ist bei den Unruhen in Chile zerstört worden, noch ehe es an seinen Platz gebracht worden war. Es war das Reiter-Standbild des Generals Lynch. Gleich dem verlorenen Meisterwerke Lionardos, dem es sich vielleicht durch die Macht des Ausdrucks und durch die wundervoll beseelte Einheit von Mann und Roß näherte, sollte auch diese Statue nicht erhalten bleiben. Nach einem kleinen Gips-Modell im Musée Rodin in Meudon muß man schließen, daß sie das plastische Bild eines mageren Mannes war, der sich gebietend im Sattel aufrichtete, nicht in der brutalen Herren-Art eines Condottiere, sondern nervöser und erregter, mehr wie einer, der die Macht zu befehlen nur ausübt als Amt und sie nicht als Leben lebt. Hier schon erhob sich übrigens die vorwärtsweisende Hand des Generals aus der ganzen Masse des Standbildes, aus Mensch und Tier; und dieser Umstand ist es auch, welcher der Gebärde Victor Hugo's ihre unvergeßliche Hoheit, dieses Weit-Herkommende giebt, diese Macht, an die man glaubt auf den ersten Blick. Die große, lebendige Greisenhand die mit dem Meere redet, kommt nicht aus dem Dichter allein; sie steigt herab von dem Gipfel der ganzen Gruppe wie von einem Berge, auf dem sie betete, ehe sie sprach. Victor Hugo ist hier der Verbannte, der Einsame von Guernesey, und es ist eines von den Wundern dieses Denkmales, daß die Musen, die ihn umgeben, nicht wie Gestalten wirken, die den Verlassenen heimsuchen: sie sind, im Gegenteil, seine sichtbar gewordene Einsamkeit. Durch die Verinnerlichung der Figuren und ihre Konzentration, man möchte sagen: um das Innere des Dichters, hat Rodin diesen Eindruck erreicht; indem er auch hier wieder von einer Individualisierung der Berührungsstellen ausging, ist es ihm gelungen, die wundervoll bewegten Akte gleichsam zu Organen des sitzenden Mannes zu machen. Sie sind um ihn wie große Gebärden, die er einmal getan hat, Gebärden, die so schön und jung waren, daß ihnen eine Göttin die Gnade verlieh, nicht zu vergehen und in der Gestalt schöner Frauen immer zu dauern.

Für die Figur des Dichters selbst hat Rodin viele Studien gemacht. Während der Empfänge im Hôtel Lusignan beobachtete und notierte er, von einer Fensternische aus, hundert und hundert Bewegungen des Greises und alle Ausdrücke seines belebten Gesichtes. Aus diesen Vorbereitungen entstanden die Porträts Hugos, die Rodin geschaffen hat. Für das Denkmal bedurfte es einer noch weiteren Vertiefung. Er drängte alle die Einzeleindrücke zurück, faßte sie in der Ferne zusammen, und, wie man vielleicht aus einer Reihe von Rhapsoden eine Gestalt gebildet hat: Homer, so schuf er aus allen Bildern seiner Erinnerung dieses Eine. Und diesem einen, letzten Bilde gab er die Größe des Sagenhaften; als könnte das alles am Ende nur ein Mythos gewesen sein und zurückgehen auf einen phantastisch ragenden Felsen am Meer, in dessen seltsamen Formen entfernte Völker eine Gebärde schlafen sahen.

Diese Macht, Vergangenes zum Unvergänglichen zu erheben, offenbarte Rodin immer, wenn historische Stoffe oder Gestalten in seiner Kunst aufzuleben verlangten; am überlegensten vielleicht in den Bürgern von Calais. Was hier Stoff war, beschränkte sich auf einige Spalten in der Chronik des Froissart. Es war die Geschichte, wie die Stadt Calais von Eduard III., dem englischen Könige, belagert wird; wie der König der in der Furcht des Hungers verzagenden Stadt nicht Gnade geben will; wie derselbe König endlich einwilligt, von der Stadt abzulassen, wenn sechs ihrer vornehmsten Bürger sich in seine Hände geben, »damit er mit ihnen tue nach seinem Willen«. Und er verlangt, daß sie die Stadt verlassen sollen, barhaupt, nur mit dem Hemde bekleidet, einen Strick um den Hals und die Schlüssel von Stadt und Kastell in der Hand. Der Chronist erzählt nun die Szene in der Stadt; er berichtet, wie der Bürgermeister, Messire Jean de Vienne, die Glocken läuten läßt und wie die Bürger sich auf dem Marktplatze versammeln. Sie haben die bange Botschaft gehört und warten und schweigen. Aber schon stehen unter ihnen die Helden auf, die Auserwählten, die den Beruf in sich fühlen zu sterben Hier drängt sich durch die Worte des Chronisten das Schreien und Weinen der Menge. Er selbst scheint eine Weile ergriffen zu sein und mit zitternder Feder zu schreiben. Aber er sammelt sich wieder. Er nennt vier von den Helden beim Namen, zwei vergißt er. Er sagt von dem einen, daß er der reichste Bürger der Stadt war, von dem zweiten, daß er Ansehen und Vermögen besaß und »zwei schöne Fräulein zu Töchtern hatte «, von dem dritten weiß er nur, daß er reich an Besitz und Erbschaft war, und von dem vierten, daß er des dritten Bruder gewesen ist. Er berichtet, daß sie sich bis auf das Hemde entkleideten, daß sie Stricke um ihren Hals banden und daß sie so aufbrachen, mit den Schlüsseln von Stadt und Kastell. Er erzählt, wie sie in das Lager des Königs kamen; er schildert, wie hart sie der König empfing und wie der Henker schon rieben ihnen stand, als der Fürst, auf die Bitten der Königin hin, ihnen das Leben schenkte. »Er hörte auf seine Gemahlin« – sagt Froissart, »weil sie sehr schwanger war. « Mehr enthält die Chronik nicht.

Für Rodin aber war das Stoff genug. Er fühlte sofort, daß es in dieser Geschichte einen Augenblick gab, wo etwas Großes geschah, etwas, was von Zeit und Namen nicht wußte, etwas Unabhängiges und Einfaches. Er wandte alle Aufmerksamkeit dem Moment des Aufbruchs zu. Er sah, wie diese Männer ihren Gang begannen; er fühlte, wie in jedem noch einmal das ganze Leben war, das er gehabt hatte, wie jeder, beladen mit seiner Vergangenheit, dastand, bereit, sie hinauszutragen aus der alten Stadt. Sechs Männer tauchten vor ihm auf, von denen keiner dem anderen glich; nur zwei Brüder waren unter ihnen, zwischen denen vielleicht eine gewisse Ähnlichkeit bestand. Aber jeder einzelne hatte auf seine Art den Entschluß gefaßt und lebte diese letzte Stunde auf seine Weise, feierte sie mit seiner Seele und litt sie an seinem Leibe, der am Leben hing. Und dann sah er auch die Gestalten nicht mehr. In seiner Erinnerung stiegen Gebärden auf, Gebärden der Absage, des Abschiedes, des Verzichts. Gebärden über Gebärden. Er sammelte sie. Er bildete sie alle. Sie flossen ihm aus der Fülle seines Wissens zu. Es war, als stünden in seinem Gedächtnis hundert Helden auf und drängten sich zu dem Opfer. Und er nahm alle hundert an und machte aus ihnen sechs. Er bildete sie nackt, jeden für sich, in der ganzen Gesprächigkeit ihrer fröstelnden Leiber. Überlebensgroß: in der natürlichen Größe ihres Entschlusses.

Er schuf den alten Mann mit den hängenden Armen, die in den Gelenken gelockert sind; und er gab ihm den schweren, schleppenden Schritt, den abgenützten Gang der Greise, und einen Ausdruck von Müdigkeit, der über sein Gesicht fließt bis in den Bart.

Er schuf den Mann, welcher den Schlüssel trägt. In ihm ist Leben noch für viele Jahre und alles in die plötzliche letzte Stunde gedrängt. Er erträgt es kaum. Seine Lippen sind zusammengepreßt, seine Hände beißen in den Schlüssel. Er hat Feuer an seine Kraft gelegt und sie verbrennt in ihm, in seinem Trotze.

Er schuf den Mann, der den gesenkten Kopf mit beiden Händen hält, wie um sich zu sammeln, um noch einen Augenblick allein zu sein.

Er schuf die beiden Brüder, von denen der eine noch zurückschaut, während der andere mit einer Bewegung der Entschlossenheit und Ergebung das Haupt neigt, als hielte er's schon dein Henker hin.

Und er schuf die vage Gebärde jenes Mannes, der »durch das Leben geht«. »Le Passant« hat Gustave Geffroy ihn genannt. Er geht schon, aber er wendet sich noch einmal zurück, nicht zu der Stadt, nicht zu den Weinenden und nicht zu denen, die mit ihm gehen. Er wendet sich zurück zu sich selbst. Sein rechter Arm hebt sich, biegt sich, schwankt; seine Hand tut sich auf in der Luft und läßt etwas los, etwa so wie man einem Vogel die Freiheit giebt. Es ist ein Abschied von allem Ungewissen, von einem Glück, das noch nicht war, von einem Leid, das nun umsonst warten wird, von Menschen, die irgendwo leben und denen man vielleicht einmal begegnet wäre, von allen Möglichkeiten aus Morgen und Übermorgen, und auch von jenem Tod, den man sich fern dachte, milde und still, und am Ende einer langen, langen Zeit.

Diese Gestalt, allein in einen alten, dunklen Garten gestellt, könnte ein Denkmal sein für alle Jungverstorbenen.

Und so hat Rodin jedem dieser Männer ein Leben gegeben in dieses Lebens letzter Gebärde.

Die einzelnen Figuren wirken erhaben in ihrer einfachen Größe. Man denkt an Donatello und vielleicht noch mehr an Claux Sluter und seine Propheten in der Chartreuse von Dijon.

Es scheint zunächst, als hätte Rodin nichts weiter getan, sie zusammenzufassen. Er hat ihnen die gemeinsame Tracht gegeben, das Hemd und den Strick, und hat sie nebeneinandergestellt in zwei Reihen; die drei, welche schon im Schreiten begriffen sind, in die erste Reihe, die anderen, mit einer Wendung nach rechts, dahinter, als ob sie sich anschlössen. Der Platz, für den das Denkmal bestimmt war, war der Markt von Calais, dieselbe Stelle, auf der einst der schwere Gang begonnen hatte. Dort sollten jetzt die stillen Bilder stehen, von einer niedrigen Stufe nur wenig emporgehoben über den Alltag, so als stünde der bange Aufbruch immer bevor, mitten in jeder Zeit.

Man weigerte sich aber in Calais, einen niedrigen Sockel zu nehmen, weil es der Gewohnheit widersprach. Und Rodin schlug eine andere Aufstellungsart vor, Man sollte, verlangte er, hart am Meer einen Turm bauen, viereckig, im Umfange der Basis, mit schlichten, behauenen Wänden und zwei Stockwerke hoch, und dort oben sollte man die sechs Bürger aufstellen in der Einsamkeit des Windes und des Himmels. Es war vorauszusehen, daß auch dieser Vorschlag abgelehnt wurde. Und doch lag er im Wesen des Werkes, Hätte man den Versuch gemacht, man hätte eine unvergleichliche Gelegenheit gehabt, die Geschlossenheit dieser Gruppe zu bewundern, die aus sechs Einzelfiguren bestand und doch so fest zusammenhielt, als wäre sie nur ein einziges Ding. Und dabei berührten die einzelnen Gestalten einander nicht, sie standen nebeneinander wie die letzten Bäume eines gefällten Waldes, und was sie vereinte, war nur die Luft, die an ihnen teilnahm in einer besonderen Art. Ging man um diese Gruppe herum, so war man überrascht zu sehen, wie aus dem Wellenschlag der Konturen rein und groß die Gebärden stiegen, sich erhoben, standen und zurückfielen in die Masse, wie Fahnen, die man einzieht. Da war alles klar und bestimmt. Für einen Zufall schien nirgends Raum zu sein. Wie alle Gruppen des Rodin'schen Werkes, war auch diese in sich selbst verschlossen, eine eigene Welt, ein Ganzes, erfüllt von einem Leben, das kreiste und sich nirgends ausströmend verlor. An Stelle der Berührungen waren hier die Überschneidungen getreten, die ja auch eine Art von Berührung waren, unendlich abgeschwächt durch das Medium der Luft, die dazwischen lag, beeinflußt von ihr und verändert. Berührungen aus der Ferne waren entstanden, Begegnungen, ein Übereinander-Hinziehen der Formen, wie man es manchmal bei Wolkenmassen sieht oder bei Bergen, wo auch die dazwischen gelagerte Luft kein Abgrund ist, der trennt, vielmehr eine Leitung, ein leise abgestufter Übergang.

Für Rodin war immer schon die Teilnahme der Luft von großer Bedeutung. Er hatte alle seine Dinge, Fläche für Fläche, in den Raum gepaßt, und das gab ihnen diese Größe und Selbständigkeit, dieses unbeschreibliche Erwachsensein, das sie von allen Dingen unterschied. Nun aber, da er, die Natur auslegend, allmählich dazu gekommen war, einen Ausdruck zu verstärken, zeigte es sich, daß er damit auch das Verhältnis der Atmosphäre zu seinem Werke steigerte, daß sie die zusammengefaßten Flächen bewegter, gleichsam leidenschaftlicher umgab. Hatten seine Dinge früher im Raume gestanden, so war es jetzt, als risse er sie zu sich her. Nur bei einzelnen Tieren auf den Kathedralen konnte man Ähnliches beobachten. Auch an ihnen nahm die Luft in eigentümlicher Weise teil-. es schien als würde sie Stille oder Wind, jenachdem sie über betonte oder über leise Stellen ging. Und in der Tat, wenn Rodin die Oberfläche seiner Werke in Höhepunkten zusammenfaßte, wenn er Erhabenes erhöhte und einer Höhlung größere Tiefe gab, verfuhr er ähnlich mit seinem Werke, wie die Atmosphäre mit jenen Dingen verfahren war, die ihr preisgegeben waren seit Jahrhunderten. Auch sie hatte zusammengefaßt, vertieft und Staub abgesetzt, hatte mit Regen und Frost, mit Sonne und Sturm diese Dinge erzogen für ein Leben, das langsamer verging in Ragen, Dunkeln und Dauern.

Schon bei den Bürgern von Calais war Rodin auf seinem eigenen Wege zu dieser Wirkung gekommen; in ihr lag das monumentale Prinzip seiner Kunst. Mit solchen Mitteln konnte er weithinsichtbare Dinge schaffen, Dinge, die nicht nur von der allernächsten Luft umgeben waren, sondern von dein ganzen Himmel Er konnte mit einer lebendigen Fläche, wie mit einem Spiegel, die Fernen fangen und bewegen, und er konnte eine Gebärde, die ihm groß schien, formen und den Raum zwingen, daran teilzunehmen.

So ist jener schmale Jüngling, der kniet und seine Arme empor wirft und zurück in einer Geste der Anrufung ohne Grenzen Rodin hat diese Figur Der verlorene Sohn genannt, aber sie hat, man weiß nicht woher, auf einmal den Namen: Prière. Und sie wächst auch über diesen hinaus. Das ist nicht ein Sohn, der vor dem Vater kniet. Diese Gebärde macht einen Gott notwendig, und in dem, der sie tut, sind alle, die ihn brauchen. Diesem Stein gehören alle Weiten; er ist allein auf der Welt.

Und so ist auch der Balzac. Rodin hat. ihm eine Größe gegeben, die vielleicht die Gestalt dieses Schriftstellers überragt. Er hat ihn im Grunde seines Wesens erfaßt, aber er hat an den Grenzen dieses Wesens nicht Halt gemacht; um seine äußersten und fernsten Möglichkeiten, um sein Unerreichtes hat er diesen mächtigen Kontur gezogen, der in den Grabsteinen fernvergangener Völker vorgebildet scheint. Jahre und Jahre hat er ganz in dieser Gestalt gelebt. Er hat Balzacs Heimat besucht, die Landschaften der Touraine, die in seinen Büchern immer wieder aufsteigen, er hat Briefe von ihm gelesen, er hat die Bilder studiert, die von Balzac existieren, und er ist durch sein Werk gegangen, wieder und wieder; auf allen den verzweigten und verschlungenen Wegen dieses Werkes begegneten ihm die Balzac'schen Menschen, ganze Familien und Generationen, eine Welt, die immer noch an das Dasein ihres Schöpfers zu glauben, aus ihm zu leben und ihn zu schauen schien. Er sah, daß alle diese tausend Figuren, mochten sie tun was sie wollten, doch ganz mit dem Einen beschäftigt waren, der sie gemacht hatte. Und wie man vielleicht aus den vielen Mienen eine., Zuschauerraumes das Drama erraten kann, das sich auf der Bühne vollzieht, so suchte er in allen diesen Gesichtern nach dem, der für sie noch nicht vergangen war. Er glaubte, wie Balzac, an die Wirklichkeit dieser Welt, und es gelang ihm eine Weile, sich ihr einzuordnen. Er lebte, als ob Balzac auch ihn geschaffen hätte, unauffällig gemischt unter die Menge seiner Existenzen. So kam er zu den besten, Erfahrungen. Was sonst da war, schien bei weitem weniger beredt. Die Daguerreotypieen boten nur ganz allgemeine Anhaltspunkte und nichts Neues. Man kannte dieses Gesicht, das sie darstellten, schon von der Schulzeit her. Nur die eine, die im Besitze Stephan Mallarmé's gewesen war und Balzac ohne Rock mit Hosenträgern zeigte, war charakteristischer. Und dann mußten die Aufzeichnungen der Zeitgenossen helfen. Théophile Gautier's Worte, die Notizen der Goncourts und das schöne Porträt Balzac's, das Lamartine geschrieben hatte. Außerdem war nur noch die Büste von David da in der Comédie-Francaise und ein kleines Bildnis von Louis Boulanger. – Ganz vom Geiste Balzac's erfüllt, ging Rodin mit diesen Hülfsmitteln nun daran, seine äußere Erscheinung aufzurichten. Er benutzte lebende Modelle von ähnlichen Körperverhältnissen und bildete in verschiedenen Stellungen sieben, vollkommen ausgeführte Akte. Es waren dicke, gedrungene Männer mit schwerfälligen Gliedern und kurzen Armen, deren er sich bediente, und er schuf nach diesen Vorarbeiten einen Balzac, ungefähr in der Auffassung, wie die Nadar'sche Daguerreotypie ihn überlieferte. Aber er fühlte, daß damit noch nichts Endgültiges gegeben war. Er kehrte zu der Beschreibung Lamartine's zurück. Dort stand: »Er hatte das Gesicht eines Elementes« und: »Er besaß soviel Seele, daß sie seinen schweren Körper trug wie nichts. « Rodin fühlte, daß in diesen Sätzen ein großer Teil der Aufgabe lag. Er kam ihrer Lösung näher, indem er allen den sieben Akten Mönchskutten anzulegen versuchte, von der Art, wie Balzac sie bei der Arbeit zu tragen pflegte. Es entstand hierauf ein Balzac in Kapuze, viel zu intim, zu sehr zurückgezogen in die Stille seiner Verkleidung.

Aber langsam wuchs Rodin's Vision von Form zu Form. Und endlich sah er ihn. Er sah eine breite, ausschreitende Gestalt, die an des Mantels Fall alle ihre Schwere verlor. Auf den starken Nacken stemmte sich das Haar, und in das Haar zurückgelehnt lag ein Gesicht, schauend, im Rausche des Schauens, schäumend von Schaffen: das Gesicht eines Elementes. Das war Balzac in der Fruchtbarkeit seines Überflusses, der Gründer von Generationen, der Verschwender von Schicksalen. Das war der Mann, dessen Augen keiner Dinge bedurften; wäre die Welt leer gewesen: seine Blicke hätten sie eingerichtet. Das war der, der durch sagenhafte Silberminen reich werden wollte und glücklich durch eine Fremde. Das war das Schaffen selbst, das sich der Form Balzac's bediente, um zu erscheinen; des Schaffens Überhebung, Hochmut, Taumel und Trunkenheit. Der Kopf, der zurückgeworfen war, lebte auf dem Gipfel dieser Gestalt wie jene Kugeln, die auf den Strahlen von Fontänen tanzen. Alle Schwere war leicht geworden stieg und fiel.

So hatte Rodin in einem Augenblick ungeheurer Zusammenfassung und tragischer Übertreibung seinen Balzac gesehen, und so machte er ihn. Die Vision verging nicht; sie verwandelte sich.

Diese Entwickelung Rodin's, welche die großen und monumentalen Dinge seines Werkes mit Weite umgab, beschenkte auch die anderen mit einer neuen Schönheit. Sie gab ihnen eine eigene Nähe. Es giebt unter den neueren Werken kleine Gruppen, die durch ihre Geschlossenheit wirken und durch die wunderbar sanfte Behandlung des Marmors. Diese Steine behalten auch mitten im Tage jenes geheimnisvolle Schimmern, das weiße Dinge ausströmen, wenn es dämmert. Das kommt nicht allein von der Belebtheit der Berührungsstellen her; es zeigt sich, daß auch sonst zwischen den Figuren und zwischen ihren einzelnen Teilen hier und da flache Steinbänder stehen geblieben sind, Stege gleichsam, die in der Tiefe eine Form mit der anderen verbinden. Das ist kein Zufall. Diese Füllungen verhüten das Entstehen wertloser Durchblicke, die aus dem Dinge hinausführen in leere Luft; sie bewirken, daß die Ränder der Formen, die vor solchen Lücken immer scharf und abgeschliffen scheinen, ihre Rundung behalten, sie sammeln das Licht wie Schalen und fließen fortwährend leise über. Wenn Rodin das Bestreben hatte, die Luft so nahe als möglich an die Oberfläche seiner Dinge heranzuziehen, so ist es, als hätte er hier den Stein geradezu in ihr aufgelöst: der Marmor scheint nur der feste, fruchtbare Kern zu sein und sein letzter leisester Kontur schwingende Luft. Das Licht, welches zu diesem Steine kommt, verliert seinen Willen; es geht nicht über ihn hin zu anderen Dingen; es schmiegt sich ihm an, es zögert, es verweilt, es wohnt in ihm.

Dieses Verschlossenlassen unwesentlicher Durchblicke war eine Art von Annäherung an das Relief. Und in der Tat plant Rodin ein großes Relief-Werk, bei dem alle die Wirkungen des Lichtes, die er mit den kleinen Gruppen erreichte, zusammengefaßt werden sollen. Er denkt daran, eine hohe Säule zu schaffen, um die ein breites Relief-Band sich aufwärtswindet. Neben diesen Windungen wird eine gedeckte Treppe hergehen, die nach außen durch Arkaden abgeschlossen ist. In diesem Gange werden die Gestalten an den Wänden, wie in ihrer eigenen Atmosphäre, leben; eine Plastik wird entstehen, die das Geheimnis des Hell-Dunkels kennt, eine Skulptur der Dämmerung, verwandt jenen Bildwerken, die in den Vorhallen alter Kathedralen stehen.

So wird das Denkmal der Arbeit sein. Auf diesen langsam aufsteigenden Reliefs wird eine Geschichte der Arbeit sich entwickeln. In einer Krypta wird das lange Band beginnen, mit den Bildern derer, die in den Bergwerken altern, und es wird sich in seinem weiten Weg durch alle Gewerbe ziehen, von den lärmenden und bewegten zu den immer leiseren Werken, von den Hochöfen zu den Herzen, von den Hämmern zu den Gehirnen. Am Eingang sollen zwei Gestalten aufragen:

Tag und Nacht, und auf dem Gipfel werden zwei geflügelte Genien stehen, die Segnungen, die sich aus hellen Höhen zu diesem Turme niederließen. Denn dieses Denkmal der Arbeit wird ein Turm sein. Nicht in einer großen Gestalt oder Gebärde versuchte Rodin die Arbeit darzustellen; sie ist nicht das Weithinsichtbare. Sie geht in den Werkstätten vor sich, in den Stuben, in den Köpfen; im Dunkel.

Er weiß es, denn auch seine Arbeit ist so; und er arbeitet unaufhörlich. Sein Leben geht wie ein einziger Arbeitstag.

Er hat mehrere Ateliers; bekanntere, in denen ihn Besuche und Briefe finden, und andere, entlegene, von denen niemand weiß. Das sind Zellen, kahle, ärmliche Räume voll Staub und

Grau. Aber ihre Armut ist wie jene große graue Armut Gottes, in der im März die Bäume aufwachen. Etwas von einem Frühlingsanfang ist darin – eine leise Verheißung und ein tiefer Ernst.

Vielleicht wächst in einer dieser Werkstätten schon der Turm der Arbeit auf. Jetzt, da seine Verwirklichung noch bevorsteht, mußte man von seiner Bedeutung reden; und sie schien im Stofflichen zu liegen. Wenn dieses Denkmal aber einmal erstanden sein wird, wird man fühlen, daß Rodin auch mit diesem Werke nichts gewollt hat über seine Kunst hinaus. Der arbeitende Körper hat sich ihm gezeigt, wie früher der liebende. Es war eine neue Offenbarung des Lebens. Aber dieser Schaffende lebt so sehr unter seinen Dingen, ganz in der Tiefe seines Werkes, daß er Offenbarungen gar nicht anders empfangen kann, als nur mit den schlichten Mitteln seiner Kunst. Neues Leben heißt für ihn letzten Sinnes nur: neue Oberflächen, neue Gebärden. So ist es einfach um ihn geworden. Er kann nicht mehr irren. Mit dieser Entwickelung hat Rodin allen Künsten ein Zeichen gegeben in dieser ratlosen Zeit.

Man wird einmal erkennen, was diesen großen Künstler so groß gemacht hat: Daß er ein Arbeiter war, der nichts ersehnte, als ganz, mit allen seinen Kräften, in das niedrige und harte Dasein seines Werkzeugs einzugehen. Darin lag eine Art von Verzicht auf das Leben; aber gerade mit dieser Geduld gewann er es: denn zu seinem Werkzeug kam die Welt.

Zweiter Teil
Ein Vortrag (1907)

(Vorrede)

Es möchte manchen als eine sparsame Ausnutzung von Vorhandenem erscheinen, wenn hier die Wortfolge eines Vortrags (stellenweise so, wie er gesprochen worden ist, nur um mehr als die Hälfte erweitert) im Druck angeboten wird. Da aber die in jenem Zusammenhang enthaltenen Gedanken noch gültig sind, so mag ihnen auch die ursprüngliche Form der Äußerung nicht genommen werden; sie ist die natürlichste. Denn nicht in ihrer Verwendung allein, schon im Wesen dieser Gedanken liegt etwas Anredendes; sie wollen gehört sein. Sie wollen wirklich reden, und zu Vielen, und wollen versuchen, zwischen dem und jenem Leben und einer sehr großen Kunst zu vermitteln. Diese Absicht wird niemanden überraschen; sie hebt sich kaum ab von den vielen ähnlichen Absichten, die an der Arbeit sind und von denen die meisten zu Erfolg oder Ansehen kommen. Das Interesse für Kunst-Dinge hat zugenommen. Die Ateliers sind zugänglicher geworden und mitteilsamer gegen eine Kritik, der man nicht mehr vorwerfen kann, daß sie im Rückstande sei; der Kunsthandel selbst hat sich seiner Vorurteile begeben und sich, merkwürdig jung, an die Spitze der Entwickelung gestellt, an welcher sich das Publikum nun leicht beteiligen kann: mit seiner Kritik und mit seiner Kauflust. Diese Verfassung aber (so erfreulich und fortschrittlich sie sein mag geht über ein Werk wie das Rodin's fort; sie überspringt es, sie berührt es kaum.

Die Einsicht, daß dieses ausgedehnte, noch so wenig aufgeklärte Werk dem bloßen Interesse nicht erreichbar ist, hat jenen Vortrag hervorgerufen. Sie wird vielleicht imstande sein, seine Veröffentlichung zu rechtfertigen.

Paris, im Juli 1907.

Es giebt ein paar große Namen, die, in diesem Augenblicke ausgesprochen, eine Freundschaft zwischen uns stiften würden, eine Wärme, eine Einigkeit, die es mit sich brächte, daß ich nur scheinbar abgesondert mitten unter Ihnen spräche: aus Ihnen heraus wie eine Ihrer Stimmen. Der Name, der weit, wie ein Sternbild aus fünf großen Sternen über diesem Abend steht, kann nicht ausgesprochen werden. Nicht jetzt. Er würde Unruhe über Sie bringen, Strömungen würden in Ihnen entstehen, Zuneigung und Abwehr, während ich Ihre Stille brauche und die ungetrübte Oberfläche Ihrer gutwilligen Erwartung.

Ich bitte die, die es noch können, den Namen zu vergessen, um den es sich handelt, und ich mache an Alle den Anspruch eines noch breiteren Vergessens. Sie sind es gewohnt, daß man Ihnen von Kunst spricht, und wer dürfte verschweigen, daß Ihre Geneigtheit immer williger den Worten entgegenkommt, die sich in solchem Sinne an Sie wenden? Eine gewisse schöne und starke Bewegung, die sich nicht länger verbergen ließ, hat, wie eines großen Vogels Flug, Ihre Blicke ergriffen –: nun aber mutet man Ihnen zu, Ihre Augen zu senken für die Weile eines Abends. Denn nicht dorthin, nicht in die Himmel ungewisser Entwickelungen will ich Ihre Aufmerksamkeit versammeln, nicht aus dem Vogel-Flug der neuen Kunst will ich Ihnen wahrsagen.

Mir ist zu Mute wie einem, der Sie an Ihre Kindheit erinnern soll. Nein, nicht nur an Ihre: an alles, was je Kindheit war. Denn es gilt, Erinnerungen in Ihnen auf-zuwecken, die nicht die Ihren sind, die älter sind als Sie; Beziehungen sind wiederherzustellen und Zusammenhänge zu erneuern, die weit vor Ihnen liegen.

Hätte ich Ihnen von Menschen zu sprechen, so könnte ich dort anfangen, wo Sie eben aufgehört haben, da Sie hier eintraten; in Ihre Gespräche einfallend, würde ich, wie von selbst, zu allem kommen –, getragen, mitgerissen von dieser bewegten Zeit, an deren Ufern alles Menschliche zu liegen scheint, über-schwemmt von ihr und auf eine unerwartete Weise gespiegelt. Aber, da ich es versuche, meine Aufgabe zu überschauen, wird mir klar, daß ich Ihnen nicht von Menschen zu reden habe, sondern von Dingen.

Dinge.

Indem ich das ausspreche (hören Sie?) entsteht eine Stille; die Stille, die um die Dinge ist. Alle Bewegung legt sich, wird Kontur, und aus vergangener und künftiger Zeit schließt sich ein Dauerndes: der Raum, die große Beruhigung der zu nichts gedrängten Dinge.

Aber nein: so fühlen Sie die Stille noch nicht, die da entsteht. Das Wort: Dinge geht an Ihnen vorüber, es bedeutet Ihnen nichts: zu vieles und zu gleichgültiges. Und da bin ich froh, daß ich die Kindheit angerufen habe; vielleicht kann sie mir helfen, Ihnen dieses Wort ans Herz zu legen als ein liebes, das mit vielen Erinnerungen zusammenhängt.

Wenn es Ihnen möglich ist, kehren Sie mit einem Teile Ihres entwöhnten und erwachsenen Gefühls zu irgend einem Ihrer Kinder-Dinge zurück, mit dem Sie viel umgingen. Gedenken Sie, ob es irgend etwas gab, was Ihnen näher, vertrauter und nötiger war, als so ein Ding. Ob nicht alles – außer ihm – imstande war, Ihnen weh oder unrecht zu tun, Sie mit einem Schmerz zu erschrecken oder mit einer Ungewißheit zu verwirren? Wenn Güte unter Ihren ersten Erfahrungen war und Zutraun und Nichtalleinsein – verdanken Sie es nicht ihm? War es nicht ein Ding, mit dem Sie zuerst Ihr kleines Herz geteilt haben wie ein Stück Brot, das reichen mußte für zwei?

In den Legenden der Heiligen haben Sie später eine fromme Freudigkeit gefunden, eine selige Demut, eine Bereitschaft, alles zu sein, die Sie schon kannten, weil irgend ein kleines Stück Holz alles das einmal für Sie getan und auf sich genommen und getragen hatte. Dieser kleine vergessene Gegenstand, der alles zu bedeuten bereit war, machte Sie mit Tausendem vertraut, indem er tausend Rollen spielte, Tier war und Baum und König und Kind, – und als er zurücktrat, war das alles da. Dieses Etwas, so wertlos es war, hat Ihre Beziehungen zur Welt vorbereitet, es hat Sie ins Geschehen und unter die Menschen geführt und mehr noch: Sie haben an ihm, an seinem Dasein, an seinem Irgendwie-Aussehn, an seinem endlichen Zerbrechen oder seinem rätselhaften Entgleiten alles Menschliche erlebt bis tief in den Tod hinein.

Sie erinnern sich dessen kaum mehr, und es wird Ihnen selten bewußt, daß Sie auch jetzt noch Dinge nötig haben, die, ähnlich wie jene Dinge aus der Kindheit, auf Ihr Vertrauen warten, auf Ihre Liebe, auf Ihre Hingabe. Wie kommen diese Dinge dazu? Wodurch sind überhaupt Dinge mit uns verwandt? Welches ist ihre Geschichte?

Sehr frühe schon hat man Dinge geformt, mühsam, nach dem Vorbild der vorgefundenen natürlichen Dinge; man hat Werkzeuge gemacht und Gefäße, und es muß eine seltsame Erfahrung gewesen sein, Selbstgemachtes so anerkannt zu sehen, so gleichberechtigt, so wirklich neben dem, was war. Da entstand etwas, blindlings , in wilder Arbeit und trug an sich die Spuren eines bedrohten offenen Lebens, war noch warm davon, – aber kaum war es fertig und fortgestellt, so ging es schon ein unter die Dinge, nahm ihre Gelassenheit an, ihre stille Würde und sah nur noch wie entrückt mit wehmütigem Einverstehen aus seinem Dauern herüber. Dieses Erlebnis war so merkwürdig und so stark, daß man begreift, wenn es auf einmal Dinge gab, die nur um seinetwillen gemacht waren. Denn vielleicht waren die frühesten Götterbilder Anwendungen dieser Erfahrung, Versuche, aus Menschlichem und Tierischem, das man sah, ein Nicht-Mitsterbendes zu formen, ein Dauerndes, ein Nächsthöheres: ein Ding.

Was für ein Ding? Ein schönes? Nein. Wer hätte gewußt was Schönheit ist? Ein ähnliches. Ein Ding, darin man das wiedererkannte was man liebte und das was man fürchtete und das Unbegreiflichein alledem.

Erinnern Sie sich solcher Dinge? Da ist vielleicht eines, das Ihnen lange nur lächerlich erschien. Aber eines Tages fiel Ihnen seine Inständigkeit auf, der eigentümliche, fast verzweifelte Ernst, den sie alle haben; und merkten Sie da nicht, über dieses Bild gegen seinen Willen beinah eine Schönheit kam die Sie nicht für gehalten hätten?

Wenn es einen solchen Augenblick gegeben hat, so will ich mich jetzt auf ihn berufen. Es ist derjenige, mit dem die Dinge wieder in Ihr Leben eintreten. Denn es kann keines an Sie rühren, wenn Sie ihm nicht gestatten, Sie mit einer Schönheit zu überraschen, die nicht abzusehen war. Schönheit ist immer etwas Hinzugekommenes, und wir wissen nicht was.

Daß es eine ästhetische Meinung gab, die die Schönheit zu fassen glaubte, hat Sie irre gemacht und hat Künstler hervorgerufen, die ihre Aufgabe darin sahen, Schönheit zu schaffen. Und es ist immer noch nicht überflüssig geworden zu wiederholen, daß man Schönheit nicht >machen< kann. Niemand hat je Schönheit gemacht. Man kann nur freundliche oder erhabene Umstände schaffen für Das, was manchmal bei uns verweilen mag: einen Altar und Früchte und eine Flamme –. Das Andere steht nicht in unserer Macht. Und das Ding selbst, das, ununterdrückbar, aus den Händen eines Menschen hervorgeht, ist wie der Eros des Sokrates, ist ein Daimon, ist zwischen Gott und Mensch, selber nicht schön, aber lauter Liebe zur Schönheit und lauter Sehnsucht nach ihr.

Nun stellen Sie sich vor, wie diese Einsicht, wenn sie einem Schaffenden kommt, alles verändern muß. Der Künstler, den diese Erkenntnis lenkt, hat nicht an die Schönheit zu denken; er weiß ebensowenig wie die Anderen, worin sie besteht. Gelenkt von dem Drang nach der Erfüllung über ihn hinausreichender Nützlichkeiten, weiß er nur, daß es gewisse Bedingungen giebt, unter denen sie vielleicht zu seinem Dinge zukommen geruht. Und sein Beruf ist, diese Bedingungen kennen zu lernen und die Fähigkeit zu erwerben, sie herzustellen.

Wer aber diese Bedingungen aufmerksam bis an ihr Ende verfolgt, dem zeigt sich, daß sie nicht über die Oberfläche hinaus und nirgends in das Innere des Dinges hineingehn; daß alles, was man machen kann, ist: eine auf bestimmte Weise geschlossene, an keiner Stelle zufällige Oberfläche herzustellen, eine Oberfläche, die, wie diejenige der natürlichen Dinge, von der Atmosphäre umgeben, beschattet und beschienen ist, nur diese Oberfläche, – sonst nichts. Aus allen den großen anspruchsvollen und launenhaften Worten scheint die Kunst aufeinmal ins Geringe und Nüchterne gestellt, ins Alltägliche, ins Handwerk. Denn was heißt das: eine Oberfläche machen?

Aber lassen Sie uns einen Augenblick überlegen, ob nicht alles Oberfläche ist was wir vor uns haben und wahrnehmen und auslegen und deuten? Und was wir Geist und Seele und Liebe nennen: ist das nicht alles nur eine leise Veränderung auf der kleinen Oberfläche eines nahen Gesichts? Und wer uns das geformt geben will, muß er sich nicht an das Greifbare halten, das seinen Mitteln entspricht, an die Form, die er fassen und nachfühlen kann? Und wer alle Formen zu sehen und zu geben vermöchte, würde der uns nicht (fast ohne es zu wissen) alles Geistige geben? Alles, was je Sehnsucht oder Schmerz oder Seligkeit genannt war oder gar keinen Namen haben kann in seiner unsagbaren Geistigkeit?

Denn alles Glück, von dem je Herzen gezittert haben; alle Größe, an die zu denken uns fast zerstört; jeder von den weiten umwandelnden Gedanken –: es gab einen Augenblick, da sie nichts waren als das Schürzen von Lippen, das Hochziehn von Augenbrauen, schattige Stellen auf Stirnen; und dieser Zug um den Mund, diese Linie über den Lidern, diese Dunkelheit auf einem Gesicht, – vielleicht waren sie genau so schon vorher da: als Zeichnung auf einem Tier, als Furche in einem Felsen, als Vertiefung auf einer Frucht...

Es giebt nur eine einzige, tausendfältig bewegte und abgewandelte Oberfläche. In diesem Gedanken konnte man einen Moment die ganze Welt denken, und sie wurde einfach und als Aufgabe dem in die Hände gelegt, der diesen Gedanken dachte. Denn ob etwas ein Leben werden kann, das hängt nicht von den großen Ideen ab, sondern davon, ob man sich aus ihnen ein Handwerk schafft, ein Tägliches, Etwas, was bei einem aushält bis ans Ende.

Ich wage es jetzt, Ihnen den Namen zu nennen, der sich nicht länger verschweigen läßt: Rodin. Sie wissen, es ist der Name unzähliger Dinge. Sie fragen nach ihnen, und es verwirrt mich, daß ich Ihnen keines zeigen kann.

Aber mir ist, als säh ich Eines und noch Eines in Ihrer Erinnerung und als könnt ich sie dort herausheben, um sie mitten unter uns zu stellen:

diesen Mann mit der gebrochenen Nase, unvergeßlich wie eine plötzlich erho-bene Faust;

diesen Jüngling, dessen aufrechte dehnende Bewegung Ihnen so nahe ist wie das eigene Erwachen;

diesen Gehenden, der wie ein neues Wort für gehen in dem Wortschatz Ihres Gefühles steht;

und den, der sitzt, denkend mit dem ganzen Körper, sich einsaugend in sich selbst;

und den Bürger mit dem Schlüssel, wie ein großer Schrank, in dem lauter Schmerz eingeschlossen ist.

Und die Eva, wie von weit in die Arme hineingebogen, deren nach auswärts gewendete Hände
alles abwehren möchten, auch den eigenen, sich verwandelnden Leib.

Und die süße leise Innere Stimme, armlos wie Inneres und wie ein Organ ausgelöst aus dem
Kreislauf jener Gruppe.

Und irgend ein kleines Ding, dessen Namen Sie vergessen haben, gemacht aus einer weißen,
schimmernden Umarmung, die wie ein Knoten zusammenhält; und jenes andere, das vielleicht
Paolo und Francesca heißt, und kleinere noch, die Sie in sich finden wie Früchte mit ganz dün-
ner Schale –

und: da werfen Ihre Augen, wie die Linsen einer Laterna magica, über mich fort, einen riesigen Balzac an die Wand. Das Bild eines Schöpfers in seinem Hochmut, stehend in seiner eigenen
Bewegung wie in einem Sturmwirbel, der die ganze Welt hinaufreißt in dieses kreißende Haupt.
Soll ich neben die Dinge aus Ihrer Erinnerung, nun, da sie da sind, andere von diesen hundert
und hundert Dingen stellen? Diesen Orpheus, diesen Ugolino, diese heilige Therese, die die
Wundenmale empfängt, diesen Victor Hugo mit seiner großen, schrägen, beherrschenden Gebärde und jenen anderen, ganz hingegeben an Einflüsterungen, und einen dritten noch, den
drei Mädchenmunde von unten ansingen, wie eine um seinetwillen aus der Erde brechende
Quelle? Und ich fühle schon, wie mir der Name im Munde zerfließt, wie das alles nurmehr
der Dichter ist, derselbe Dichter, der Orpheus heißt, wenn sein Arm auf einem ungeheuern
Umweg über alle Dinge zu den Saiten geht, derselbe, der krampfhaft schmerzvoll die Füße
der fliehenden Muse faßt, die sich entzieht; derselbe, der endlich stirbt, das steil aufgestellte
Gesicht im Schatten seiner in der Welt weitersingenden Stimmen, und so stirbt, daß dieselbe
kleine Gruppe manchmal auch Auferstehung heißt –.

Wer aber vermag nun die Welle der Liebenden aufzuhalten, die sich draußen aufhebt auf
dem Meere dieses Werkes? Mit diesen unerbittlich verbundenen Gestalten kommen Schicksale
heran und süße und trostlose Namen – – aber auf einmal sind sie fort wie ein Glanz der sich
zurückzieht – und man sieht den Grund. Man sieht Männer und Frauen, Männer und Frauen,
immer wieder Männer und Frauen. Und je länger man hinsieht, desto mehr vereinfacht sich
auch dieser Inhalt, und man sieht: Dinge.

Hier werden meine Worte machtlos und kehren zu der großen Einsicht zurück, auf die ich
Sie schon vorbereitet habe, zu dem Wissen von der einen Oberfläche, mit welchem dieser Kunst
die ganze Welt angeboten war. Angeboten, noch nicht gegeben. Um sie zu nehmen bedurfte
es (bedarf es immer noch) unendlicher Arbeit.

Bedenken Sie, wie der arbeiten mußte, der aller Oberfläche mächtig werden wollte; da doch
kein Ding dem andern gleich ist. Einer, dem es nicht darum zu tun war, den Leib im Allgemeinen kennen zu lernen, das Gesicht, die Hand (das alles giebt es nicht); sondern alle Leiber,
alle Gesichter, alle Hände. Was für eine Aufgabe erhebt sich da. Und wie schlicht und ernst ist
sie; wie ganz ohne Anlockung und Versprechung; wie ganz ohne Phrase.

Ein Handwerk entsteht, aber es scheint ein Handwerk für einen Unsterblichen zu sein, so
weit ist es, so ohne Absehn und Ende und so sehr auf Immer-noch-Lernen angelegt. Und wo
war eine Geduld, die solchem Handwerk gewachsen war?

Sie war in der Liebe dieses Arbeitenden, sie erneute sich unaufhörlich aus ihr. Denn das
ist vielleicht das Geheimnis dieses Meisters, daß er ein Liebender war, dem nichts widerstehen konnte. Sein Verlangen war so lang und leidenschaftlich und ununterbrochen, daß alle
Dinge ihm nachgaben: die natürlichen Dinge und alle die rätselhaften Dinge aller Zeiten, in
denen Menschliches sich sehnte, Natur zu sein. Er blieb nicht bei denen stehen, die leicht zu
bewundern sind. Er wollte das Bewundern ganz erlernen bis ans Ende. Er nahm die schweren
verschlossenen Dinge auf sich und trug sie, und sie druckten ihn mehr und mehr in sein Handwerk hinein mit ihrer Last. Unter ihrem Drucke muß ihm klar geworden sein, daß es bei den
Kunst-Dingen, genau wie bei einer Waffe oder einer Waage, nicht darauf ankommt, irgendwie

auszusehen und durch das Aussehn zu >wirken<, sondern daß es sich vielmehr darum handelt, gut gemacht zu sein.

Dieses Gut-Machen, dieses Arbeiten mit reinstem Gewissen, war Alles. Ein Ding nachformen, das hieß: über jede Stelle gegangen sein, nichts verschwiegen, nichts übersehen, nirgends betrogen haben; alle die hundert Profile kennen, alle die Aufsichten und Untersichten, jede Überschneidung. Erst dann war ein Ding da, erst dann war es Insel, überall abgelöst von dem Kontinent des Ungewissen.

Diese Arbeit (die Arbeit am Modelé) war die gleiche bei allem was man machte, und sie mußte so demütig, so dienend, so hingegeben getan sein, so ohne Wahl an Gesicht und Hand und Leib, daß nichts Benanntes mehr da war, daß man nur formte, ohne zu wissen, was gerade entstand, wie der Wurm, der seinen Gang macht im Dunkel von Stelle zu Stelle. Denn wer ist noch unbefangen Formen gegenüber, die einen Namen haben? Wer wählt nicht schon aus, wenn er etwas Gesicht nennt? Der Schaffende aber hat nicht das Recht, zu wählen. Seine Arbeit muß von gleichmäßigem Gehorsam durchdrungen sein. Uneröffnet gleichsam wie Anvertrautes, müssen die Formen durch seine Finger gehen, um rein und heil in seinem Werke zu sein.

Und das sind die Formen in Rodin's Werk: rein und heil; ohne zu fragen hat er sie weitergegeben an seine Dinge, die wie nie berührt sind, wenn er sie verläßt. Licht und Schatten wird leiser über ihnen wie über ganz frischen Früchten und bewegter, wie vom Morgenwind darüber hingeführt.

Hier muß von der Bewegung gesprochen werden; nicht in dem Sinne allerdings, in dem es oft und vorwurfsvoll geschah; denn die Bewegtheit der Gebärden, die in dieser Skulptur viel bemerkt worden ist, geht innerhalb der Dinge vor sich, gleichsam als ein innerer Kreislauf, und stört niemals ihre Ruhe und die Stabilität ihrer Architektur. Es wäre auch keine Neuerung gewesen, Bewegtheit in die Plastik einzuführen. Neu ist die Art von Bewegung, zu der das Licht gezwungen wird durch die eigentümliche Beschaffenheit dieser Oberflächen, deren Gefälle sovielfach abgewandelt ist, daß es da langsam fließt und dort stürzt, bald seicht und bald tief erscheint, spiegelnd oder matt. Das Licht, das eines dieser Dinge berührt, ist nicht mehr irgend ein Licht, es hat keine zufälligen Wendungen mehr; das Ding nimmt von ihm Besitz und gebraucht es wie sein eigenes.

Diese Erwerbung und Aneignung des Lichts als Folge einer ganz klar bestimmten Oberfläche hat Rodin als eine wesentliche Eigenschaft plastischer Dinge wiedererkannt. Die Antike und die Gotik hatten, jede auf ihre Art, Lösungen dieser plastischen Aufgabe gesucht, und er hat sich in uralte Traditionen gestellt, indem er die Gewinnung des Lichtes zu einem Teil seiner Entwicklung machte.

Es giebt da wirklich Steine mit eigenem Licht, wie das gesenkte Gesicht auf dem Block im Luxembourg-Museum, La Pensée, das, vorgeneigt bis zum Schattigsein, über das weiße Schimmern seines Steines gehalten ist, unter dessen Einfluß die Schatten sich auflösen und in ein durchsichtiges Helldunkel übergehn. Und wer denkt nicht mit Entzücken an eine der kleinen Gruppe, wo zwei Leiber eine Dämmerung schaffen, um sich darin leise, mit verhaltenem Licht zu begegnen? Und ist es nicht merkwürdig, das Licht über den liegenden Rücken der Danaïde gehen zu sehen: langsam, als ob es kaum vorwärts käme seit Stunden. Und wußte noch jemand von dieser ganzen Skala der Schatten bis hinauf zu jenem leicht verscheuchten dünnen Dunkel, wie es manchmal um den Nabel kleiner Antiken huscht und das wir nurmehr aus der Rundung hohler Rosenblätter kannten?

In solchen – kaum sagbaren – Fortschritten liegt die Steigerung in Rodin's Werk. Mit der Unterwerfung des Lichts begann auch schon die nächste große Über-windung, der seine Dinge ihre Gestalt verdanken, jene Art Großsein, die unabhängig ist von allen Maßen. Ich meine die Erwerbung des Raumes.

Wieder waren es die Dinge die sich seiner annahmen wie schon oft, die Dinge draußen in der Natur und einzelne Kunstdinge von erhabener Abstammung, die er immer wieder befragen kam. Sie wiederholten ihm jedesmal eine Gesetzmäßigkeit, von der sie erfüllt waren und die er nach und nach begriff. Sie gewährten ihm einen Blick in eine geheimnisvolle Geometrie des Raumes, die ihn einsehen ließ, daß die Konturen eines Dinges in der Richtung einiger gegeneinander geneigter Ebenen sich ordnen müssen, damit dieses Ding vom Bäume wirklich aufgenommen, gleichsam von ihm anerkannt sei in seiner kosmischen Selbständigkeit.

Es ist schwer, diese Erkenntnis präzise auszusprechen. Aber am Werke Rodin's läßt sich zeigen, wie er sie verwendet. Immer energischer und sicherer werden die vorhandenen Details in starken Flächen-Einheiten zusammengefäßt, und endlich stellen sie sich, wie unter dem Einfluß rotierender Kräfte, in einigen großen Ebenen auf, richten sich aus sozusagen, und man meint zu sehen wie diese Ebenen zum Himmels-Globus gehören und ins Unendliche sich fortsetzen lassen.

Da ist der Jüngling des Âge d' airain, der noch wie in einem Innenraum steht, um den Johannes weicht es schon auf allen Seiten zurück, um den Balzac ist die ganze Atmosphäre, – aber ein paar hauptlose Akte, der neue ungeheuere Gehende vor allem, sind wie über uns hinausgestellt, wie ins All, wie unter die Sterne in ein weites unbeirrbares Kreisen.

Aber wie in einem Märchen das Übergroße, wenn es einmal bewältigt ist, sich klein macht für seinen Überwinder, um ihm ganz zu gehören, so hat der Meister diesen von seinen Dingen gewonnenen Raum wirklich in Besitz nehmen dürfen, als sein Eigentum. Denn er ist ganz, mit aller Unermeßlichkeit, in den seltsamen Blättern, von denen man immer wieder meinen möchte, daß sie das Äußerste dieses Werkes sind. Diese Zeichnungen aus den letzten zehn Jahren sind nicht, wofür manche sie nehmen wollten, rasche Anmerkungen, Vorbereitendes, Vorläufiges; sie enthalten das Endgültigste einer langen ununterbrochenen Erfahrung. Und sie enthalten es, wie durch ein fortwährendes Wunder, in einem Nichts, in einem raschen Umriß, in einem atemlos der Natur abgenommenen Kontur, in dem Kontur eines Konturs, den sie selber abgelegt zu haben scheint, weil er ihr zu zart und zu kostbar war. Niemals sind Linien, auch in den seltensten japanischen Blättern nicht, von solcher Ausdrucksfähigkeit gewesen und zugleich so absichtslos. Denn hier ist nichts Dargestelltes, nichts Gemeintes, keine Spur von einem Namen. Und doch, was ist hier nicht? Welches Halten oder Loslassen oder Nichtmehr-Haltenkönnen, welches Neigen und Strecken und Zusammenziehen, welches Fallen oder Fliegen sah oder ahnte man je, das hier nicht wieder vorkommt? Und wenn es irgendwo vorkam, so verlor man es: denn es war so flüchtig und fein, so wenig für einen bestimmt, daß man nicht fähig war, ihm einen Sinn zu geben. Jetzt erst, da man es unvermutet in diesen Blättern wiedersieht, weiß man seine Bedeutung: das Äußerste von Lieben und Leiden und Trostlos-und Seligsein geht von ihnen aus, man begreift nicht warum. Da sind Gestalten, die aufsteigen, und dieses Aufsteigen ist so hinreißend, wie nur ein Morgen es sein kann, wenn die Sonne ihn auseinanderdrängt. Und da sind leichte, sich rasch entfernende Gestalten, die, indem sie fortgehn, einen mit Bestürzung erfüllen, als könnte man sie nicht entbehren. Da sind Liegende, um die herum Schlaf entsteht und geballte Träume; und Träge, ganz schwer von Trägheit, die warten; und Lasterhafte, die nicht mehr warten wollen. Und man sieht ihr Laster, und es ist wie das Wachsen einer Pflanze, die im Wahnsinn wächst weil sie nicht anders kann; man begreift, wie viel vom Neigen einer Blume auch noch in dieser sich Neigenden ist, und daß alles das Welt ist, auch noch diese Figur, die, wie ein Sternbild im Tierkreis, für immer entrückt ist und festgehalten in ihrer leidenschaftlichen Vereinsamung.

Wenn aber eine von den bewegten Gestalten unter ein wenig grüner Farbe sichtbar wird, so ist es das Meer oder der Meeresgrund, und sie rührt sich anders, mühsamer, unter dem Wasser; und es genügt ein Wink mit Blau hinter einer fallenden Figur, so stürzt sich der Raum auf allen Seiten in das Blatt hinein und umgiebt sie mit soviel Nichts, daß einen der Schwindel nimmt und man unwillkürlich nach der Hand des Meisters greift, die, mit einer zärtlich gebenden Wendung, die Zeichnung hinhält.

Nun hab ich Sie, merk ich, eine Gebärde des Meisters sehen lassen. Sie verlangen andere. Sie fühlen sich vorbereitet genug, um Äußeres und Äußerliches sogar ergänzend einordnen zu können, daß es zum Zuge würde im persönlichen Bilde. Sie verlangen den Wortlaut eines Satzes zu hören, wie er gesprochen worden ist; Sie wollen Orte und Daten eintragen in die Berg-und Flußkarte dieses Werkes.

Da ist eine nach einem Ölbild hergestellte Photographie. Sie zeigt undeutlich einen jungen Mann aus dem Ende der Sechzigerjahre. Die einfachen Linien in dem bartlosen Gesicht sind nahezu hart, aber die klar im Dunkel stehenden Augen verbinden das Einzelne zu einem milden fast träumerischen Ausdruck, wie ihn junge Menschen unter dem Einfluß der Einsamkeit bekommen; es ist fast das Antlitz von einem, der gelesen hat bis zum Dunkelwerden.

Aber da ist ein anderes Bild; um 1880. Da sieht man einen Mann, geprägt von Tätigkeit. Das Gesicht ist abgemagert, der lange Bart läßt sich nachlässig hinabgleiten auf die breitschultrig angelegte Büste, über der der Rock zu weit geworden ist. In den aschblonden, verblaßten Tönen der Photographie meint man zu erkennen, daß die Lider gerötet sind, aber der Blick tritt sicher und entschlossen aus den überanstrengten Augen, und in der Haltung ist eine elastische Spannung, die nicht brechen wird.

Und mit einem Mal, nach ein paar Jahren, scheint das alles umgewandelt. Aus dem Vorläufigen und Unbestimmten ist ein Endgültiges geworden, das gemacht ist, lange zu dauern. Auf einmal ist diese Stirne da, >felsig< und steil, aus der die gerade starke Nase entspringt, deren Flügel leicht und empfindlich sind. Wie unter alten steinernen Bogen hegen die Augen, weitsichtig nach Außen und Innen. Der Mund einer faunischen Maske, halb verborgen und vermehrt um das sinnliche Schweigen neuer Jahrhunderte, und darunter der Bart, wie zu lange zurückgehalten, hervorstürzend in einer einzigen weißen Welle. Und die Gestalt, die dieses Haupt trägt, wie nicht von der Stelle zu rücken.

Und soll man sagen, was von dieser Erscheinung ausgeht, so ist es dieses: daß sie zurückzureichen scheint wie ein Flußgott und vorauszuschauen wie ein Prophet. Sie ist nicht bezeichnet von unserer Zeit. Genau benimmt in ihrer Einzigkeit, verliert sie sich doch in einer gewissen mittelalterlichen Anonymität, hat jene Demut der Größe, die an die Erbauer der großen Kathedralen denken macht. Ihre Einsamkeit ist keine Absonderung, denn sie beruht im Zusammenhang mit der Natur. Ihre Männlichkeit ist bei aller Hartnäckigkeit ohne Härte, so daß sogar ein Freund Rodin's, den er manchmal gegen Abend besuchte, schreiben konnte: »Es bleibt, wenn er geht, in der Dämmerung des Zimmers etwas Müdes zurück, als wäre eine Frau dagewesen.«

Und in der Tat, die wenigen, die in der Freundschaft des Meisters aufgenommen waren, haben seine Güte erfahren, die elementar wie die Güte einer Naturkräft ist, wie die Güte eines langen Sommertags, der alles wachsen läßt und spät dunkelt. Aber auch die flüchtigen Besucher der Sonnabend-Nachmittage haben Anteil daran gehabt, wenn sie in den beiden Stadt-Ateliers im Depot des Marbres zwischen vollendeten und halbfertigen Arbeiten immer wieder dem Meister begegneten. Man fühlt sich sicher in seiner Höflichkeit vom ersten Augenblick an, aber man erschrickt fast vor der Intensität seines Interesses, wenn er sich einem zuwendet. Dann hat er jenen Blick konzentrierter Aufmerksamkeit, der kommt und geht wie das Licht eines Scheinwerfers, aber so stark ist, daß man es noch weit hinter sich hell werden fühlt.

Sie haben diese Werkstätten in der rue de l' Université oft beschreiben hören. Es sind Bauhütten, in denen die Bausteine dieses großen Werkes behauen werden. Fast steinbruchhaft unwirtlich, bieten sie dem Besucher keine Zerstreuung; nur für Arbeit eingerichtet, zwingen sie ihn, das Schauen als Arbeit auf sich zu nehmen, und viele haben an dieser Stelle zuerst empfunden, wie ungewohnt ihnen diese Arbeit ist. Andere, die es lernten, traten mit einem Fortschritt wieder heraus und merkten, daß sie gelernt hatten, an allem was draußen war. Am merkwürdigsten aber sind diese Räume sicher für die gewesen, die schauen konnten. Von einem Gefühl sanfter Notwendigkeit geführt, kamen sie hierher, manchmal von weit, und es war für sie das, was eines Tages kommen mußte, hier zu stehen, unter dem Schutz dieser Dinge. Es war ein Abschluß und ein Anfang und die stille Erfüllung des Wunsches, daß es irgendwo ein Beispiel geben möge unter all den Worten, eine einfache Wirklichkeit des Gelingens. Zu solchen trat dann wohl Rodin heran und bewunderte mit ihnen, was sie bewunderten. Denn der dunkle Weg seiner absichtslosen Arbeit, der durch das Handwerk führt, ermöglicht ihm, vor seinen vollendeten Dingen, die er nicht überwacht und bevormundet hat, selber bewundernd zu stehn, wenn sie erst da sind und ihn übertreffen. Und seine Bewunderung ist jedesmal besser, gründlicher, entzückter als die des Besuchers. Seine unbeschreibliche Konzentrierung kommt ihm überall zugute. Und wenn er im Gespräch die Zumutung der Inspiration nachsichtig und mit ironischem Lächeln abschüttelt und meint es gäbe keine –, keine Inspiration sondern nur Arbeit, so begreift man plötzlich, daß für diesen Schaffenden die Eingebung dauernd geworden ist, daß er sie nicht mehr kommen fühlt, weil sie nicht mehr aussetzt, und man ahnt den Grund seiner ununterbrochenen Fruchtbarkeit.

»Avez-vous bien travaillé?« – ist die Frage, mit der er jeden begrüßt, der ihm lieb ist; denn wenn die bejaht werden kann, so ist weiter nichts mehr zu fragen und man kann beruhigt sein: wer arbeitet, ist glücklich.

Für Rodin's einfache und einheitliche Natur, die über unglaubliche Kraftvorräte verfügt, war diese Lösung möglich; für sein Genie war sie notwendig; nur so konnte es sich der Welt bemächtigen. Zu arbeiten wie die Natur arbeitet, nicht wie Menschen, das war seine Bestimmung.

Vielleicht hat das Sebastian Melmoth empfunden, als er, einsam, an einem seiner traurigen Nachmittage hinausgegangen war, die Porte de l' Enfer zu sehen. Vielleicht hat die Hoffnung, neu anzufangen, noch einmal in seinem halbzerstörten Herzen gezuckt. Vielleicht hätte er, wenn es möglich gewesen wäre, den Mann, als er mit ihm allein war, fragen mögen: Wie ist Ihr Leben gewesen?

Und Rodin hätte geantwortet: Gut.

Haben Sie Feinde gehabt?

Sie haben mich nicht am Arbeiten hindern können.

Und der Ruhm?

Hat mich verpflichtet zu arbeiten.

Und die Freunde?

Haben Arbeit von mir verlangt.

Und die Frauen?

In der Arbeit hab ich sie bewundern gelernt.

Aber Sie sind jung gewesen?

Da war ich irgendeiner. Man begreift nichts wenn man jung ist; das kommt später, langsam.

Was Sebastian Melmoth nicht gefragt hat, vielleicht hat es mancher gedacht, wenn er zu dem Meister hinübersah, immer wieder, erstaunt über die dauerhafte Kraft des fast Siebzigjährigen, über diese Jugend in ihm, die nichts Konserviertes hat, die frisch ist, als käme sie ihm immer wieder aus der Erde zu.

Und Sie selbst fragen, ungeduldiger, nochmals: Wie ist sein Leben gewesen?

Wenn ich zögere, es Ihnen zu erzählen, der Zeit nach, wie man Lebensläufe berichtet, so ist es, weil es mir scheint, ab ob alle Daten, die man kennt (und es sind nur sehr vereinzelte), wenig persönlich und recht allgemein wären im Vergleich zu dem, was dieser Mann aus ihnen gemacht hat. Von allem was vorher war abgetrennt, durch das ungangbare Gebirge des gewaltigen Werkes, hat man es schwer, Vergangenes zu erkennen; man ist auf das angewiesen, was der Meister selbst gelegentlich erzählt hat und was von Anderen wiedererzählt worden ist.

Von der Kindheit hat man nur erfahren, daß der Knabe frühzeitig aus Paris in eine kleine Pension nach Beauvais gebracht worden ist, wo er das Haus entbehrt und, zart und empfindsam, unter denen leidet, die ihn mit Fremdheit und Rücksichtslosigkeit umgeben. Er kommt als Vierzehnjähriger zurück nach Paris und lernt in einer kleinen Zeichenschule zuerst den Ton kennen, den er am liebsten nicht Wieder aus den Händen ließe: so sehr sagt dieses Material ihm zu. Wie überhaupt alles ihm gefällt, was Arbeit ist: er arbeitet sogar während des Essens, er liest, er zeichnet. Er zeichnet unterwegs auf der Straße und ganz früh am Morgen, im Jardin des Plantes, die verschlafenen Tiere. Und wozu ihn die Lust nicht verlockt, dazu treibt ihn die Armut. Die Armut, ohne die sein Leben nicht denkbar wäre, und der er es nie vergißt, daß sie ihn mit Tieren und Blumen gehalten hat, besitzlos unter all dem Besitzlosen, das von Gott abhängt und nur von ihm.

Mit siebzehn Jahren tritt er bei einem Dekorateur und arbeitet für ihn, wie später an der Manufaktur von Sèvres für Carrier-Belleuse und für van Rasbourg in Antwerpen und in Brüssel. Sein eigentliches, selbständiges Leben beginnt, der Öffentlichkeit gegenüber, etwa um das Jahr

1877. Es beginnt damit, daß man ihn anklagt, die damals ausgestellte Statue des Âge d' airain durch Naturabguß verfertigt, zu haben. Es beginnt damit, daß man ihn anklagt. Er wüßte es jetzt vielleicht kaum mehr, wenn nicht die öffentliche Meinung so ausdauernd dabeigeblieben wäre, ihn anzuklagen und abzuwehren. Er beklagt sich nicht darüber; nur daß sich unter demn Einfluß der Feindsäligkeit, die nicht nachließ, ein gutes Gedächtnis für böse Erfahrungen in ihm ausgebildet hat, das er sonst, mit seinem Sinn für das Wesentliche, hätte verkümmern lassen. Sein Können war schon enorm zu jener Zeit, war es schon im Jahr 1864, als die Maske des Mannes mit der gebrochenen Nase entstand. Er hatte sehr viel in seiner Abhängigkeit gearbeitet, aber was da war, war von anderen Händen entstellt und trug nicht seinen Namen. Die Modelle, die er für Sèvres ausgeführt hatte, fand später Mr. Roger-Marx und erwarb sie; man hatte sie in der Fabrik als unbrauchbar zu Scherben geworfen. Zehn Masken, für eines der Bassins am Trocadèro bestimmt , verschwanden, gleich nachdem sie angebracht worden waren, von ihrem Platz und sind noch nicht wieder aufgefunden worden. Die Bürger von Calais bekamen nicht die Aufstellung, die der Meister vorgeschlagen hatte; niemand wollte sich an Enthüllung dieses Denkmals beteiligen. In Nancy zwang an Rodin, am Sockel des Standbildes Claude Lorrains Veränderungen vorzunehmen. die gegen seine Überzeugung waren. Sie erinnern sich noch der unerhörten Ablehnung des Balzac von seiten seiner Besteller mit der Begründung, die Statue wäre nicht ähnlich genug. Vielleicht haben Sie es in den Zeitungen übersehen, daß noch vor zwei Jahren der probeweise vor dem Panthéon aufgerichtete Gipsabguß des Denkers durch Axthiebe zertrümmert worden ist. Aber es ist möglich, daß Ihnen heut oder morgen eine ähnliche Notiz auffällt, falls es wieder zum öffentlichen Ankauf eines Rodinschen Werkes kommen sollte. Denn diese Liste, die nur eine Auswahl der Kränkungen enthält, die man unablässig zu vermehren bemüht war, wird wohl kaum abgeschlossen sein.

Es wäre denkbar, daß ein Künstler schließlich diesen immer wieder erklärten Krieg angenommen hätte; Unwillen und Ungeduld hätten den und jenen hinreißen können; aber wie sehr wäre er, auf den Kampfplatz tretend, von seinem Werke entfernt worden. Es ist Rodin's Sieg, daß er in dem seinen ausharrte und Zerstörung in der Art der Natur beantwortete: mit einem neuen Anfang und zehnfacher Fruchtbarkeit.

Wer sich scheut, den Vorwurf der Übertreibung auf sich zu nehmen, hat überhaupt kein Mittel Ihnen die Tätigkeit Rodin's nach seiner Rückkehr aus Belgien zu schildern. Der Tag begann für ihn mit der Sonne, aber er endete nicht mit ihr; denn da wurde noch ein langer Streifen Lampenlicht angefügt an die vielen hellen Stunden. Spät nachts, wenn kein Modell mehr zu haben war, war die Frau, die sein Leben schon lange mit rührender Hülfe und Hingabe teilte, immer bereit, die Arbeit in dem dürftigen Zimmer zu ermöglichen. Sie war unscheinbar als Gehülfin, ganz verschwindend in den vielen geringen Diensten, die ihr zufielen, aber daß sie auch schön sein konnte, das läßt die La Bellone genannte Büste nicht vergessen, und auch das schlichte spätere Bildnis spricht davon. War auch sie schließlich müde, so erwies sich, daß das Gedächtnis des Arbeitenden mit Form-Erinnerungen so sehr angefüllt war, daß er keinen Grund hatte die Arbeit zu unterbrechen.

Damals entstehen die Fundamente des ganzen unermeßlichen Werkes, fast alle Arbeiten, die man kennt, setzen in jenen Tagen mit einer verwirrenden Gleichzeitigkeit ein. Als wäre der Beginn der Verwirklichung die einzige Gewähr, daß es möglich sein wird, so Ungeheueres durchzuführen. Und Jahre und Jahre hielt diese überlegene Kraft unvermindert vor, und als endlich eine gewisse Erschöpfung eintrat, war es nicht die Arbeit, die sie verschuldete, sondern viel eher die ungesunden Verhältnisse der sonnenlosen Wohnung (in der rue des Grands-Augustins), die Rodin lange gar nicht beachtet hatte. Freilich die Natur hatte er oft entbehrt, und manchmal, an Sonntagnachmittagen, war man aufgebrochen; aber gewöhnlich war es Abend, ehe man, gehend unter den vielen Gehenden (denn an die Benutzung eines Omnibus war nicht zu denken jahrelang), an den Fortifications angekommen war, vor denen, ungewiß und schon dämmernd, das Land begann, nicht zu erreichen. Nun aber war es endlich möglich geworden, den alten Wunsch auszuführen und ganz aufs Land zu ziehen; zuerst nach Bellevue in das kleine Landhaus, in dem Scribe gewohnt hatte, und später auf die Höhen von Meudon.

Dort war das Leben um vieles geräumiger geworden; das Haus (die einstöckige Villa des Brillants mit dem hohen Louis-treize-Dach) war klein und ist seither nicht vergrößert worden. Aber nun war ein Garten da, der mit seinem heiteren Beschäftigtsein teilnahm an allem, was geschah, und die Ferne war vor den Fenstern. Was sich nun in den neuen Verhältnissen aus. breitete und immer wieder Zubauten beanspruchte, das war nicht der Herr dieses Hauses, das waren seine geliebten Dinge, die nun verwöhnt werden sollten. Für sie ist alles getan worden; noch vor sechs Jahren hat er – Sie werden sich dessen erinnern – den Ausstellungs-Pavillon vom Pont de l'Alma nach Meudon überführt und diesen hellen hohen Raum draußen den Dingen überlassen, die ihn nun zu Hunderten erfüllen.

Neben diesem >Musée Rodin< ist nach und nach ein sehr persönlich ausge-wähltes Museum antiker Statuen und Fragmente erwachsen, das Werke griechischer und ägyptischer Arbeit enthält, von denen einzelne in den Sälen des Louvre auffallen würden. In einem anderen Raum stehen hinter attischen Vasen Bilder, denen man, auch ohne die Signatur zu suchen, die richtigen Namen giebt. Ribot, Monet, Carrière van Gogh, Zuloaga, und unter Bildern, die man nicht zu nennen weiß, ein paar, die auf Falguière zurückgehen, der ein großer Maler war. Es ist natürlich, daß es nicht an Widmungen fehlt: die Bücher allein bilden eine umfangreiche Bibliothek und eine seltsam selbständige, unabhängig von der Wahl ihres Besitzers und doch nicht zufällig um ihn gestellt. Alle diese Gegenstände sind von Sorgfalt umgeben und in Ehren gehalten, aber niemand erwartet von ihnen, daß sie Annehmlichkeit oder Stimmung verbreiten sollen. Fast hat man das Gefühl, Kunst-Dinge verschiedenster Art und Zeit nie in so starker, unverminderter Einzelwirkung erlebt zu haben, wie hier, wo sie nicht ehrgeizig aussehen wie in einer Sammlung und auch nicht gezwungen sind, aus dem Vermögen ihrer Schönheit zu einem allgemeinen, von ihnen absehenden Behagen beizutragen. Jemand hat einmal gesagt, daß sie gehalten wären wie schöne Tiere, und er hat damit wirklich Rodin's Beziehung zu den Dingen, die ihn umgeben, festgestellt; denn wenn er, oft nachts noch, unter ihnen herumgeht, vorsichtig, wie um nicht alle zu wecken, und mit einem kleinen Licht schließlich zu einem antiken Marmor tritt, der sich rührt, aufwacht und plötzlich aufsteht: so ist es das Leben, das er suchen gegangen ist und das er nun bewundert: »La vie, cette merveille«, wie er einmal schrieb.

Dieses Leben hat er hier in der ländlichen Einsamkeit seiner Wohnung mit noch gläubigerer Liebe umfassen gelernt. Es zeigt sich ihm jetzt wie einem Eingeweihten, es verbirgt sich ihm nirgends mehr, es hat kein Mißtrauen ihm gegenüber. Er erkennt es im Kleinen und im Großen; im kaum mehr Sichtbaren und im Unermeßlichen. Im Aufstehen und im Schlafengehen ist es, und es ist im Nachtwachen; die schlichten altmodischen Mahlzeiten sind erfüllt davon, das Brot, der Wein; in der Freude der Hunde ist es, in den Schwänen und im glänzenden Kreisen der Tauben. In jeder kleinen Blume ist es ganz, und hundertmal in jeder Frucht. Irgend ein Kohlblatt aus dem Küchengarten brüstet sich damit und mit wieviel Recht. Wie gerne schimmert es im Wasser und wie glücklich ist es in den Bäumen. Und wie nimmt es, wo es kann, das Dasein der Menschen in Besitz, wenn sie sich nicht sträuben. Wie stehn da drüben die kleinen Häuser gut, genau wo sie stehen müssen, in den richtigen Ebenen. Und wie prachtvoll springt bei Sèvres die Brücke über den Fluß, absetzend, ruhend, ausholend und wieder springend, dreimal. Und ganz dahinter der Mont-Valérien mit seinen Befestigungen, wie eine große Plastik, wie eine Akropolis, wie ein antiker Altar. Und auch das hier haben Menschen gemacht, die dem Leben nahestanden: diesen Apollo, diesen ruhenden Buddha auf der offenen Blume, diesen Sperber und, hier, diesen knappen Knabentorso, an dem keine Lüge ist.

Auf solchen Einsichten, die Nahes und Entferntes ihm fortwährend bestätigt, ruhen die Arbeitstage des Meisters von Meudon. Arbeitstage sind es geblieben, einer wie der andere, nur daß jetzt auch Das mit zur Arbeit gehört: dieses Hinausschauen und Mitallemsein und Verstehen. Je commence à comprendre – sagt er manchmal nachdenklich und dankbar. »Und das kommt, weil ich mich um eine Sache ernstlich bemüht habe; wer Eines versteht, der versteht überhaupt; denn in allem sind dieselben Gesetze. Ich habe die Skulptur gelernt, und ich wußte wohl, daß das etwas Großes ist. Ich erinnere mich jetzt, daß ich einmal in der >Nachfolge Christi<, im dritten Buch besonders, überall statt Gott Skulptur gesetzt hatte, und es war richtig und stimmte –.«

Sie lächeln, und es ist ganz in der Ordnung, bei dieser Stelle zu lächeln; ihr Ernst ist so unbeschützt, daß man das Gefühl hat, ihn verbergen zu müssen. Aber Sie merken schon, daß Worte wie dieses nicht gemacht sind, um so laut gesprochen zu werden, wie ich hier sprechen muß. Sie erfüllen vielleicht auch ihre Mission, wenn die Einzelnen, die sie selbst empfangen haben, versuchen, ihr Leben danach einzurichten.

Übrigens ist Rodin schweigsam wie alle Handelnden. Er giebt sich auch selten das Recht, seine Einsichten in Worten zu verwenden, weil das des Dichters ist; und der Dichter steht seiner Bescheidenheit weit über dem Bildhauer, der, wie er einmal vor seiner schönen Gruppe Le sculpteur et sa muse mit verzichtendem Lächeln gesagt hat, »sich unbeschreiblich anstrengen muß, in seiner Schwerfälligkeit, die Muse zu verstehen«.

Trotzdem gilt, was von seiner Rede gesagt worden ist: »quelle impression de bon repas, de nourriture enrichissante –«; denn hinter jedem Wort seines Gesprächs steht, massiv und beruhigend, die schlichte Wirklichkeit seiner erfahrenen Tage.

Sie können jetzt begreifen, daß diese Tage ausgefüllt sind. Der Vormittag vergeht in Meudon; oft werden in den verschiedenen Ateliers mehrere begonnene Arbeiten nach einander vorgenommen und jede ein wenig gefördert; dazwischen drängt sich, lästig und unabweisbar, der ganze geschäftliche Verkehr, dessen Sorge und Mühsal dem Meister nicht erspart bleibt, da fast keines seiner Werke durch den Kunsthandel geht. Meistens schon um zwei Uhr wartet ein Modell in der Stadt, ein Porträtbesteller oder ein Berufsmodell, und nur im Sommer erreicht es Rodin, vor Einbruch der Dämmerung wieder in Meudon zu sein. Der Abend draußen ist kurz und immer derselbe; denn um neun Uhr begiebt man sich regelmäßig zu Ruhe.

Und fragen Sie nach den Zerstreuungen, den Ausnahmen: es giebt im Grunde keine; Renan's ›travailler, ca repose‹ hat vielleicht noch nie so tägliche Gültigkeit angenommen wie hier. Aber die Natur erweitert manchmal unversehens diese äußerlich so gleichen Tage und fügt Zeiten ein, ganze Ferien, die vor dem Tagwerk liegen; sie läßt ihren Freund nichts versäumen. Morgen, die sich glücklich fühlen, wecken ihn und er teilt mit ihnen. Er sieht seinem Garten zu, oder er kommt nach Versailles zu dem prunkvollen Aufstehn der Parke, wie man zum Lever des Königs kam, Er liebt die Unberührtheit dieser ersten Stunden. »On voit les animaux et les arbres chez eux«, sagt er heiter und er bemerkt alles, was am Wege steht und sich freut. Er hebt einen Pilz auf, entzückt, und zeigt ihn Madame Rodin, die, gleich ihm, diese frühen Wege nicht aufgegeben hat: »Sieh«, sagt er angeregt, »und das braucht nur eine Nacht; in einer Nacht ist das gemacht, alle diese Lamellen. Das arbeitet gut. «

Am Rande des Parkes dehnt sich die ländliche Landschaft. Ein Viergespann pflügender Rinder wendet langsam und bewegt sich gewichtig in dem frischen Feld. Rodin bewundert die Langsamkeit, das Ausführliche im Langsamen, seine Fülle. Und dann: »C'est toute obéissance. « Seine Gedanken gehen ähnlich durch die Arbeit. Ex versteht dieses Bild, wie er die Bilder bei den Dichtern begreift, mit denen er sich manchmal am Abend beschäftigt. (Das ist nicht mehr Baudelaire, Rousseau ist es noch ab und zu, sehr oft ist es Platon.) Aber als jetzt von den Übungsplätzen drüben aus Saint-Cyr über die ruhige Feldarbeit die Hörner herüberrufen, aufrührerisch und rasch –, da lächelt er: er sieht den Schild des Achill.

Und an der nächsten Biegung liegt die Landstraße vor ihm, ›la belle route‹, eben und lang und wie das Gehen selbst. Und auch das Gehen ist ein Glück. Das hat ihn die belgische Zeit gelehrt. Sehr gewandt im Arbeiten und von seinem damaligen Kompagnon aus verschiedenen Gründen nur halb in Anspruch genommen, gewann er ganze Tage, um sie draußen zu verbringen. Ein Malkasten war zwar mit, aber er wurde immer seltener gebraucht, weil Rodin einsah, daß die Beschäftigung mit einer Stelle ihn von der Freude an tausend anderen Dingen ablenkte, die er noch so wenig kannte. So wurde es eine Zeit des Schauens. Rodin nennt sie seine reichste. Die großen Buchenwälder von Soignes, die blanken langen Straßen, die aus ihnen hinaus dem weiten Wind der Ebenen entgegenlaufen, die klaren Estaminets, in denen Rast und Mahlzeit etwas Festliches hatten bei aller Schlichtheit (gewöhnlich nur Brot in Wein getaucht: ›une trempete ‹): dieses war lange der Kreis seiner Eindrücke, in den jedes einfache Ereignis eintrat wie mit einem Engel; denn er erkannte hinter jedem die Flügel einer Herrlichkeit.

Er hat sicher Recht, wenn er an dieses jahrelange Gehen und Schauen mit einer Dankbarkeit ohnegleichen zurückdenkt. Es war seine Vorbereitung auf die kommende Arbeit; es war ihre Vorbedingung in jedem Sinn; denn damals nahm auch seine Gesundheit die endgültige dauernde Festigkeit an, mit der er später rücksichtslos rechnen mußte.

Wie er aus jenen Jahren unerschöpfliche Frische mitbrachte, so kehrt er jetzt noch jedesmal gestärkt und voll Arbeitslust von einem weiten morgendlichen Wege zurück. Glücklich, wie mit guten Nachrichten, tritt er bei seinen Dingen ein und geht auf eines zu, als hätte er ihm etwas Schönes mitgebracht. Und ist im nächsten Augenblick vertieft, als arbeite er seit Stunden. Und fängt an und ergänzt und verändert hier und dort, als ginge er, durch das Gedränge, dem Ruf der Dinge nach, die ihn nötig haben. Keines ist vergessen; die zurückgerückten warten auf ihre Stunde und haben Zeit. Auch in einem Garten wächst nicht alles zugleich. Blüten stehen neben Früchten, und irgend ein Baum ist noch bei den Blättern. Sagte ich nicht, daß es im Wesen dieses Gewaltigen liegt, Zeit zu haben wie die Natur und hervorzubringen wie sie?

Ich wiederhole es; und es scheint mir immer noch wunderbar, daß es einen Menschen giebt, dessen Arbeit zu solchen Maßen angewachsen ist. Aber ich kann doch nicht den erschreckten Blick vergessen, der mich einmal abwehrte, als ich in einem kleinen Kreise mich dieses Ausdrucks bediente, um die ganze Größe Rodinschen Genies für einen Moment gleichzeitig heraufzurufen. Eines Tages begriff ich diesen Blick.

Ich ging in Gedanken durch die ungeheueren Werkstätten und ich sah, daß alles im Werden war und nichts eilte. Da stand, riesig zusammengeballt, der Denker, in Bronze, vollendet; aber er gehörte ja in den immer noch wachsenden Zusammenhang des Höllentors. Da wuchs das eine Denkmal für Victor Hugo heran, langsam, immerfort beobachtet, vielleicht noch Abänderungen ausgesetzt, und weiterhin standen die anderen Entwürfe, werdend. Da lag, wie ausgegrabenes Wurzelwerk einer uralten Eiche, die Gruppe des Ugolino und wartete. Da wartete das merkwürdige Denkmal für Puvis de Chavannes mit dem Tisch, dem Apfelbaum und dem herrlichen Genius der ewigen Ruhe. Das da drüben wird ein Denkmal für Whistler sein und hier diese ruhende Gestalt wird vielleicht einmal das Grab eines Unbekannten berühmt machen. Es ist kaum durchzukommen; aber schließlich bin ich wieder vor dem kleinen Gipsmodell der Tour du Travail, das nun in seiner endgültigen Anordnung nur des Bestellers harrt, der das riesige Beispiel seiner Bilder aufrichten hilft unter den Menschen.

Aber da ist neben mir ein anderes Ding, ein stilles Gesicht, zu dem eine leidende Hand gehört, und der Gips hat jene durch-scheinende Weiße, die er nur unter Rodins Werkzeug annimmt. Auf dem Gestell steht, vorläufig vorgemerkt und schon wieder durchgestrichen: Convalescente. Und nun finde ich mich unter lauter namenlosen neuen werdenden Dingen; sie sind gestern begonnen oder vorgestern oder vor Jahren, aber sie haben dieselbe Unbekümmertheit wie jene anderen. Sie rechnen nicht.

Und da fragte ich mich zum ersten Male: Wie ist es möglich, daß sie nicht rechnen? Warum ist dieses immense Werk immer noch im Ansteigen und wohin steigt es? Denkt es nichtmehr an seinen Meister? Glaubt es wirklich, in den Händen der Natur zu sein, wie die Felsen, an denen tausend Jahre hingehen wie ein Tag?

Und es war mir, in meiner Bestürzung, als müßte man alles Fertige hinaus-schaffen aus den Werkstätten, um übersehen zu können, was noch zu tun ist in den nächsten Jahren. Aber während ich das viele Vollendete zählte, die schimmernden Steine, die Bronzen, alle diese Büsten, da blieb mein Blick hoch an dem Balzac haften, dem Zurückgekommenen, Abgewiesenen, der dastand, hochmütig, als wollte er nicht wieder hinaus.

Und seither sehe ich die Tragik dieses Werkes auf dem Grunde seiner Größe. Ich fühle deutlicher als je, daß in diesen Dingen die Skulptur unaufhaltsam zu einer Macht angewachsen ist, wie niemals seit der Antike. Aber diese Plastik ist in eine Zeit geboren worden, die keine Dinge hat, keine Häuser, kein Äußeres. Denn das Innere, das diese Zeit ausmacht, ist ohne Form, unfaßbar: es fließt.

Dieser hier mußte es fassen; er war ein Former in seinem Herzen. Er hat alles das Vage, Sich-Verwandelnde, Werdende, das auch in ihm war, ergriffen und eingeschlossen und hingestellt wie einen Gott; denn auch die Verwandlung hat einen. Als ob einer ein dahinstürzendes Metall aufhielte und es erstarren ließe in seinen Händen.

Vielleicht erklärt es einen Teil des Widerstandes, der sich diesem Werke überall entgegenstemmte, daß hier Gewalt geschah. Das Genie ist immer ein Schrecken für seine Zeit; aber indem hier eines die unsere nicht nur im Geiste, sondern auch im Verwirklichen fortwährend überholt, wirkt es furchtbar, wie ein Zeichen am Himmel.

Fast möchte man einsehen: diese Dinge können nirgends hin. Wer wagt es, sie bei sich aufzunehmen?

Und gestehen sie nicht selbst ihre Tragik ein, die strahlenden, die den Himmel an sich gerissen haben in ihrer Verlassenheit? Und die nun dastehn, von keinem Gebäude mehr zu bändigen? Sie stehen im Raume. Was gehn sie uns an.

Denken Sie, daß ein Berg aufstünde im Lager von Nomaden. Sie würden ihn verlassen und weiterziehen um ihrer Herden willen.

Und wir sind ein Wandervolk, alle; nicht deshalb weil keiner ein Zuhause hat, bei dem er bleibt und an dem er baut, sondern weil wir kein gemeinsames Haus mehr haben. Weil wir auch unser Großes immer mit uns herumtragen müssen, statt es von Zeit zu Zeit hinzustellen, wo das Große steht.

Und doch wo immer Menschliches ganz groß wird, da verlangt es danach, sein Gesicht zu verbergen im Schooße allgemeiner namenloser Größe. Als es zuletzt, noch einmal nach der Antike, in Standbildern anwuchs aus Menschen heraus, die auch unterwegs waren in ihren Geistern und voller Verwandlung, – wie stürzte es da nach den Kathedralen hin und trat in die Vorhallen zurück und bestieg Tore und Türme wie bei einer Überschwemmung.

Wohin aber sollten die Dinge Rodin's?

Eugène Carrière hat einmal von ihm geschrieben: »Il n' a pas pu collaborer à la cathédrale absente. «

Er hat nirgends mitarbeiten können, und keiner hat mit ihm gearbeitet.

In den Häusern des achtzehnten Jahrhunderts und seinen gesetzvollen Parken sah er wehmütig das letzte Gesicht der Innenwelt einer Zeit. Und geduldig erkannte er in diesem Gesicht die Züge jenes Zusammenhangs mit der Natur, der seither verloren gegangen ist. Immer unbedingter wies er auf sie hin und riet, zurückzukehren »à l' œuvre même de Dieu, œuvre immortelle et redevenue inconnue«. Und es galt schon denen, die nach ihm kommen werden, wenn er vor der Landschaft sagte: »Voilà tous les styles futurs. «

Seine Dinge konnten nicht warten; sie mußten getan sein. Er hat ihre Obdachlosigkeit lange vorausgesehen. Ihm blieb nur die Wahl, sie in sich zu ersticken oder ihnen den Himmel zu gewinnen, der um die Berge ist.

Und das war seine Arbeit.

In einem ungeheueren Bogen hat er seine Welt über uns hingehoben und hat sie in die Natur gestellt.

Detlev von Liliencron, Poggfred

Anfang Januar 1897; ersch. in: Deutsches Abendblatt, XII. Jg., Nr. 7, Prag, 11. Januar 1897

Das ist ein Wunderbuch. Wenn Du's Abend vor dem Schlafengehen müd und mürrisch für einen Augenblick in die Hand nimmst, gar nicht um seiner selbst willen, sondern nur um jenen Übergang vom Tag zum Traum leichter zu finden, so umkrallt es Dich in süßer Rache, und Du schließest es gewiß ungern mit glühender Wange und wachem, klarem Auge, wenn das fröstelnde Zimmer und die niedergebrannte Kerze und der nahe Morgen zu rascher Ruhe mahnen. – Ja, es ist kein Buch zum Einschlafen. Alles wird wach in Dir. Die große Hünenkraft, die in diese Zeilen gepreßt ist, ringt sich daraus empor und beseelt die tausend Gestalten der Erinnerung und des Traumes, die den holsteinischen Dichterbaron in seinem Schlößchen ›Poggfred‹ (Froschfriede zu deutsch) aufsuchen. Keine schemenblassen, wesenlosen Bilder ziehen an Dir vorüber; Du machst eine Seelenwanderung durch; denn Dein Geist folgt dem gebietenden Dichter durch alle Erlebnisse miterlebend, mitbangend, mitjubelnd. Du wanderst mit ihm durch Holsteins heimatliche Heiden, durch das kommerzfrohe Hamburg, das wimmelnde, flimmernde Paris durch tausend selige, klingende Wunderwelten. – Kichernd und scherzend flattern kleine Liebesgötter aus dem Stanzenfüllhorn, und dort schmettert wieder eine eherne Oktave Kriegsfanfarenton. Und ein Schlachtbild entrollt sich in blutroter Pracht. Er hat's ja erlebt anno 1870; und Lieutenant Detlev Freiherr von Liliencron steht ruhmvoll in der Regimentsgeschichte. Und ebenso ruhmvoll wie in dem kleinen Gedenkhefte des Posenschen Regiments steht der Name Liliencron in einer anderen großen Geschichte, wo weder der Freiherr gilt, noch der Hauptmann, sondern der große Mensch und der große Dichter. Und für diese beiden Eigenschaften enthält gerade ›Poggfred‹ glänzende Beweise. Alle Saiten des Liliencronschen Herzens klingen, und das giebt Akkorde: so rein, so voll, so versöhnend. Auf das wirre Kunterbunt der 12 Cantusse folgt der Schlußgesang, einfach und groß wie ein weißer, sonniger, glockenstimmiger Weltenfeiertag:

> Und meine Seele wird so klar und gut,
> Unschuldig wie das Gras, worauf ich stehe;
> Ruhig bewegt sich meine Herzensflut,
> Versunken sind die vielen Ach und Wehe.
> Mir wird so froh, so seltsam wohlgemut,
>
> Als ob mir Überirdisches geschehe...

und dann:

> Neid, Rache, Bosheit läutern sich in Reinheit. Den Menschen, wie sie schütteln Gift und Speer, Vergebe ich, vergesse die Gemeinheit.

Ist das nicht groß? An ihn aber, den großen Aristokraten der Seele, ist jetzt das nüchterne Leben mit all seinen kleinlichen Sorgen und Qualen herangeschlichen, und während Tausende in ganz Deutschland an dem berauschenden Gefühl sich erheben, daß sie wieder einen Dichter haben, und jubelnden Herzens die flammenden Verse trinken, nimmt die Not den Griffel aus der immer noch jugendstarken Hand des Fünfzigjährigen. Da darf kein Deutscher zusehen. In dieser Überzeugung habe ich mich an den deutschen Dilettantenverein gewandt, durch dessen liebenswürdiges Entgegenkommen es mir ermöglicht ist, Mittwoch, den 13. d. M. um ½ 8 Uhr abends einen Liliencron-Vortragsabend zu veranstalten. Möge der gute Zweck für sich selber reden.

Demnächst und Gestern

So ist es immer der gleiche Weg. Von dem geheimnisvollen, großsprecherischen »Demnächst« zu dem zaghaften Heute, vor welchem sich der Vorhang enthüllend hebt. Fast wie bei einer Gerichtsverhandlung geht es da zu bei den Premièren. Und fast immer führt sich der Autor nach jedem Akt als mildernden Umstand vor, indem er sich devot verneigt, lächelt und sein Lächeln reden läßt: »Bitte, seien Sie nur gerecht; richten Sie relativ; wenn ich Ihnen auch nicht viel gebe, seh ich aus, als ob ich mehr geben könnte! Urteilen Sie selbst!« Pause.

Ecce homo.

Und das Publikum denkt: Ja, in Anbetracht... und es klatscht seinen Freispruch. Es will ihn nicht ans Kreuz. Es ist manierlicher und auch vorsichtiger als seine Ahnen aus des Pilatus Tagen.

Und am anderen Morgen beginnt der Theaterbericht: »Gestern war...« Und wenn er hier aufhörte, ist das nicht auch ein Urteil?

*

Es liegt nahe, von den verschiedenen kleinen Demnächst abzusehen und zu fragen, ob hinter dem ernsten Demnächst des Dramas als solchem auch ein trauriges »Gestern war« wartet.

Unsere Zeit hat uns eine Fülle neuer Aufschlüsse über die Kunst vermittelt, und wenn das große Geheimnis, dem wir entgegenlauschen, auch nicht redselig wurde, vielleicht sind wir schweigsamer geworden, da wir beginnen, es zu verstehen, da wir nicht mehr nach großen Stoffen suchen, überhaupt nicht mehr »suchen« und unsere Freude haben, wenn wir dennoch finden. Und gerade die unscheinbarsten Funde sind uns die allerliebsten. Das ist eines der mächtigsten Erkenntnisse: Alles ist Inhalt und kann etwas bedeuten. Seine Bedeutung gewinnt es durch die Form, das heißt durch die Art, wie es sich abgrenzt gegen das Viele und Fremde. Und dem geringsten Stoff seine Seele zu geben, zu erraten, in welchen Grenzen das Unbedeutende ein Ganzes und somit ein Ereignis wird, dem tiefsten, niemals geoffenbarten Willen des Stoffes Erfüllung zu schenken, das scheint mir im Augenblicke die erlösende Aufgabe des Künstlers zu sein. Ist dem so, dann gewinnt aber auch die Form eine seltsame Wichtigkeit. Sie ist dann das eigentlich Intime, das Aufrichtige an dem Kunstwerke. Und ein Werk muß bedeutend an Wert einbüßen, welches dem Zufall und der Willkür irgendwann Anteil an der Bestimmung seiner äußeren Gestalt gewährt, jenem Werke gegenüber, bei dem jede Biegung und jede Bucht der Grenzlinie eine Offenbarung der Liebe und der Sehnsucht des Künstlers ist. Das Drama gehört nicht zu dieser letzten Art. Noch unerstarrt, wie ein weiches Tonbild, gleitet es dem Dichter aus den Händen und wird von der nachratenden Willkür und dem willkürlichen Verständnis der Vielen zu Ende geknetet. Unter besonders günstigen Umständen ist es ja möglich, daß der Dichter die Gruppe von Menschen und die Menge der Geräte, welche der Materialisation seines Spieles dienstbar sind, so souverän beherrscht, daß seine Absicht endlich ziemlich klar zum Ausdruck kommt; aber dazu gehört eine andere Begabung als die des Poeten; diesem fehlt meistens das Überschauen der Dinge, das zum Werkzeug Herabzwingen der Menschen, das rücksichtslose Knechten fremder Willen, welches großen Feldherren siegen hilft. Und wenn einer alles das besäße und seiner Persönlichkeit Ausdruck gäbe in Menschen wie in großen Lettern, die individuelle Form des Werkes wäre doch nur für einen Abend bestimmt; und die Nachbarbühne könnte vierundzwanzig Stunden später, selbst unter der Leitung guter Regisseure, kaum eine leise Familienähnlichkeit in die Züge desselben Dramas legen. Dieses Flüchtige, Vorübergehende giebt dem Werke das Aussehen einer Improvisation und den Rang einer solchen.

Was dann als dauernd aufbewahrt wird, ist meistens – ein Buch zu viel, welches ganz hilflos bleibt, so lange nicht einmal wieder Menschen und Farben und Lichter sich seiner annehmen. Und wenn man zwei solche Bücher vergleicht, eines von vor fünfzig Jahren und eines von heute, da fällt zunächst auf: die Bemerkungen im Texte sind ganz bedeutend angewachsen und stellen tausend oft kaum vom Mimen erfüllbare Anforderungen; dagegen ist der Text selbst klein und kurz geworden, die Dialoge sind von der Lebendigkeit der Stichomythie, die Monologe fehlen und die Ensembleszenen haben nicht mehr die monotone Geschwätzigkeit des Operettenchors. Das Erstere begründet sich in dem oft unbewußten Streben des Dichters, dem unvollendeten Werke recht viel eigenes Zeug mit auf den Weg zu geben, damit die fremden Hände es verständig anfügen könnten. Die Kürze des Textes aber rührt daher: die modernen Dichter haben den Glauben an das Wort verloren. Das Publikum hat noch immer die Überzeugung, daß im Wort die Steigerung, der Fortschritt, die Katastrophe läge, oder doch, daß dieses das äußere Zeichen dafür wäre. Der Dichter erkannte längst so: das Schweigen ist das Geschehen, das Wort die Verzögerung. Und er denkt dabei an das Wort, wie es als gebräuchliche Währung gilt im Tauschverkehr des Lebens. Sein Wort zum Beispiel in der Lyrik, welches sich selbst Hintergrund und Glanz und Tiefe geben muß, hat ja nichts mit die ser Scheidemünze gemein, aber sein Wort im Drama, welchem die vielen dienstbereiten Dinge alle Pflichten abnehmen, ist schließlich ganz dasselbe Tauschmittel des Alltags. Und an *dieses** Wort glaubt er ja nicht mehr. Er weiß, es kann keine Katastrophen bedeuten, es kann zwischen zwei Menschen weder Glück, noch Feindschaft stiften, weil es sich zwischen ihnen aufbaut wie eine Wand. Es ist die Holzklapper des Aussätzigen, welche warnt: Platz! ich nahe! Platz! ich nahe! Und jeder flieht tief in sich selbst und klappert auch.

Und so sind wir Ganzeinsame. Jeder für sich. Und sobald wir dieses einsehen, erkennen wir, wie undramatisch wir sind. Wie es nur vor dem großen und leichtgläubigen Publikum möglich ist, zu behaupten, zwischen den Menschen auf der Bühne bestände ein Zusammenhang, ähnlich dem im Leben.

Wir leben ja so leise, und unsere größten Katastrophen sind in uns so tief, daß nur ihre letzten Wellen an unsere Oberfläche rühren. Und wollte einer dennoch ein Drama schreiben aus unserem echten Erleben heraus, die Schauspieler würden gerade seine erschütterndsten Enthüllungen offenbaren, wenn das Publikum glaubt; aber sie rühren sich ja gar nicht.

Schon jetzt beginnen die Dichter, sich zu verraten. Es giebt Schweigsamkeiten in ihren Stücken, welche das Publikum gerne durch sein Lachen belebt. Und da das den Autoren unbequem ist, begnügen sie sich mit alten Formen und schreiben wieder Marchen und realistische Stücke und beides durcheinander. Das Publikum glaubt daran. Es wird noch lange daran glauben, und so lange wird es Dramen geben.

Aber wenn es möglich ist, daß die leisen und heimlichen Erkenntnisse, welche in den Einsamen sich vorbereiten, einmal das unbewußte Wissen der Menge werden, wird auch in *ihr* kein Bedürfnis mehr wach sein nach einer Kunst, die ihre Vollendung nicht von den Händen des Schöpfers, sondern von hundert rohen Zufälligkeiten empfängt. Sie wird empfinden, daß ein Kunstwerk immer nur einem Einzelnen gehören kann, nicht zugleich einer bunten Menge, drin »jeder« andere Augen hat, andere Ohren und eine nach anderem hungernde Seele. Ist das bald?

Es werden noch viele Dramen geschrieben werden bis dahin. Auch viele gute; denn auch ein unreifes Bedürfnis kann schön befriedigt werden. Und wenn die Dichter aufrichtig sind, kann vielleicht gerade auf diesem leicht zugänglichen Wege die Lehre von dem leisen Leben unter die Menge kommen. Dann hat das Drama noch eine große und reiche Pflicht zu erfüllen, ehe hinter seinem letzten »Demnächst« das abschließende »Gestern war —« steht.

Moderne Lyrik

Ende Februar/Anfang März 1898; als Vortrag am 5. März 1898 in Prag gehalten; ersch. in: WA von E. Zinn, 1965, 5. Bd.

Zunächst bitte ich Sie um Güte und Geduld. Ich bin mir vollkommen bewußt, daß es nichts Geringes ist, eine Stunde lang über Gedichte reden zu hören. Wenn die Sache nicht schon in den Zeitungen stünde und so unangenehm festgenagelt wäre, könnten wir uns ja eilig und heimlich einigen, über was Lebendigeres zu reden, zum Beispiel über Zola oder über Professor Schenk oder dergleichen, und erst beim Herauskommen so lyrisch-erlöste Gesichter machen, daß es die draußen glauben. – Aber das geht doch nun nicht mehr an; es könnte uns jemand verraten. Darum, so leid es mir tut, muß ich bitten: Güte und Geduld. Zum Troste aber: Es wird Ihnen nichts geschehen und: was Sie eigentlich bis zum Augenblick für Lyrik halten, davon werde ich wenig sagen. Ich habe ganz besondere Absichten. Sollte ich im Aussprechen derselben manches zu heftig betonen – halten Sie es meiner Jugend zugute, sollte ich manchmal ungerecht scheinen gegen ein Gestern, vergeben Sie es mir deshalb, weil ich voll bin eines großen Neuen, von dem ich Hohes und Herrliches zu verkünden habe. Es bleibt also dabei: moderne Lyrik:

Sehen Sie: seit den ersten Versuchen des einzelnen, unter der Flut flüchtiger Ereignisse sich selbst zu finden, seit dem ersten Bestreben, mitten im Gelärm des Tages hineinzuhorchen bis in die tiefsten Einsamkeiten des eigenen Wesens, giebt es eine Moderne Lyrik.

Und das ist – bitte erschrecken Sie nicht – etwan seit dem Jahre 1292. Dieses ist das Jahr aus dem Advente der großen Renaissance, in welchem Dante die einfache Geschichte seiner ersten, jungen Liebe in der Vita nuova erzählt.

Wer durchaus Stammbäume liebt, der möge ruhig in dem Dichter der Divina Comedia den Ahnherrn unseres jungen Dichtergeschlechtes erkennen und eingestehen, daß es von altem Adel ist. Den anderen wieder kann ich die Versicherung geben, daß in dem Vorbilde des hohen Florentiners für jeden Schaffenden die Gewähr liegt, ein ahnenloser Erster zu sein, wenn er nur tief genug in sich hineinhorcht bis zu jenem Nochniegesagten und Neuen, welches mit ihm beginnt. Erst dann, wenn der einzelne durch alle Schulgewohnheiten hindurch und über alles Anempfinden hinaus zu jenem tiefsten Grunde seines Tönens hinabreicht, tritt er in ein nahes und inniges Verhältnis zur Kunst: wird Künstler. Dieses ist der einzige Maßstab. Alles andere Beschäftigen mit Pinsel oder Feder oder Meißel ist nur eine persönliche Gewohnheit, welche dem einzelnen und seiner Umgebung gleichgültig oder lästig sein kann wie etwa das Tabakrauchen oder das Daumendrehen. Es giebt auch auf diesen Kunstgebieten Leute von großer Fertigkeit, die man gelten lassen muß. Aber ich glaube kaum, daß sie bei aller Virtuosität etwas beitragen werden zu dem großen Fortschritt, nach welchem der dumpfe Drang der Massen sich ebenso sehnt wie das lichte liebende Vertrauen der Einsamen. Denn vergessen Sie nicht, daß die Kunst nur ein Weg ist, nicht ein Ziel. Es müßte sonst die letzte Absicht des Malers sein, Farben in die Welt zu setzen, und der Musiker müßte seine tiefste Erfüllung darin begrüßen, aus seinen Tönen Klangpaläste zu bauen, was doch schließlich nichts bedeutete als die Harmonie des Alls, die eine große Ordnung durch diese unzulänglichen Miniaturen zu stören und nachzuäffen. Diese unglückselige Meinung, daß die Kunst sich erfülle in der Nachbildung (sei es nun der idealisierten oder möglichst getreuen Wiederholung) der Außenwelt, wird immer wieder wach. Die Zeit, welche diesen Aberglauben erweckt, schafft zugleich auch immer von neuem diese scheinbare Kluft zwischen der künstlerischen Betätigung und dem Leben. Und indem sie dies tut, zieht sie die einzig möglichen Konsequenzen ihres Irrtums. In der Tat: wenn dem so wäre, so würden die Künstler wie Kinder oder Kretins sein, welche, während Männer in Waffen gehn, Kartenhäuser bauen oder ihr blödes Lächeln in dem Glanze bunter Glaskugeln bespiegeln. Wäre aber einer unter diesen, mit reifem und vollem Verstande, ich glaube, den müßte man ja aus seinem feigen Hinterhalt mit tiefster Verachtung herauspeitschen.

Diese Modemeinung, welche die Künstler als die Ausgeschalteten der großen Lebensleitung zu betrachten liebt, müßte, da sie die Kunst mit dem Dilettantentum im verächtlichsten Sinne verwechselt, eigentlich für sie selbst ganz ungefährlich sein. Allein es giebt doch Reflexwirkungen, welche von diesem Irrtum ausgehend bis in die wirkliche Kunst hineinreichen und dort, wenn auch nicht Schäden, so doch Verzögerungen verursachen. Ein Beispiel: nach solchen Perioden, in denen die Kunst wieder mal als läppischer Luxus entlarvt scheint, bemüht sie sich unwillkürlich rasch, ihren nahen und notwendigen Zusammenhang mit dem Leben zu zeigen; sie klammert sich ängstlich an die letzten auffälligsten Erscheinungen des Tages an, sie verherrlicht einen Krieg, einen König, ja sie tritt sogar in den Dienst kleiner politischer oder sozialer Parteiinteressen: sie wird tendenziös. Und so ist sie gerade dann am wenigsten – Kunst, wenn man beginnt, sie wieder berechtigt und – sagen wir's nur frei – nützlich zu finden. Denn eine Kunst, welche mit Gebärden des Zornes oder des Beifalls die flüchtigen unbedeutenden Ereignisse des Tages begleitet – und sei sie noch so patriotisch – ist gereimter oder gemalter Journalismus, dem der erziehliche und kulturelle Wert gewiß nicht geschmälert werden soll – aber nicht Kunst. Es gab eine Zeit in dem sangesfrohen Deutschland, in welcher gerade die Lyrik diese erziehliche und kulturelle Rolle spielte, und die Liederalmanache von damals sind dem Sozialpolitiker und dem Kulturhistoriker interessanter als dem Manne, der heute Literaturgeschichte machen will. Seither aber ist die Kluft zwischen dem Deutschen und der Lyrik seiner Dichter wieder gewachsen und endlich chronisch geblieben. Und wenn ab und zu jemand die besondere Liebenswürdigkeit hat, dem dramatischen Schriftsteller oder dem Romanschreiber eine bescheidene Existenzberechtigung nicht ganz abzusprechen, der Dichter gilt doch allgemein für eine zeitweise lächerliche, antiquierte, jedenfalls aber vollkommen überflüssige Person, der bestenfalls Gedichte schreibt, weil er ›es‹ nicht nötig hat. Man hat neulich eine Seite aus Richard Dehmels Buche Weib und Welt, auf die Anklage eines westfälischen Barons und Referendars hin, zu konfiszieren für gut befunden. Man tut dem deutschen Publikum bitter unrecht. Es hat längst vergessen, daß es eine Lyrik besitzt, kann also von dieser Seite her in keiner Weise bedroht oder demoralisiert werden.

Sie werden es nicht glauben. Unsere Lyrik hat die Jahre unfreiwilliger Einsamkeit ohne Demütigung, ohne Annäherungsversuche an die Tagesmode – ertragen, und ich bin hier, Ihnen zu sagen: sie lebt. Und ich kann Ihnen noch verraten: sie ist gesund, groß und stark.

Deshalb, scheint mir, muß ich zunächst Ihnen und in Ihnen dem deutschen Publikum für die anhaltende und langwierige Teilnahmslosigkeit – herzlich danken. Denn die Folgen davon sind: daß auf dem unbeobachteten Gebiet sich nicht nur das Wesen aller Kunst am reinsten erhalten hat, sondern daß in dieser Stille das Neue geboren wurde, das Ihnen heimlich und unerkannt, durch das Kunstgewerbe hindurch, näherkommt: die neue Form. Diesem gegenüber sind die Nachteile des Verhaltens der großen Menge gering: sie bestehen darin, daß ein paar junge Leute, denen ihr eigener Name zu leise war, statt guter Gedichte – von denen ja niemand erfahren hätte schlechte Dramen und Novellen geschrieben haben…

Was ich aber oben sagte, so rein und ohne Falsch hat sich die Natur künstlerischen Strebens innerhalb der Lyrik erhalten, daß ich nun von da geradezu die Definition der Kunst, der neuen Kunst überhaupt entlehnen kann, und ich bitte Sie sehr, diese, wenigstens für diese Stunde, gütigst anzunehmen, weil mit ihr alle meine folgenden Ausführungen stehen und fallen.

Kunst erscheint mir als das Bestreben eines einzelnen, über das Enge und Dunkle hin eine Verständigung zu finden mit allen Dingen, mit den kleinsten, wie mit den größten, und in solchen beständigen Zwiegesprächen näher zu kommen zu den letzten leisen Quellen alles Lebens. Die Geheimnisse der Dinge verschmelzen in seinem Innern mit seinen eigenen tiefsten Empfindungen und werden ihm, so als ob es eigene Sehnsüchte wären, laut. Die reiche Sprache dieser intimen Geständnisse ist die Schönheit.

So sehen Sie also, daß der Künstler nicht nur kein Ausgeschalteter des Lebens ist, sondern, daß vielmehr die Kunst sich darstellt als eine bewegtere – ich möchte sagen – unbescheidenere Lebensform, indem der Schaffende auch an die schweigsamsten Dinge mit seinen flehenden Fragen herantritt und, mit keiner Antwort zufrieden, immer weiter muß. – Wenn alle Künste Idiome der Schönheitssprache sind, so werden die feinsten Gefühlsoffenbarungen, um welche es sich handelt, am klarsten in derjenigen Kunst erkennbar sein, welche im Gefühle selbst ihren

Stoff findet, in der Lyrik. Aber selbst dieser Gefühlsstoff, mag es eine Abendstimmung oder eine Frühlingslandschaft sein, erscheint mir nur der Vorwand für noch feinere, ganz persönliche Geständnisse, die nichts mit dem Abend oder dem Blütentag zu tun haben, aber bei dieser Gelegenheit in der Seele sich lösen und ledig werden. Sie müssen mir also glauben, daß wir wenn irgendwo so in der Lyrik die tiefsten und heimlichsten Hoffnungen unserer Zeit belauschen können, weil gerade da, mehr als in anderen Künsten, die reine Kunst-Absicht hervortritt hinter dem Kunst-Vorwand. – Dies kann geschehen, weil der Vorwand, als welcher mir stets der Stoff erscheint um so vieles durchscheinender, beweglicher und veränderlicher ist als in jeder anderen Kunst. Wenn bei dem Maler zum Beispiel die Landschaft als Bildmotiv, das heißt als Gelegenheit gewisse tiefinnerste Sensationen loszuwerden, auftritt, so hat der Lyriker es mit einem breiten, blassen Landschaftsgefühl zu tun, in welches die einzelnen Spezialempfindungen sich aus dem Dämmern seiner Seele projizieren. Während aber der Maler, der mit so bestimmten Mitteln schafft, nun an diese Landschaft gebunden ist, das heißt in dem durch diese Landschaft gegebenen und begrenzten eigenartigen Raum alle seine Geständnisse unterbringen muß, kann es bei dem Dichter geschehen, daß das ursprüngliche Gefühlsfeld durch die Fülle oder die Stärke der hinzukommenden Einzelgefühle überwuchert, verdeckt und verwandelt wird, daß zum Beispiel, unter dem Einfluß jener zartesten und innigsten Empfindungsmomente, das vorhandene Landschaftsgefühl in eine Abendstimmung oder in das Allgemeingefühl von einem Meer übergeht, was, grob erläutert, beim Maler sein Aequivalent fände, wenn er ein Bild als Stilleben beginnen würde, im Laufe der Arbeit eine Landschaft herauspinselte und endlich dieselbe Leinwand als impressionistisches Porträt vollendete. Das nimmt sich ungeheuer lächerlich aus, und doch weiß ich, daß Maler diese Erfahrung gemacht haben, und ich leite aus diesem Umstande das immer stärker werdende Bedürfnis ab, in der Umrahmung des Bildes Ergänzungen zu geben, das heißt wenigstens in gewissen künstlerischen Abkürzungen und Siegeln die während des Schaffens aufgetretenen Neigungen und Bedürfnisse nach einem andern Motiv zu notieren. Denn da die tiefen Ursachen dieser Bedürfnisse, die persönlichen Spezialempfindungen, nicht aber der Stoff die Hauptsache sind, so muß man ihnen Recht und Möglichkeit gewähren, sich auch über die Grenze des Stoffes hinaus irgendwo auszuprägen. Es ist bezeichnend, daß Malerdichter wie Ludwig von Hofmann oder Fidus sich am stärksten von dieser Erkenntnis leiten lassen und wiederholt mit den voreiligen und eigensinnigen Mitteln ihrer Kunst in Zwiespalt geraten.

Nun müssen Sie aber auch die Vorzüge einer Kunst erkennen, in welcher diese Freizügigkeit vollkommen gestattet ist und innerhalb welcher der unbeschränkte Wechsel des Motivs sich leise immer und immer wieder vollzieht, und ermessen wieviel persönliche Geständnisse im Räume eines einzigen Kunstwerkes, des Gedichtes, sich austönen dürfen. Das breite, allgemeine Hintergrundsgefühl ist dann etwan vorbeiziehenden Laterna-magica-Bildern vergleichbar, während jene inneren Empfindungsbeichten der begleitenden Musik entsprechen würden. Bei diesem Vergleich stimmt aber nur das Äußerlichste. Der heimliche, tiefe, kausale Zusammenhang von Bild und Klang, das gegenseitige sich Wecken und Beschenken der beiden läßt sich durch keine Analogie erklären oder beweisen.

Daß darin die große, vielleicht mächtigste Bedeutung der Lyrik besteht, daß sie dem Schaffenden ermöglicht, unbegrenzte Geständnisse über sich und sein Verhältnis zur Welt abzulegen, kann nur von einer Zeit erkannt werden, welche fühlt, daß sie etwas eingestehen will. Und das sind weder Mitten noch Enden von Perioden, sondern stets reiche Anfänge, welche ihr Herz auf der Zunge tragen. Denn Mittelperioden sind zu bequem einerseits und zu tätig nach der anderen Richtung hin, um viel zu erzählen, Enden sind zu greisenhaft und zu müde dazu – nur junges Beginnen hat etwas zu bekennen, und nur der Anfang ist auch vertrauensvoll genug, um aufrichtig, ohne Falsch zu verraten, wie ihm zumute ist. Dante steht an der Schwelle der großen Renaissance, und ich möchte, daß Sie es alle empfänden, wie dieses reiche junge Dichtergeschlecht, von welchem heute die Rede ist, schön und stark am Rande einer in hundert Sinnen neuen Zeit wartet und wie die Ahnungen künftiger Ziele in seinen Liedern ebenso mächtig anklingen wie die herrlichen Tage des Cinquecento vorausgefühlt sind in den Seherworten der Divina Comedia.

Ich weiß nicht zu sagen, wer von den Neuen zuerst diesen Sinn der Lyrik, mit Wissen oder unwillkürlich, bewiesen hat, aber ich weiß, daß alle augenblicklich sich dieser Mission bewußt sind und sich als die ersten Stimmen einer neuen Epoche fühlen, nicht deshalb, weil sie optimistischer als die anderen sind, sondern weil sie, dank ihrer Kunst, leiser und lauschender im Leben stehen und durch seine Stürme hindurch früher als die Zeitgenossen das ferne Läuten der Feiertagsglocken vernehmen. Wie die kleinste Menge Elektrizität sich in den isolierten Blättchen des Gold-Elektroskops nachweisen läßt, ehe elektrische Wirkung sonst irgendwo bemerkbar wird, so rührt der Hauch der neuen Zeit auch erst an die Tiefen von einigen isolierten, einsamen Menschen, lange bevor die Menge die Strömung empfindet. Und während die Masse auch dann noch feindlich und ablehnend bleibt, sehnt sich der Einsame längst schon den frühesten Offenbarungen entgegen und kann, wenn er tönen darf, ihr treuer zuverlässiger Verkünder werden. Nicht der Künstler allein ist imstande, diese ersten Vorboten zu erkennen, auch religiöse oder politische Naturen können sie erlauschen, aber diese werden ihren Ruf einmal leicht mißverstehen und dann auch nicht fähig sein, ihre leisen Absichten würdig auszusprechen. Der moderne Dichter aber ist historisch besonders gut geschult. Der objektive Realismus vergangener Jahrzehnte hat ihn mit der Natur und dem Leben in Verkehr gebracht und sein Auge geübt für die Dimensionen der Dinge. Der vorhergegangene Idealismus der Objektivität mit seiner Schönfärberei wirkte wie eine sentimentale Kindheitserinnerung gerade herein, als der Realismus im Naturalismus untergegangen war, und machte, daß man leise begann, statt von den Dingen, mit den Dingen zu sprechen, also: ›subjektiv‹ zu werden. Und nun folgte im Subjektivismus eine Parallelentwickelung wie seinerzeit innerhalb der objektiven Welterkenntnis. Man lernte die eigene Seele betrachten wie früher die äußere Umgebung, man wurde auch hier Realist und Naturalist den intimen, inneren Sensationen wie vorher den äußeren Ereignissen gegenüber und lernte wie früher die Welt, nun ebenso genau die eigene Seele kennen, das heißt, man fand in sich selbst alles reicher und vielgestaltiger wieder, was man in der objektiven Schulzeit außerhalb der eigenen Persönlichkeit gesucht hatte. Man war ganz unerwartet zu einer Art von Pantheismus gelangt, mit dessen Gottesbegriff man sich immer mehr zu identifizieren geneigt war, und Sie werden begreifen, daß dieses Wachsen, dieses plötzliche Überallhinreichen, dieses Alleswerden und Allwerden eine herrliche Befreiung, einen hohen, stürmischen Sieg bedeutete und in einer großen, lauten Begeisterung seinen Ausdruck suchte. Es kamen Reaktionen hinterdrein, Enttäuschungen und Zweifel wie hinter jedem unvorhergesehnen Erfolg, aber immerhin blieb diese Empfindung der gefallenen Schranken die Grundstimmung für alles Schaffen, und sie ist es auch heute noch. Darin erreichte der Subjektivismus seine höchste Ausgestaltung, denn seit jeder sich eines fühlte mit allen Erscheinungen der Welt, war er auch der einzig Seiende, der Einsame geworden, der keinen neben sich anerkennen durfte. Und weil die Einsamkeit leise und lauschend macht, vernahm dieser kosmische Eremit vieles, was bislang niemand vernommen hatte.

So scheinen mir denn auch Lauschen und Einsamsein die Haupteigenschaften, welche den neuen Dichtern gemeinsam sind. Seitdem die ersten Verkünder neuen Heiles, an deren Spitze die Brüder Julius und Heinrich Hart gegangen sind, mit den Fanfaren des Sieges einen unbestimmten vielverheißenden Morgen begrüßten, sind immer mehr Stimmen wach geworden, die von dem Neuen immer deutlicher erzählen. Die einen sind zu Verkündern der neuen Freude, der tieferen Seligkeit, die andern zu den Aposteln eines neuen Leidens geworden, und zwischen diesen wandeln die Sänger einer neuen Sehnsucht mit ihren heiligen Harfen hin. Was ein einziger Jubelruf war bei jenen ersten Wegebahnern, ist in ihren Nachfolgern schon ein tausendstimmiger Chor geworden, in welchem alle Formen eines neuen Lebens anklingen. Die Harts sind die richtigen Herolde gewesen, voll von heller Zuversicht und von dem Glauben an ihre Kraft. Nicht Breschenbrecher wie der riesige Michael Georg Conrad, der breite Bajuware, dem die Kunst lang zu eng wurde für seinen Mut und seine Ungeduld, so daß er mitten hineinsprang ins lauteste Leben, – sondern Männer, welche bekränzt und im Festgewande im Triumphzuge schreiten und mit ihrem aufrichtigen Pathos sich selbst begeistern und andere mitreißen. Die Bruno Wille und Wilhelm Bölsche und John Henry Makay kamen neben ihnen zu Wort und jene ersten Jahrgänge der Freien Bühne 1890-93 u. f. sind ein schönes Denkmal ihres jungen Mutes und ihrer tiefen treuen Zuversicht. Der herrliche Liliencron steht da in den vordersten Reihen; was die Harts in unklarem Taumel prophezeien, das lebt er schon längst, ganz unbewußt. Ein Mann von morgen in Hamburg, mitten unter den Allzuheutigen. Ein ganz Junger in einem uralten holsteinischen Freiherrngeschlecht! Einer, der so zu Hause ist in dem Neuen, daß er es gar nicht mehr für nötig hält zu predigen, sondern einfach erzählt. Ein so Reifer, daß er die heiligen Wahrheiten nebenbei giebt im Gesellschaftston der Kunst – und ein Aufrichtiger und ein Fröhlicher und ein Übermütiger. Sie können sich denken, wie man ihn begrüßte, wie man ihn liebte über Nacht! Und wie drollig erstaunt er war, der kleine Freiherr, als man ihm sagte, daß er ein ganz Neuer sei. Er hat sicher geglaubt, seine holsteinischen Bauern und Fischer sind ganz wie er. Er war so stolz darauf. Nur mit den lieben kommerzfrohen Hamburgern vertrug er sich nicht gut, – aber sonst... Oh dieser treue, echte Dichter! – Mir geht schon wieder das Herz über, wenn ich von dem großen Detlev spreche; ich muß es sein lassen. Denn vor einem Jahr hab ich hier zwei Stunden lang von ihm erzählt, und da ich heimlich hoffe, daß Sie noch nicht alles von damals vergessen haben, muß ich fürchten, Sie mit ausführlichen Wiederholungen zu langweilen. Als der Freiherr sich so mit einem Male verraten sah, tat er etwas Strenge in seine guten Augen (er mußte das ja von der Hauptmannszeit her treffen) und ging selbst entdecken. Und er hat einen köstlichen Fund getan, als er Gustav Falke heimbrachte, den feinen Hamburger Musiklehrer. Falke ist eine ähnliche Natur wie Liliencron. Er ist seine bürgerliche Nuance. Er ist auch reich, allein er ist etwas bang um seinen Reichtum und vergeudet nicht wie Liliencron (ich meine natürlich nicht Geld, das haben sie beide nie), er ist auch froh, aber wenn er ganz lustig wird, kommt ihm das Weinen nahe. Er lacht wie der Baron über die Philister, aber er wird manchmal recht bitter gegen sie. Er ist auch für die schöne Ordnung, aber sie sieht manchmal der Pedanterie sehr ähnlich. Daher kann man ihm nie Kompositionslosigkeit vorwerfen, was dem Liliencron auch hier geschah, als ich vor Jahresraum seine Poggfred-Strophen las. Wenn Sie sich an das erinnern wollen, was ich über den Sinn der neuen Lyrik oben sagte, werden Sie erkennen, daß diese scheinbare Formlosigkeit nur ein zu starker innerer Reichtum ist. Er hat so viel zu gestehen, daß das Gefühlsfeld immer ganz überwuchert wird von den goldenen Ernten. Falke ist vorsichtiger, und er schafft bis zu einem gewissen Grade bewußter. Durch seine novellistische Begabung findet er immer einen schönen klaren Stoff, bei welchem er allerhand los wird, aber immer nur das, was wirklich in den Rahmen paßt. Seine schmeichelnden Verse wollen oft auch noch ein Glanzlicht, eine Pointe haben, ein novellistisches Element, welches auch den schönen Gedichten unseres Landsmannes, Dr. Salus, eignet und diesen trefflichen Versbildern einen großen Reiz verleiht. Bei ihm, bei Falke und bei dem jungen Schweizer Emanuel Freiherrn von Bodman, kommt, ich weiß nicht zu sagen woher, oft mitten in eine moderne Stimmung ein seltsamer, zarter Duft – wie Lavendel aus Großmutters Wäscheschränken –, der wie ein wehmütiges Lächeln über die Worte weht und, zumal bei den nüchtern scheinenden Strophen des Doktor Salus, eine liebliche Überraschung bietet. An diesem uns nahestehenden Dichter wird auch in besonders anziehender Weise offenbar, wie die bedachtsameren unter den Jungen, einerseits aus eigener Scheu vor der Enttäuschung, andererseits um die Lauscher nicht zu entfremden, das Neue, das sie in sich spüren, nicht ganz rückhaltlos verkünden. Sie suchen wie Salus einen Hintergrund, ein Gewand dafür, und es ist gewiß ein Beweis für unsere Zeit, daß die große Renaissance ihren Gestalten Kleid und Geste giebt, und unsere modernsten Gefühle sich so wunderbar vereinen mit der heiteren Tracht des Cinquecento. – Auch mit einem anderen Schweizer, dem jungen Doktor Wilhelm von Scholz, ist Liliencron durch innere Sympathie verbunden, und ein neuer Cyclus von balladenartigen Gedichten, welchen Scholz vorbereitet, reicht stellenweise an den Meister heran. Alle Jungen fühlen sich ja dem großen Detlev von Liliencron nah und dankbar. Und die Schule, die er macht, ist eine sehr lose Vereinigung von ganz heterogenen Geistern; denn man kann ihm nichts nachmachen. Er hat keine Manier, und es kann sich auch keine entwickeln aus den Elementen seines Schaffens. Von ihm kann jeder nur eines lernen: Aufrichtig sein!

Eine Gefahr hingegen liegt in dem glühenden Glanze Richard Dehmels, dessen berauschende Formensprache manchen seiner lauschenden Verehrer zum Nachahmer, manchen Versteher zum blinden Gläubigen erniedrigt. Ich zweifle nicht an Richard Dehmels Aufrichtigkeit, – aber ich glaube, daß er sich selbst noch lange nicht klar ist über das, was er will, und wenn das auch nicht mehr sein sollte, als er kann. Die tiefe, innige Schlichtheit ist bei ihm dem unsympathischesten Pathos benachbart, und nach seinen früheren Büchern würden viele in ihm nicht seine einfache Persönlichkeit, sondern einen sehr bewußten Poseur erwarten. Sein jüngstes Buch ›Weib und Welt‹ indessen ist ihm viel ähnlicher. Er stellt sich als der unermüdliche Kämpfer dar, der im Handgemenge auch dann und wann eine häßliche harte Bewegung macht und der doch so voll Sehnsucht nach Schönheit ist, daß er darüber weinen würde, wenn er es wüßte. Aber er ist ein rastloser Ringer und hat so viele Verheißungen des Neuen gegeben, daß man an ihn glauben darf. Mit einem heißen Temperament hat er – zum ersten Mal in der deutschen Lyrik – die Poesie des Sommers erkannt und dieser Stimmung mit einem Schlag jene Bedeutung gegeben, welche das deutsche, alte Frühlingsgefühl in Jahrhunderten langsam erlangt hat. Und dieses steht im Mittelpunkte seiner Tage und leuchtet wie eine rote Sonne über Wesen und Wirken Dehmels: die Sehnsucht nach der Frucht. Die Ernte ist ihm die Ewigkeit, und in dem lächelnd-leidenden Glück der Mutterschaft erkennt er die tiefste Erlösung alles Lebens.

Ohne das sinnliche Ringen, blasser, träumerischer ist dieses der Grundzug der kosmischen Poesie des Franz Evers, der durch seine theosophische Welterkenntnis verleitet wird, den Ewigkeitsbegriff über den sinnlichen Kreislauf hinauszuverlegen und dadurch oft den zerfließenden Eindruck seiner pathetischen Lieder verschuldet. –

Ein Kämpfer unter der Fahne der Schönheit ist auch Otto Julius Bierbaum. Aber er ist etwas empfindlich, drängt sich nicht ins dichteste Getümmel wie Richard Dehmel, denn es wäre ihm unglaublich fatal, mit zerdrücktem oder beflecktem Rocke zurückzukommen; er zieht es vor, die Kämpfe und mehr noch die Siege zu schmücken, gleichsam goldene Gedenkmünzen zu prägen, für jeden Tag, an dem das Neue einen Fußbreit Landes gewonnen hat. Und das trifft er, wie es keiner je getroffen hat. – Er besitzt ein kostbares Ding: den Geschmack von morgen, vielleicht von übermorgen. Er hat fast den Geschmack eines Franzosen, und das vermischt sich ganz eigentümlich mit seinem urdeutschen Gemüt. Was daraus wird, scheint manchmal fast etwas archaistisch vor behäbiger Vornehmheit, aber es ist doch durch und durch frisch und wird oft sogar lebendige Erfüllung. So hat Bierbaum es verstanden, ein entzückendes altes Schlößchen in Südtirol zu mythen (so muß man wohl statt mieten in diesem Falle sagen!), ein Märchen von einem Schloß, wo Frau Gusti mit breiten Botticelli-Scheiteln zart und zierlich waltet, während Otto Julius in seinem dunkel-kühlen Turmgemach – ein Talvoll ewigen Frühlings füllt ihm die Fenster – seine lieblichen Lieder mit goldenen Federn auf seltsam verschnörkeltes Pergament zeichnet. In Sachen des Geschmackes möchte ich ihn stets ex cathedra verkünden hören, er ist unfehlbar darin. Und wenn in einem einstigen Zukunftsstaat ein Minister für Schönheit und Sitte not tut, wird ein echter Sprosse des Schloßherrn von San Michele der einzig würdige Bewerber sein dürfen.

Für alle diese, die ich bisher genannt habe, ist die Form etwas Unwillkürliches, darum brechen sie manchmal drüber hinaus wie Dehmel, darum fühlen sie sich in ihr so zu Hause wie der leisere Otto Julius Bierbaum. Aber über diese scheinbaren Enden hin giebt es noch Möglichkeiten: über Dehmel hinaus, das zügellose wilde Um-sich-Schlagen im Dienste der Schönheit, – jenseits von Bierbaum das Verblassen und Erstarren im Aesthetizismus, das reglose Knien vor dem unerbittlichen Gnadenbild. Auf der einen Seite der Verzweiflungskampf des verblutenden Kriegers, – und drüben das ewige bleiche Büßen des Schönheitsasketen. Alfred Mombert vertritt das eine, der Rheinländer Stephan George das andere Extrem. Daß Dehmel in Mombert dieses Wildwerden seines eigenen Ichs liebt, ist begreiflich; denn er sieht nur seine mächtigere Energie, ohne seine wütende Blindheit zu bemerken, die Freund und Feind nicht mehr zu trennen weiß. Ein ganzes Chaos von Gefühlen, Sehnsüchten und Erzürnungen strömt ungedämmt aus in Momberts Gesängen, der dem Übermaß seines Empfindungsinhaltes zuviel zutraut, wenn er wähnt, daß das bloße Erstarren seiner Eruptionen schon ›Form‹ sei, während bei George jene tiefsten und letzten Geständnisse, die das Wesen aller Lyrik bedeuten, rein formelle Glaubensmeinungen sind, welche die Verse mit kalter und fast armer Klarheit erfüllen. Notwendig muß dem Ungestümen die Bewegung, seinem Antipoden die Gemessenheit und Ruhe als Symbol der letzten Schönheit erscheinen, und wenn der erstere seine unseligen atemlosen Worte durch das ganze All von Stern zu Stern jagt, wagt der andere nicht mehr über die Randsäulen seines engen weißen Marmortempelchens in die Landschaft zu sehen. Ich halte auch diese beiden Menschen noch für aufrichtig; aber ihre Nachahmer – und sie besitzen solche in Menge – sind ganz erbärmliche Narren, welche das Publikum irreführen, indem sie mit schlauem Augurenlächeln dem staunenden Laien einen schönen, von ihnen gar nicht begriffenen Wahnsinn als die neue Kunst auftischen und viele nüchterne, vernünftige Köpfe abschrecken, die sich dann ihr lebelang als exakteste Feinde jenes Tohuwabohu, das sie für die neue Offenbarung halten müssen, erklären und lieber an Julius Wolff und Felix Dahn mühsam selig werden. Abschreckend für die Menge wirken aber neben diesen prahlerischen Nachbetern auch ein paar Ehrliche. Die Formsucher. Das sind jene, welche aufrichtige Geständnisse im Herzen tragen, aber ängstlich sind um den Kunstvorwand; sie können sich schwer entschließen, den Rahmen für ihr Intimes, die Gelegenheit zum Tönen wahrzunehmen, und weil sie gebildete intellektuelle Köpfe sind, suchen sie dieselbe, statt sich auf ein halb unbewußtes Finden zu verlassen. Daß dieses Formgrübeln seltsame und fremd anmutende Gebilde zeitigt, läßt sich an Max Dauthendey, dem Farbensymbolisten, dem Telegrammlyriker Arno Holz, dem Träumer Johannes Schlaf, dem Lebensaestheten Loris, den Wienern überhaupt und endlich an einer Gruppe von Pfadsuchern nachweisen, welche das Gedicht außerhalb von Reim und Rhythmus neu aufrichten wollen. Alle diese haben mit ihrer Methode einen Teil jener vertrauensseligen Naivität eingebüßt, welche den Künstler dem Kinde so selig anähnelt, sie sind bewußter und überlegter geworden, und man muß vielleicht gerade deshalb ihre Offenbarungen etwas vorsichtiger entgegennehmen. Ein äußerer Grund mag neben anderen inneren persönlichen Bedürfnissen diese Schaffensweise in ihnen großgezogen haben: nämlich die starke Abnützung, welche alles lyrische Material im Laufe einer langen Entwickelung von den Minnesingern her, insbesondere durch die großen herzlosen Formalisten, die Bodenstedt u. a., hat erdulden müssen, und die damit verbundene Furcht, das Neue, was man zu sagen hatte, durch das alte, abgetragene Kleid zu entweihen und zu erniedrigen. Sie sind eben zu intellektuell geworden, diese Dichter. Sie übersehen, daß die neue Form des Neuen direkt und ohne weiters bestimmt wird einmal von seiner Art und dann von der Persönlichkeit, welche es ausspricht, so daß, die Aufrichtigkeit beider Faktoren vorausgesetzt, das Produkt notwendig von anderer Beschaffenheit sein muß als die Becher-Zecher-Reime aller seligen Mirza-Schaffy's. Es wird bei einem solchen naiv-vertrauensvollen Schaffen dem modernen Deutschen auch nicht geschehen, Ghasele, Ritornelle oder Sonette zustande zu bringen: das immer klarere Sich-Bekennen wird von selbst immer individuellere Gestalt annehmen, je mehr es unabsichtlich geschieht. Dem neuen Menschen – und der Künstler dürfte dieser Art am meisten entgegenwachsen – muß die Schönheit etwas Unwillkürliches geworden sein, etwas, das er nicht einmal als Steigerung, sondern endlich als normale Bewegung und Äußerung seines Wesens empfindet. Aber es ist noch weit bis dahin, und die Angst des Übergangsmenschen, zügellos zu werden, wenn er frei ist, auf der einen Seite, seine Abneigung, das wachsende Starke in sich durch alte Fesseln zu verderben, auf der anderen, erzeugt dieses Grübeln nach der Form. Alle vergessen sie dabei, daß die neue Form nur gefunden, nie aber gesucht werden kann und daß das neue Gesetz zum neuen Organismus sich verhält wie der Kohlenstoff zum Diamant; man kann aus diesem wohl das Element heraussondern, aber niemals wieder das arme Gas zu dem hellen Edelstein verdichten.

In dieser großen Gruppe von Suchern giebt es wieder Aufrichtige und Poseure, solche, welche ihre Funde still und bescheiden in der Praxis anwenden, und solche, welche bei jeder neuen Entdeckung überzeugt sind, nun – nicht etwa die ihrem eigenen Wesen adäquateste Art des Tönens, – sondern die Kunst überhaupt entdeckt zu haben. Sie entwickeln lange Theorien, welche den herrischen Ton des Eroberers tragen und für alle andersklingenden Weisen höchstens ein höhnisches Mitleiden übrig haben. Diese Thronprätendenten schaden sich indessen selbst am meisten; denn indem sie immerfort die Kunst entdecken, haben sie noch niemals Zeit gehabt, ihre Kunst zu erkennen, und gehen als ungewollte verbitterte Märtyrer in ihrer eigenen Manier unter. Die besten Belege dafür sind Holz und Schlaf. Sie entdecken alle 5 Jahre einmal die Kunst; daß diese eine Kunst jedesmal anders aussieht, haben sie im Eifer noch gar nicht bemerkt. Ihr erster großer Waffengang unter der Fahne des Realismus, dem sich Adler, Arent, Karl Henckell, R. M. von Stern u. a. angeschlossen haben, besaß noch eine Notwendigkeit, und das mutige Freikorps der ›Modernen Dichtercharactere‹ von 1885 hat gewiß dazu beigetragen, die neue Zeit heraufzuführen. Die Veteranen von damals sind auch heute meistens so klug, nicht immer wieder ihre Verdienste dadurch zu verkleinern, daß sie sie stets aufs neue betonen. Es ist sogar bezeichnend, daß mehrere von ihnen, wie Henckell und Stern, zu der sehr schätzenswerten und nicht gerade brotlosen Gilde der Verleger übergegangen sind, die sie früher so arg verachteten – und sich nunmehr nur noch aus Konkurrenzneid die Augen auskratzen. Arent aber, Holz und Schlaf können den alten Ruhm nicht vergessen. In 42 Gedichtbüchern und einigen kurzatmigen Zeitschriften und Anthologien war Herr Arent seither unablässig bemüht, seine eigene Bedeutung zu beweisen, er sah jedes Jahr einigemal den großen Morgen anbrechen und fühlte sich als Prediger in der Wüste und warf seitenlange Fehdehandschuhe bald dem bald jenem hin, so zahlreich, daß sich endlich keiner mehr bemühte, sie aufzuheben. Er hat sich selbst dabei verloren. Das ist schade; denn wer Geduld hat, könnte aus Arents 42 Büchern vielleicht ein kleines Bändchen Kunst zusammenstreichen, das für ihn Zeugnis gäbe. Anders Holz. Er besitzt viel weniger Talent, steht nur formal höher. Vieles, was wir zu seinem Besten zählen müssen, hat ihm Gott im Schlaf (ich meine im Johannes Schlaf) gegeben, der sich als die bei weitem tiefere und künstlerische(re) Natur darstellt. Mir ist, als wäre das Verhältnis der beiden ähnlich jenem zwischen dem Schwan von der Bober, Martin Opitz und seinem bei weitem größeren Zeitgenossen Paul Fleming, nur, daß Schlaf sich früher als jener von dem Druck der fremden Obmacht befreite und nun, spät genug, Eigenes zu sagen beginnt. Holz hatte durchaus einen Genossen notwendig, einen feintönenden Apparat, an welchem er die zartesten Schwingungen ablesen konnte, welche er im Orchester des Lebens niemals gefunden hätte, und wenn das nicht der arme Johannes Schlaf geworden wäre, hätte um ein Haar ein noch weicherer Mensch – Gerhart Hauptmann diese Rolle übernehmen müssen. Es war nahe daran. Denn der junge Hauptmann, der in völliger Unklarheit über seinen eigenen Weg und Willen bald bildhauerte, bald lange pathetische Gedichte schrieb, muß in diesem scharfen und raffinierten Theoretiker einen Augenblick lang den Heiland gesehen haben. Er ging darauf ein, mit. Holz gemeinsam ein Stück zu verfassen, und in den Hauptzügen ist der Plan von ›Vor Sonnenaufgang‹ wohl in gemeinsamen Gesprächen erörtert worden, bis der empfindliche Hauptmann das Drama allein schrieb und seine Dankesschuld an Holz abzahlte, indem er ihm sein Werk zu eigen gab. Und vielleicht ist nun auch der größere Ruhm des einstigen Jüngers einer der Gründe, weshalb Holz in einem Drama ›Die Sozialaristokraten‹ (der Realismus von vorvorgestern feiert drinnen seine Triumphe) und mit neuen Lyrik-Versuchen, ›Phantasus‹ betitelt, zu beweisen bemüht ist, daß er in der allerersten Reihe steht, womöglich auch noch vor ihr. Seine Gedichte muten an wie eine phantastische sinnliche Prosa, deren Worte bald 20 mannhoch in einer Zeile stehen, dann wieder allein oder zu zweit, abseits bleiben, ohne daß man einen genügenden Grund dieser Isolierung zu erkennen vermag. Hört man die Verse lesen, so kommt man gar nicht dazu, dies zu vermuten; was man dann vernimmt, ist eine bunte, teilweise unklare Prosa, in welcher dann und wann eine Allitteration oder eine onomatopoetische Verbindung auffällt oder durch Wiederholungen eine Störung bewirkt wird. Von dem neuen Rhythmus, der bei Mombert oft anklingt, dem breiten diphthongischen Wechselklang, der sich unterscheidet von dem engen Hebung-Senkung-Maß und mit diesem zu einer reizvollen Sensation aufwächst, kann ich in diesen Proben nichts finden. Der Realismus ältesten Stiles aber, den Holz nicht vergessen kann, giebt diesen Wortbildern eine überraschende Plastik und macht sie zu ganz interessanten knappen Prosaskizzchen, die in vernünftigen zahmen Zeilen und ohne die Prätension Neuschöpfungen zu sein, sich ganz wohl befinden würden. Maximilian Dauthendey hat durch seine kühne Farbensymbolik ein neues Element in die Lyrik gebracht, welches auch Holz hier mehrmals technisch verwertet. Aber wenn man näher zusieht, war die Farbe als Mittel, gewisse von ihrer sinnlichen Absicht verschiedene, meist dunkle Gefühlswirkungen hervorzubringen, schon vor Dauthendey dem E. T. A. Hoffmann zum Beispiel bekannt, und auch das musikalische Pendant, Tönen unwillkürlich gewisse Farbennuancen zu unterlegen ist allen aufrichtigen Gebildeten eine alte Erfahrung. Die Wissenschaft ist ganz gewiß unterwegs, festzustellen, daß alle diese Erscheinungen peripherische Schwingungen darstellen, welche, von einem gemeinsamen Zentrum ausgehend, uns nur deshalb andersartig zum Bewußtsein kommen, weil unsere beschränkten Organe immer nur Stücke dieses weiten Kreises wahrzunehmen vermögen. Warum sollte also nicht auch hier die Kunst vorausgehen und mit diesen Mitteln neue Pfade finden in die Teilnahme des einzelnen? Daß gerade diese feinsten Mittel, die nur dort, wo sie nicht auffallen und solange sie nicht auffallen, einen Zweck erfüllen können, zum Kunstprinzip einer schwächlichen, einseitigen Poesie gemacht werden, ist mit ein Grund, daß man die neuen Kunstbestrebungen im Publikum so fremd und mißtrauisch betrachtet, wenn man ihnen nicht überhaupt den Rücken kehrt. – Es ist eine Art berechtigtes Gekränktsein in diesem Abwenden, denn es ist in der Tat brutal von dem Künstler, eine so feine Erkenntnis vergröbert zu verwenden. Der Laie findet mit Schrecken, wie die Dichtung eine seiner kaum bewußten, ganz intimen Empfindungen immer und immer wieder in widerlicher Beredtsamkeit dem und jenem verrät, er fühlt sich persönlich verwundet durch diese Indiskretion, und beschämt kommt er dazu, fanatisch zu leugnen, daß solche Dinge in ihm jemals vorgehen könnten. »Ich habe niemals Töne gesehen und niemals Farben gehört«, schreit er entrüstet wie einer, dem man nachweisen will, daß er verrückt sei. Und doch könnte die Kunst bei vornehmer und leiser Verwertung ihrer letzten Erkenntnisse in jedem Unvoreingenommenen ungeahnte seelische Reichtümer erwecken, ganz zarte Glocken zu leisem beglückenden Erwachen bringen und helle Perspektiven aufdecken wie alte Träume oder Erinnerungen.

Eine Gruppe von Künstlern weiß ich, welche alle die neuen und intimen Mittel kennt und sie mit Takt und mit der nötigen Zärtlichkeit, ohne brutale Übertreibung und technische Betonung anwendet, und es ist lieb, daß es eine uns nahe, nachbarliche Kunst ist, die sich dieses Vorzuges rühmen kann: Die Wiener Kunst. Eines haben die Wiener vor denen im Reich und vor vielen anderen voraus: sie haben Geschmack. Und mögen sie in ihrer Tätigkeit noch so bewußt und übermütig werden, immer bleibt dieses ganz Unbewußte neben ihnen wie ein treuer heimlicher Schutzgeist. Es war ein so langer Stillstand in Wien, und es ist ein Beweis des schönen österreichischen Temperamentes, daß der erste Versuch zu so reicher und reifer Blüte führen konnte. Und wenn diese Kunst der Loris und Altenberg auch nur eine Epoche war und in schöne Manier erstarrt, sie werden nie mehr ganz einschlafen, die Wiener, selbst wenn kein solcher Schönheitsbüttel mit seinem kleinen Zorn und seiner großen Phrase hinter ihrer ästhetischen Schlafmützigkeit her sein sollte wie Hermann Bahr.

Zunächst ein paar Worte über diesen Vielgenannten. Da giebt es solche, welche ihn nur lächerlich finden, und solche, welche sogar lächeln über ihn. Den einen gilt er für banal und dumm, den einen für klug und geistreich, man kann Leute treffen, die einen Künstler in ihm erkennen, neben solchen, die ihn als Kritiker schätzen, und nicht weit davon andere, welche ihm alle Fähigkeit zu beiden Berufen absprechen möchten. Alle haben recht und unrecht zugleich. Das macht: Hermann Bahr ist gewiß alles das schon gewesen, und was er noch nicht war, das wird er alles noch mal – scheinen. Er ist nämlich gar keiner. Er ist nur eine Art Widerhall der jungen Wiener. Wie ein Schatten wiederholt er ihr Wesen in breiteren, dunklen Dimensionen und vergrößert und vergröbert die feinen leisen Bewegungen dieser vornehmen Ästheten, die er auch nur so versteht, wie er sie verkündet. Er weiß gar nicht viel von ihrer Kunst, aber für manches Unausgesprochene, Namenlose darin erfindet er einen glatten glänzenden Namen und schleudert den mit ›schöner Güte‹ in die staunende Menge. Er fühlt sich als der Gebende dabei und kommt oft so weit, diese Rolle auch denjenigen gegenüber, deren tönendes Werkzeug er wurde, fortzuspielen. Das macht das Publikum irre; die Leute benehmen sich dann oft wie Kinder, welche den betreßten Lakaien auf dem Bock für den König halten, weil sie hinter seinem Talmiglanz den blassen ernsten Mann im Wagen gar nicht bemerken. So geschieht es wirklich: die Fernerstehenden halten Bahr für das, was er, mühselig genug, nachahmt, und er, dessen einziges Talent die Pose ist, weiß wohl die Meister zu verdecken, welche er verkündet.

So kommt es, daß der Name Loris immer noch wie ein Märchen klingt; nur wenig Eingeweihte finden die seltsam prächtigen Verse des Loris oder Hugo von Hofmannsthal, wie er eigentlich heißt, in den kaum zugänglichen ›Blättern für die Kunst‹, die nur in einem geladenen Leserkreis beschränkte Verbreitung finden, oder auf den Seiten des ›Pan‹, wo sie wie in Marmor gegraben, mit stillen, stolzen Lettern prangen. Dieser stille Stolz entspricht am besten der Eigenart seiner glänzenden Gedichte, deren tiefster Zauber darin zu beruhen scheint, daß sie, unzufrieden mit ihrer eigenen breiten Pracht, einem noch größern, ewigen Glanz sich entgegensehnen. Sie sind wie einsame Frauen, diese Verse, die, reich an Geschmeid und Gewand; am Rande blühender Gärten warten auf irgendeine letzte leuchtende Erfüllung. Loris hat ja gewiß von Frankreich her manche Geste übernommen, und er träumt manchen Farbentraum einem Baudelaire oder einem Mallarmé nach; aber diese verschiedenen romanischen Erbstücke waren seinem reichen, ursprünglichen Besitz so verwandt, daß man sie nun kaum mehr zu sondern vermag.

Während Loris aus lauter Ehrfurcht vor der würdigen Schönheit auch Formsucher wurde, glaube ich, daß Peter Altenberg die seinen Stoffen so ungeheuer passende Gestalt unwillkürlich aus dem aufrichtigen Geständnis heraus gewonnen hat und daß er sie erst, seit er berühmt wurde, bewußt und deshalb lange nicht mehr mit derselben Keuschheit, wenngleich immer noch graziös handhabt. Er ist der erste Verkünder des modernen Wien. Seine hohe gesellschaftliche Reife (fast Überreife) findet sich in diesen Skizzen ebenso wie die biedermeirische Gemütlichkeit, der lichte Frohsinn seiner Häuserstirnen, die ewige Festlichkeit seiner Ringe, die beständig einem Makartzug oder einer Kompagnie Deutschmeister entgegenzuwarten scheinen, und dann wieder die traurig rauschende Melancholie seiner Gärten – Alles ist in diesen Skizzen mit der größten Pünktlichkeit – nicht beschrieben, – eben nur notiert, festgestellt, sozusagen in aller Unschuld konstatiert. Es liegt eine unsagbare primitive Schönheit darin. Wien hat plötzlich seine Sprache gefunden: es baut sich gleichsam nochmals auf aus seinen innersten Elementen und wird ein Wien neben Wien, ein Wien im Spiegel – wie hinter einem Glas, weit, blaß, glänzend!

Mit Altenberg komme ich zu denjenigen Lyrikern (denn er gehört zu diesen, nicht zu den Novellisten), welche die alte Gedichtform auch nicht mehr äußerlich durch unmotiviert endende Verszeilen simulieren, sondern klipp und klar eingestehen, daß sie ›Gedichte in Prosa‹ schreiben. Diese Aufrichtigkeit ist sehr lobenswert, man weiß gleich, wie man sich gegen sie zu kehren hat. Und es sei denn ein für allemal gesagt, daß das Wesen des Gedichtes keineswegs mit dem Reim und dem Rhythmus steht und fällt; denn wo es sich darum handelt, letzte Empfindungen in der unwillkürlichsten, also individuellsten Form austönen zu lassen, ist neben anderen auch eine Form möglich, welche der Prosa ziemlich ähnelt, Aber sie wird sich doch nie mit der Prosa der betreffenden Persönlichkeit verwechseln lassen, denn auch dieses Werk muß, als ein unbewußtes Tönen, dem bewußten, von Intellekt und Überlegung geleiteten Erzählen gegenüber, Rhythmus haben, – nämlich den Rhythmus der ganzen Persönlichkeit, und also immer noch eine höhere gebundene Form darstellen als jede noch so poetische Prosa. Deshalb ist das ›Gedicht in Prosa‹ eine durchaus falsche und irreführende Bezeichnung, und jeder Schaffende, welcher denkend und nicht gewohnheitsmäßig seine Schöpfungen also benennt, gesteht ja im Vorhinein zu – etwas – ›in Prosa‹ verfaßt zu haben und steht dem, der von Gedichten zu sprechen hat, nicht mehr im Wege. Auch ist es ganz überflüssig, einen solchen Wink mit dem Zaunpfahl zu geben; denn hat einer, welcher zu lesen versteht, ein solches Buch durchwandert, ohne sich klar geworden zu sein, ob es Gedichte wären, so sind es gewiß keine – und, wer das Lesen noch nicht gelernt hat, fühlt sich durch die beschränkende Titelmarke nur vergewaltigt oder beschämt. Seit man es aufgegeben hat, den Wert und die Eigenart lyrischer Geständnisse durch die kleidsamen, uniformen Trachten des Sonetts, der Stanze u. a. zu beeinträchtigen, schreibt eben jeder seine ganz persönlichen Verse (worunter ja dann und da ein Madrigal oder ein Sonett mit unterlaufen kann), und diejenigen Arten derselben, welche die Zeilen füllen statt 3-5 cm vom Rande zu enden, anders zu benennen, dazu liegt doch nicht der geringste Grund vor. Es kann in der einen Gestalt wie in der anderen sich etwas darstellen, was trotz allem und allem kein Gedicht ist, und das reinreimigste Sonett ist noch lange nicht die Gewähr, Gedicht zu sein, wie die randvollste Seite niemals eine Gefahr bedeutet dafür. Wohl aber ist es eine große Bequemlichkeit für jene, welche weder Gedichte noch Prosa zustande bringen, die unglaubliche Verschwommenheit ihrer Pubertätsprosa mit der Bezeichnung ›Gedichte‹ zu adeln. Das sind diejenigen, die, um ihrer unreinen Reime willen aus dem Paradies kleiner Winkelblättchen vertrieben, zur Überzeugung kommen, daß die Prosa doch ›das Leichtere‹ sei. Das ist ein sündhafter Irrtum. Einem Jüngling, der in sich lauscht, kann früh, in erster Unreife ein unsterbliches, ewiges Lied gelingen; er kann der Leidende dabei sein, es kann ihm geschehen, wie ein Traum ihm geschieht: er ist unschuldig daran. Es ist nicht ein Beweis für seine Kraft, sondern vielleicht für seine Reinheit, für das Klingende seines Gemüts, für ein zeitiges Erwachen seiner Seele. – Eine gute Prosa muß ihm deshalb auch 15 Jahre später nicht gelingen; denn diese ist nicht unbewußtes Gestehen, sondern bewußtes hartes Ringen mit Stoff und Form, ernste Männerarbeit.

Daher habe ich oft arges Mißtrauen gegen die Verfasser von ›Gedichten in Prosa‹. Ihr Buch beweist, daß sie keine Gedichte machen können, und ein eventuell beigelegter Brief beeilt sich zu bestätigen, daß die einfachste Prosa ihnen auch ziemlich schwer fällt. Wenn die sogenannte Form ›Gedichte in Prosa‹ vollends ein ganzes Buch von 200-300 Seiten beherrscht, liegt der Gedanke nahe, daß nur einige darunter Gedichte sein können, andere aber gezwungen waren, sich eben nach dem Willen des Verfassers zu verkleiden. Denn dieses Gewand kann nur ganz bestimmten Gefühlsstoffen unwillkürlich gewesen sein, und ein Band davon ist eine ebensolche Vergewaltigung des intimen Empfindens wie ein Band von Sonetten. Es ist übrigens eine grunddeutsche Eigenschaft, die Uniformierungssucht des Deutschen, eine Art von Gefühlsvereinsmeierei mit gemeinsamem Statut und zwillingsgleichen Jacken...

Nur bei Altenberg kann man dieselbe Form ein Buch lang, vielleicht auch zwei Bücher lang ertragen. Sein Stoffkreis ist verhältnismäßig eng, und jeder seiner leisen Beichten ist eben diese Form ganz natürlich. Wenn aber auch andere über die bisherigen Grenzen hinausgehende Stoffkreise drin anklingen werden, wird die Form schon als enge, gezierte Manier erscheinen, abgesehen davon, daß Peter Altenberg weitere Geständnisse nicht zu machen hat, wenn er aufrichtig sein und sich auch nicht wiederholen will. – Andere Versuche in diesem Sinne haben Caesar Flaischlen, Julius Hart, Johannes Schlaf und von Heimischen Alfred Guth gemacht. Sie sind jeder in seine Erfindung vernarrt, halten sie natürlich für die Form der Zukunft oder wenigstens für ihre Form, geben volle Bücher davon und bemerken nicht, wie sie manches schöne Gefühl um des harten Gesetzes willen zu Tode quälen. Alle Erfinder sehen nichts neben ihrer Erfindung und werden einseitig. Der Mensch, welcher das Lachen entdeckt hätte, würde zweifelsohne auf jede andere Äußerung hochmütig verzichtet haben. Und so sind diese auch. Am meisten ›Gedichte‹ dürften in dem neuen Buche Caesar Flaischlens stehen. Er ist wie alle, die den Realismus hinter sich haben, ein guter Beobachter und feinhöriger Künstler geworden, der aus reichen inneren Quellen schöpft, und sein jüngstes Buch (›Von Alltag und Sonne‹) ist in diesem Sinne um so glücklicher, als es eine Nachernte seines intimen Erlebens (etwan von 1891 bis 97) enthält. Briefstellen, Postkartenzeilen und Tagebuchblätter sind mit feinem, wählerischem Geschmack aneinandergereiht wie verblaßte Blumen. Ihre versonnene Schönheit aber lebt von der zärtlichen Erinnerung, mit welcher der Dichter sie umsorgt. Hier kann das Zufällige der Entstehung und die aufrichtige Mitteilung Bürge sein für die Notwendigkeit dieser Form. Sie rechtfertigt sich selbst durch die innige Teilnahme, mit welcher sie Lieder und Skizzen begleitet. Vor hohen und hellen Gefühlen geht sie auf wie ein Meer, und dann wieder überwölbt sie mit leisen schützenden Rhythmen irgendeine innige Bangigkeit. Das sucht auch Alfred Guth zu erreichen, und er hat bei sich selbst manches schöne Geständnis erlauscht. Nur seine Form wird leicht enge und monoton und scheint mir stark von Altenberg beeinflußt. – Johannes Schlaf hat von seinem neuen zweiten Teil von ›In Dingsda‹ erst ein paar Bruchstücke im ›Pan‹ veröffentlicht, die eine an Verschwommenheit grenzende Weichheit und

Empfindlichkeit besitzen. Zu ähnlichen Wirkungen gelangt Julius Hart, der, nachdem er die ganze neue Kunst, lehrend und wehrend, in seinen oft trefflichen Kritiken begleitet hat, in seinem Buch ›Stimmen in der Nacht‹ zwei formale Neuschöpfungen theoretisch erörtert. Es sind eigentlich Novellen, aber der Umstand, daß ihre Handlung in dem primären Gefühlsschauplatz, in der Seele einerseits zurückgehalten, andererseits dahin projiziert werden soll, nähert sie stark den subjektiven lyrischen Geständnissen und stellt sie also an den Rand meiner Betrachtung. Julius Hart meint so die ursprüngliche Höhe und Frische der Empfindungssensationen, gleichsam direkt, ohne den erkältenden Umweg durch die Komposition zu machen, in sein Werk hinüberzuleiten, und vergißt, daß dies wohl die Lyrik für ihre Gefühlselemente gestattet, die dreidimensionale Handlung aber in dieser Art niemals übertragbar ist. Er hat ein unhaltbares Mittelding zwischen Gedicht und Novelle geschaffen, welches stellenweise ganz Gedicht ist und da seine tiefe Poesie nicht verleugnet.

Alle Bücher, von denen ich hier gesprochen habe, nicht zum wenigsten die letztgenannten, haben ein Gemeinsames: ihre künstlerische Ausstattung. An Stelle der sinnlosen Clichés ist allenthalben ein begleitender Buchschmuck getreten, Papier und Druckertype sogar haben sich der Art des Buches besonders angepaßt.

Ein freudiges Zusammentun der Künste und Künstler macht sich bemerkbar. Nicht nur der Inhalt ihrer Werke ist freudig und erwartungsvoll, auch ihr äußeres Gewand wird würdig und feierlich. Und in alle Dinge steigt diese leise sehnsüchtige Schönheit; die Möbel, Teppiche und die kleinsten Dinge täglichen Gebrauches um euch wird sie ganz unvermutet verwandeln. Und plötzlich werdet ihr die einzigen sein, die noch die Nutzkleider des Alltags tragen. Und ihr werdet erschrocken auch eure Seelen schmücken zu dem festlichen Empfang der neuen Zeit, deren bescheidener, unbeholfener Verkünder ich sein will in diesen Worten!

Intérieurs

I. Man muß sie gesehen haben, diese kleinen und ganz kleinen Städte in meiner Heimat. Sie haben *einen* Tag auswendig gelernt; den schreien sie immerfort wie große graue Papageien in die Sonne hinein. Nah an der Nacht aber werden sie namenlos nachdenklich. Man sieht es den Plätzen an, daß sie sich bemühen, die dunkle Frage zu lösen, die in der Luft liegt. Das ist rührend und ein wenig lächerlich für den Fremden. Denn er weiß ohneweiters: giebt es eine Antwort – irgendeine –, dann kommt sie bestimmt nicht von den kleinen und ganz kleinen Städten meiner Heimat her, – sie mögen sich noch so ehrlich anstrengen, die Armen.

II. Wenn ich an kleine Mädchen denke, die gerade große Mädchen werden (das ist keine langsame zaghafte Entwickelung, sondern etwas seltsam Plötzliches), so muß ich mir hinter ihnen ein Meer denken, oder eine ernste, ewige Ebene oder sonst etwas, was man eigentlich nicht schauen, sondern nur ahnen kann und auch das nur in stillen, tiefen Stunden. Dann sehe ich die großen Mädchen ebenso groß, als ich die kleinen und kinderhaften winzig gewohnt war; – und weiß der liebe Himmel weshalb ich sie nun einmal so sehen will. Es hat alles seinen Grund. Aber die besten Dinge und Ereignisse sind doch die, welche ihre Ursache mit beiden Händen verdecken, sei es aus Bescheidenheit oder weil sie nicht verraten sein wollen.

III. Aber trotzdem: auch in den kleinen und ganz kleinen Städten meiner Heimat werden die kleinen Mädchen über Nacht große Mädchen. Ich kann es nicht hindern und kann auch nachträglich kein Meer hinter ihrem Rücken ausgießen, weil das zur Folge hatte, daß die jüngeren Brüder, die ihr Zehn-Uhr-Butterbrot noch in der Schule essen, beim Heimkommen erzählen müßten: »Was in der Geographie steht ist falsch. Und der Herr Lehrer hat gelogen. Er hat uns gesagt, daß das Meer tief unten beginnt, ganz am Rand der Landkarte von Österreich-Ungarn. Und nun ist es mitten im Königreich Böhmen – das Meer.« Und ich weiß, daß die kleinen Klugheiten überlegen lächeln bei solchen Erkenntnissen. Und doch ist das Lächeln über das Meer, das ich unerwartet mitten in Böhmen gemacht habe, lange nicht so licht, wie die Freude, mit welcher sie sich selber angesichts der blanken Dielen oder des Furchenfeldes befehlen: das ist das Meer. So will ich die Schöpfung diesen kleinen Allmächtigen überlassen und mich damit zufrieden geben, daß hinter den Mädchen, die ich meine, wirklich und wahrhaft die Ebene liegt.

IV. Freilich: es ist nicht die Ebene, die ich meine. Nicht die müßigen Moräste zwischen Lucca und Pistoja, über denen die Vögel schnell und ängstlich fliegen, als ob sie fürchteten müde zu werden mitten in dieser haltlosen Traurigkeit. Es sind nicht die faltigen Flächen der Mark, in denen wachsame Flügelmühlen auf den nächsten Wind warten. Und auch die Felder in Westpreußen sind das nicht, die schon fast Meer bedeuten und einen leisen breiten Wellenschlag haben, in dem sie das Gold ihrer Abende langsam sammeln. Es sind einfach die böhmischen Gebreite, reich und ruhig. Und man hebt sich nicht ab von ihnen, man wird nicht ein Einsamer. Immer sind ein paar Kirsch- oder Apfelbaume da, neben denen man unbedeutend und gesellig aussieht, man mag noch so allein und ratlos sein im Herzen.

V. Und, weiß Gott weshalb, ich denke, daß meine Mädchen also sind. Je mehr ihrer beisammen stehen, desto einsamer wird eine jede. Die welche hinzutritt zu dem schweigsamen Schwesterkreis, geht eigentlich fort und das Furchtbare ist, daß keiner weiß wohin. – Ein alter Mann hat mir einmal am Abend gesagt, daß alle Wege, die man nicht kennt, zu Gott führen. Er hat es bestimmt gewußt und ich glaube es ihm auch heute noch. Aber ich fürchte nur, daß meine Mädchen zu ganz verschiedenen Zeiten bei Gott ankommen, so daß die Ersten schon wieder weiter sind, wenn die Zögernden atemlos und mit heißen Gesichtern vor Ihm staunen. Auf diese Weise können sie sich nie und nirgends Alle wiedersehen. Wenn man nämlich annimmt, daß Nichts bei Gott bleibt, sondern über Ihn hinaus strebt, ja vielleicht erst recht anfängt sich zu rühren, wenn es Ihn gefunden hat.

VI. Meine Mädchen finden weder, noch suchen sie. Sie können sich überhaupt nicht erinnern, daß sie einmal gesucht haben. Sie wissen nur dunkel von verschiedenen Funden, die in die Zeit vor dem Groß-Werden gehören. Was sich ihnen damals wider Erwarten in die scheuen, braunen

Händchen schmiegte oder in die viel scheueren Herzen, das haben sie aufbewahrt all die Jahre lang; mochte es eine verbogene Brosche oder ein verlorenes Wort gewesen sein. Man sinnt so gern, wem die Dinge gedient haben und wozu. Ich habe mich immer, sooft ich einen Fund getan habe, wie ein Erbe gefühlt, der die Herrschaft antritt nach einem unbekannten König. Und aus dieser Erfahrung heraus behaupte ich, daß meine Mädchen die rechtmäßigen Erbinnen vergangener Frauen sind, die schöne und schwere Kronen getragen haben.

VII. Bei Knaben heißt Groß-Werden, mündig werden. Die großen Mädchen aber sind viel unmündiger als die kleinen. Die kleinen küßt man offen und oft; die großen möchte man heimlich küssen. Das ist ein Unterschied und sicher der seltsamsten einer. Die Knaben wachsen so stramm und stetig in ihr Mannsein hinein; auf einmal paßt es ihnen: du weißt nicht wie. Die Mädchen lassen plötzlich ihr Kinderkleid los und stehen furchtsam und frierend da am Anfange eines ganz anderen Lebens, in dem die Worte und die Münzen, welche sie gewohnt waren, nichts mehr gelten. Sie entwickeln sich nur bis an die Schwelle ihrer Reife regelmäßig und ruhig. Von da an verwirren sich die Uhren. Mancher Tag ist wie gar keiner und hinter ihm kommt eine Nacht, die ist: wie tausend Tage.

VIII. Alte Leute vom Land erzählen davon, daß die jungen Mädchen in der guten Zeit, die sie die ihre heißen, an den langen Nachmittagen des Herbstes zu Rocken gingen. In der großen gastlichen Stube, drin sich die ganze Freundschaft sittsam zusammenfand, saßen sie sinnend im Rund, und oft sprach das frühe Feuer für sie, das sich im dachigen Kachelkamin auf dem herrschaftlichen Holz behaglich ausstreckte. Ein Duft von weißem, feinem Linnen, hausbackenem Rosinenkuchen (nach geheimem Rezept) und heißem prasselndem Tannenharz, richtig gemischt und um meine gütige alte Tante Zdeni sorglich ausgebreitet, könnte wohl bewirken, daß der feinen, greisen Frau manches wieder einfiele, was sie fünfundvierzig Jahre vorher in dieser ahnungsvollen Atmosphäre empfand. Aber wir haben nicht die Mittel diesen wundersamen Weihrauch zu wecken, und meine gütige Tante Zdeni versichert, es müsse sich alles Schöne, was sie damals sann, fest in den Fäden der weißen Gewebe finden, die sie das ganze Jahr unberührt in dem Schranke aus mattem Mahagoni verwahrt hält; denn da es nicht in ihrem langen Leben war, wird es wohl in den Tischtüchern geblieben sein, meint sie.

IX. So ist es immer. Eher webt man seine Träume tief in Tücher ein, als daß man sie so neben dem Leben her wachsen ließe, in dem sie nicht genug Sonne hätten, um auszureifen. Wenn man zu Ende ist, läßt man sie in kleinen und scheinbar wertlosen, altmodischen Dingen zurück, die bis an ihr eigenes Zugrundegehen nichts verraten. Nicht etwa weil sie schweigen, sondern weil sie sentimentale Lieder singen in einer Sprache deren letzter Versteher gestorben ist und für welche es keine Wörterbücher und keine Lehrer giebt. So hilft mir denn auch meiner tugendsamen Ahnin, der Josepha Christin von Goldberg elfenbeinbesetztes Spinnrad nur schlecht zum Verständnis der rockenreifen Mädchen in den kleinen und ganz kleinen Städten meiner Heimat.

X. Sie müssen mir selber helfen. Wundersam ist die Hilfe der Hilflosen und heilig. Ihr Verstummen oder Staunen ist vielleicht ein stärkeres Beistehen als die riesigen Reden, die in der Überzeugung von neunundneunzig Gerechten gedeihen. Und dann: wenn du neunundneunzig Gerechte erst gefunden hast, verzichtest du sicher gerne darauf, sie auch noch reden zu hören; denn es waren dann vielleicht gar nicht mehr neunundneunzig. Meiner Mädchen indessen sind mühelos mehr. Denn wenngleich ich nur die in meiner Heimat zahle, weiß ich doch, daß aus allen Orten, in denen ich ein Ave läuten gehört habe, Viele leise mitgehen, und ich tue als ob ich es nicht bemerkt hätte. So wachst die Wanderzahl langsam an, und ich habe Mühe die Menge zu überschauen, die sich dunkel an mir vorüberdrängt.

XI. Sie sind Schwestern von Gewand. Sie sind Verwandte in ihrer Angst, Abschiednehmende in ihrer Freude und Fremde von Herz zu Herz. Sie haben das Gemeinsame *um* sich und *in* sich je eine eigentümliche Einsamkeit, in der Gebräuche und Gebete gelten, von denen wir uns nicht träumen lassen. Sie sind jede wie eine Religion, die vom Munde eines offenbarenden Gottes unterwegs ist: die zu einem verschmachteten Geschlecht, zu einem schwachgeschwelgten

Stamme jene. Sie tragen jede eine Schale voll Erfüllung in den rhythmisch zitternden Händen, aber keine weiß, an welche Lippen ihr glänzendes Gefäß grenzen wird.

XII. In den Büchern stehen die Geschicke derjenigen aufgezeichnet, die besonders glücklich oder unglücklich, besonders heilig oder besonders häßlich von Herzen waren. Dann Episoden aus dem Leben einer jeden; Hoffnungen und Heimlichkeiten, Ohnmachten und Offenbarungen geordnet nach dem Alphabet des Alters und der Erfahrung. Man spricht dort entweder von den Mädchen auf dem Land, oder von den Mädchen in den Städten, oder wohl gar von einem einzigen Mädchen, welches aus dem einen Rahmen in den anderen geschoben wird. Man beschreibt dort entweder ein Mädchen dem nichts oder ein solches dem Alles geschieht; oder mit besonderer Vorliebe wählt man auch da ein Beispiel, an dem sich beides der Reihe nach zeigen läßt, welches als sehr lehrreich und spannend empfunden wird. Das ist nun einmal so Sitte geworden in den Romanen und bei denen, welche sich mit dem Erdichten von Geschichten, Begebenheiten und Schicksalen befassen.

XIII. Man kann nichts gegen diese ruhige und beschauliche Beschäftigung vorbringen; denn die Geschichte des Zoroaster, des Plato, Jesu-Christi, des Columbus, des Lionardo und des Napoléon und noch mehrerer Menschen mußte geschrieben werden, das heißt sie schrieb sich sozusagen von selbst. Eine jede dieser handelnden Personen zog eine Furche in das große graue Gehirn der Erde, und wir alle tragen eine kleine Reproduktion dieses Urhirnes in uns, nach der Art der Taschenuhren oder der kleinen runden Kompaßpillen, die anzeigen, wo die Sonne aufgeht über einen biederen Bürgerbauch. Später entstand auch die Geschichte seltener Frauen; doch da war schon ein leises Beihelfen notwendig und für das geozentrische Haupthirn war eine Logik und eine Mnemotechnik erfunden worden, auf welche selbst die Historiker von heute stolz sind. In den jüngsten, halbverhallten Jahrhunderten hat man sich immer mehr um das »*paysage intime*« bemüht, will sagen, man hat die Geschichte der namenlosen Menschen erzählen wollen. Der Eine oder der Andere glaubte nämlich bemerkt zu haben, daß eine Schlacht nicht notwendig bei Thermopylä, Hastings oder Austerlitz, sondern gelegentlich bei Angst, Sehnsucht oder Undank Raum hat, und daß nicht jede Entdeckung auf ein Amerika, nicht jedes Erfinden auf Pulver, Dampfmaschine oder Luftschiff fallen muß, um bedeutend und in einem bestimmten Begriff fruchtbar zu sein. Dabei ist es üblich geworden, statt beglaubigter Helden, glaubhafte hinzustellen. In dieser Absicht zerreißt man seit vielen Jahrzehnten die Heroen der Vergangenheit und die brauchbaren Zeitgenossen und fügt aus unkenntlichen Stücken neue und immer neue Möglichkeiten zusammen, die sich wie interessante oder seltsame Menschen ausnehmen sollen, wenigstens wenn man sie im richtigen Licht und von einer bestimmten Stelle aus betrachtet. Man stellt unablässig Versuche an, erfindet Gesetzmäßigkeiten, vor denen ältere Gesetze mäßig erscheinen, und man hat große Freude, wenn man ein Präparat, dem man den Kopf statt auf dem Rumpf, auf der Zehe des rechten Fußes angeheftet hat, eine Weile lebendig erhält. Dabei wird man klug. Das heißt man legt sich eine Sammlung mehr oder minder ernster Erfahrungen an und muß immer noch ein Zimmer zu mieten, um alle Früchte des rüstigen Forscherfleißes unter Dach zu halten. Bei einer solchen Sichtung werten natürlich die seltenen Arten und unerwarteten Nuancen am schwersten. Und es mag sein, daß reife Menschen, die sich heftig von ihrer Umgebung abheben, merkwürdige Dinge erleben und das obendrein auf die merkwürdigste Art. Man pflegt zu sagen: ihr »Schicksal« begründe das größere Interesse, und man meint damit zweierlei: das, was ihnen von außen zustößt, und ihr Verhältnis und Verhalten den Angriffen und Eindrücken gegenüber.

XIV. Wenn ich aus meinen vielen Mädchen und einigen Bruchstücken Jeanne d'Arc, Charlotte Corday und Katharina Emmerich / um nur *eine* Mischungsmöglichkeit zu streifen / *eine* Gestalt zusammenfüge, dann kann auch ich mich einer Heldin rühmen, die, wenn sie sich erst ans Bücken gewöhnt hat, in den Häusern der kleinen Städte gern und gastlich verkehren wird. Aber meine Mädchen seh ich bange werden. Sie fürchten, ich würde sie über alle Abgründe zu einander zerren, und von der Einen das und von der Zweiten ein Anderes und von keiner *alles**
wollen; sie haben Angst, daß sie als Halbverschmähete mit der halben Habe in den enttäusch-

ten Händen zurückbleiben, wie weiße Rosen durch die ein Sturm gegangen ist mit breiten, rücksichtslosen, schrecklichen Schultern.

XV. Da sehe ich in ihren Gesichtern und Gestalten hundert und hundert Bangigkeiten. Klare und dunkle, traumhafte und wachsame, entsagende und sehnsüchtige Ängste drängen auf mich zu oder fliehen furchtsam vor meinem Blick ins Unbestimmte. Da weiß ich, daß ich nicht zehn oder zwanzig Mädchen zu einer Heldin zusammenzwingen darf. Ich muß vielmehr die Eine, an die ich denke, ausbreiten über alle tausend Schwestern, die sie immer begleiten. Nur wenn ich von tausend Mädchen rede, wird es scheinen, daß ich von einem etwas Liebes und Heimliches weiß; nur wenn unzählige ihre Stimmen vor einen, wird auch der Fernste und der Traurigste einen Hauch jenes hohen Liedes spüren, das seinesgleichen nicht hat.

XVI. Fra Fiesole hat in den großen Freskobildern, auf denen er einsame strenge Gestalten darstellt, in jeder die Hoffnung auf den Himmel schlicht und schön ausgesprochen. Aber auf den vielen, vielen gottatmenden Angesichten der Engel des »Jüngsten Gerichtes« hat der Himmel selber mit Heiterkeit und Hoheit und Hymnen Raum. Sie sind das farbenfältige Mosaik seiner Macht, und es giebt seiner kein Bild, welches gleich groß und reich und ergreifend wäre.

XVII. Frauen hat es viele gegeben. Müde, wie die blonde Maria, böse wie Berechta von Rosenberg, welche vor dem Tode her leise durch Böhmens Burgen geht, und gute wie Elisabeth, die liebliche Landgräfin von Thüringen, deren Bangnis Rosen aus Brot blühen heißt. Und dann die vielen Mütter überhaupt. Aber hat es schon Mädchen gegeben vor meinen Mädchen? Auf keinem Wege kannst du die Spur solcher Füße finden. Umsonst suchst du diesen leichten Abdruck in allem Sand. Er ist wie ein Mal auf der Wange eines Kindes, das auf seinem Händchen geschlafen hat. Winzige Mulden bleiben im Weg, wie unter der Last einer Liebkosung zurück – hinter den Mädchen; vor ihnen ist Alles glatt und blank. Entweder sind sie also die ersten, oder die vor ihnen sind immer über Wiesen gegangen oder über dunkles, duftendes Moos oder über das Meer?

XVIII. Wird jemand wissen: daß auch auf dem Steinpflaster des Bürgersteiges kein Bild des Fußes bleibt. Darauf ist zu antworten: daß es in diesen kleinen Städten noch nicht allzuviel eingemauerte Gassen giebt. Wenigstens der Fahrdamm ist fast überall noch ein Strom Staubes, aus dem man sich nach den festeren Rändern retten mag. Aber meine Mädchen schreiten mitten durch; immer dort, wo sie viel Himmel über sich fühlen, und auf kleinen weißen Wolken gehn sie durch die ganze Stadt. Mit keinem Woher hinter sich und so ohne Wohin. Gehen einfach. Vielleicht, damit sie ihr Blut nicht so laut branden hören. Gehen im tastenden Takte dieses heimlichen Wellenschlages. Sind der stille Strand ihrer ruhlosen Unendlichkeit. Finden niemals den gleichen Schritt. Wanken gegen einander, wie von vielen, feindlichen Winden bewegt. Winken jede anderswohin. Wenden zögernd an der Ecke um, wenn der Wind ihnen Worte von den Lippen reißt, die sie noch nicht gewollt haben. Den gleichen Weg kommen sie zurück, und immer wieder wandern sie hin und her zwischen zwei Gassen. Wie Wartende sind sie. Irren immer in einer einzigen Viertelstunde herum. Statt hinauszuziehen in die Zeit wie eine weiße Prozession mit einer fremden feurigen Fahne.

XIX. Geh hinter ihnen einmal. Unwillkürlich senkt sich dein Blick; denn ihre lichten Kleider blenden. Dein Auge fällt mit halbversengten Flügeln auf den Fahrdamm, der wie ein breites Buch und aufgeschlagen ist. In seine Blätter haben vergangene Wagen Linien gelegt. Und das ist gut. Denn die Schritte der Mädchen können nicht grade schreiben. Viele Schriften führen die Furchen entlang. Auf und ab. Als ob jemand bei Nacht geschrieben hätte oder wie Briefe von Blinden. Und doch merkt man bei einiger Mühe und Übung, daß das lauter lange Gedichte sind, Improvisationen, durch die wachsend und wechselnd ein seltsamer Rhythmus rinnt. Die gleichen Reimworte kehren immer wieder. Wie Flehende. Du findest dieselben an allen Türen warten. Rührende, schlichte Worte sind es, Lauten, welche nur eine einzige Saite haben. Eine silberne, – denkst du; und du lässest dich von ihrem Ton begleiten bis in den Traum.

XX. Wenn meine Mädchen wandern und sich bewegen, schwanken ihre Seelen langsam wie Kähne, die an ein unruhiges Ufer gebunden sind. – Denn ihre Seelen sind Gondeln von Gold und voller Ungeduld. Sie sind ganz verhangen mit alten, sanften seidenen Stoffen, so daß es ewig dämmert in ihnen. Die Mädchen lieben dieses duftende Dunkel mit seinen schönen unerschöpften Möglichkeiten. Sie wohnen darin. Selten, wenn die Falten des Vorhangs sich rühren, ritzt sie das Licht. Und sie staunen dann einen Augenblick ein Stück Stube an oder einen Garten, der gerade Abend hat. Und sie erschrecken leise, daß es Stube und Garten und Abend giebt. Und sie heben die Furcht vor diesen vielen Dingen in das seidene Dunkel ihres Lebens hinein und falten die Hände davor. So sind ihre Gebete..

    XXI..

....

....

Notizen zur Melodie der Dinge

I. Ganz am Anfang sind wir, siehst du. Wie vor Allem. Mit Tausend und einem Traum hinter uns und ohne Tat.

II. Ich kann mir kein seligeres Wissen denken, als dieses Eine: daß man ein Beginner werden muß. Einer der das erste Wort schreibt hinter einen jahrhundertelangen Gedankenstrich.

III. Das fällt mir ein: bei dieser Beobachtung: daß wir die Menschen noch immer auf Goldgrund malen, wie die ganz Primitiven. Vor etwas Unbestimmtem stehen sie. Manchmals vor Gold, manchmals auch vor Grau. Im Licht manchmals, und oft mit unergründlichem Dunkel hinter sich.

IV. Man begreift das. Um die Menschen zu erkennen, mußte man sie isolieren. Aber nach einer langen Erfahrung ist es billig, die Einzelbetrachtungen wieder in ein Verhältnis zu setzen, und mit gereiftem Blick ihre breiteren Gebärden zu begleiten.

V. Vergleiche einmal ein Goldgrundbild aus dem Trecento mit einer von den zahlreichen späteren Kompositionen italienischer Frühmeister, wo die Gestalten zu einer Santa Conversazione vor der leuchtenden Landschaft in der lichten Luft Umbriens sich zusammenfinden. Der Goldgrund isoliert eine jede, die Landschaft glänzt hinter ihnen wie eine gemeinsame Seele, aus der heraus sie ihr Lächeln und ihre Liebe holen.

VI. Dann denke an das Leben selbst. Erinnere dich, daß die Menschen viele und bauschige Gebärden und unglaublich große Worte haben. Wenn sie nur eine Weile so ruhig und reich waren, wie die schönen Heiligen des Marco Basaiti, müßtest du auch hinter ihnen die Landschaft finden, die ihnen gemeinsam ist.

VII. Und es giebt ja auch Augenblicke, da sich ein Mensch vor dir still und klar abhebt von seiner Herrlichkeit. Das sind seltene Feste, welche du niemals vergißt. Du liebst diesen Menschen fortan. Das heißt du bist bemüht die Umrisse seiner Persönlichkeit, wie du sie in jener Stunde erkannt hast, nachzuzeichnen mit deinen zärtlichen Händen.

VIII. Die Kunst tut dasselbe. Sie ist ja die weitere, unbescheidenere Liebe. Sie ist die Liebe Gottes. Sie darf nicht bei dem Einzelnen stehen bleiben, der nur die Pforte des Lebens ist. Sie muß ihn durchwandern. Sie darf nicht müde werden. Um sich zu erfüllen muß sie dort wirken, wo Alle – *Einer* sind. Wenn sie dann diesen *Einen* beschenkt, kommt grenzenloser Reichtum über Alle.

IX. Wie weit sie davon ist, mag man auf der Bühne sehen, wo sie doch sagt oder sagen will, wie sie das Leben, nicht den Einzelnen in seiner idealen Ruhe, sondern die Bewegung und den Verkehr Mehrer(er) betrachtet. Dabei ergiebt sich, daß sie die Menschen einfach neben einander stellt, wie die im Trecento es taten, und es ihnen selbst überläßt sich mit einander zu befreunden über das Grau oder das Gold des Hintergrundes hin.

X. Und darum wird es auch so. Mit Worten und Gesten suchen sie sich zu erreichen. Sie renken sich fast die Arme aus, denn die Gebärden sind viel zu kurz. Sie machen unendliche Anstrengungen die Silben einander zuzuwerfen und sind dabei noch herzlich schlechte Ballspieler, die nicht auffangen können. So vergeht die Zeit mit Bücken und Suchen – ganz wie im Leben.

XI. Und die Kunst hat nichts getan, als uns die Verwirrung gezeigt in welcher wir uns meistens befinden. Sie hat uns beängstigt, statt uns still und ruhig zu machen. Sie hat bewiesen, daß wir jeder auf einer anderen Insel leben; nur sind die Inseln nicht weit genug um einsam und unbekümmert zu bleiben. Einer kann den Anderen stören oder schrecken oder mit Speeren verfolgen – nur helfen kann keiner keinem.

XII. Von Eiland zu Eiland giebt es nur eine Möglichkeit: gefährliche Sprünge, bei denen man mehr als die Fuße gefährdet. Ein ewiges Hin- und Herhüpfen entsteht mit Zufällen und Lächerlichkeiten; denn es kommt vor, daß zwei zueinander springen, gleichzeitig, so daß sie

einander nur in der Luft begegnen, und nach diesem mühsamen Wechsel ebenso weit sind
Eines vom Anderen – wie vorher.

XIII. Das ist weiter nicht wunderlich; denn in der Tat sind die Brücken zu einander, darüber man schön und festlich gegangen kommt, nicht *in* uns, sondern hinter uns, ganz wie auf
den Landschaften des Fra Bartholome oder des Lionardo. Es ist doch so, daß das Leben sich
zuspitzt in den einzelnen Persönlichkeiten. Von Gipfel zu Gipfel aber geht der Pfad durch die
breiteren Tale.

XIV. Wenn zwei oder drei Menschen zusammenkommen, sind sie deshalb noch nicht beisammen. Sie sind wie Marionetten deren Drähte in verschiedenen Händen liegen. Erst wenn
eine Hand alle lenkt, kommt eine Gemeinsamkeit über sie, welche sie zum Verneigen zwingt
oder zum Dreinhauen. Und auch die Kräfte des Menschen sind dort, wo seine Drähte enden
in einer haltenden herrschenden Hand.

XV. Erst in der gemeinsamen Stunde, in dem gemeinsamen Sturm, in der einen Stube, darin
sie sich begegnen, finden sie sich. Erst bis ein Hintergrund hinter ihnen steht, beginnen sie
miteinander zu verkehren. Sie müssen sich ja berufen können auf die *eine* Heimat. Sie müssen
einander gleichsam die Beglaubigungen zeigen, welche sie mit sich tragen und welche Alle den
Sinn und das Insiegel desselben Fürsten enthalten.

XVI. Sei es das Singen einer Lampe oder die Stimme des Sturms, sei es das Atmen des
Abends oder das Stöhnen des Meeres, das dich umgiebt – immer wacht hinter dir eine breite
Melodie, aus tausend Stimmen gewoben, in der nur da und dort dein Solo Raum hat. Zu wissen,
wann Du einzufallen hast, das ist das Geheimnis deiner Einsamkeit: wie es die Kunst des wahren
Verkehres ist: aus den hohen Worten sich fallen lassen in die eine gemeinsame Melodie.

XVII. Wenn die Heiligen des Marco Basaiti sich etwas anzuvertrauen hätten außer ihrem
seligen Nebeneinandersein, sie würden sich nicht vorn im Bild, drin sie wohnen, ihre schma-
len, sanften Hände reichen. Sie würden sich zurückziehen, gleich klein werden und tief im
lauschenden Land über die winzigen Brücken zueinander kommen.

XVIII. Wir vorn sind ganz ebenso. Segnende Sehnsüchte. Unsere Erfüllungen geschehen weit
in leuchtenden Hintergründen. Dort ist Bewegung und Wille. Dort spielen die Historien, deren
dunkle Überschriften wir sind. Dort ist unser Vereinen und unser Abschiednehmen, Trost und
Trauer. Dort *sind* wir, während wir im Vordergrunde kommen und gehen.

XIX. Erinnere dich an Menschen, die du beisammen fandest, ohne daß sie eine gemeinsame Stunde um sich hatten. Zum Beispiel Verwandte, die sich im Sterbezimmer einer wirklich
geliebten Person begegnen. Da lebt die eine in dieser, die andere in jener tiefen Erinnerung.
Ihre Worte gehen aneinander vorbei, ohne daß sie von einander wissen. Ihre Hände verfehlen
sich in der ersten Verwirrung. – Bis der Schmerz hinter ihnen breit wird. Sie setzen sich hin,
senken die Stirnen und schweigen. Es rauscht über ihnen wie ein Wald. Und sie sind einander
nahe, wie nie vorher.

XX. Sonst, wenn nicht ein schwerer Schmerz die Menschen gleich still macht, hört der eine
mehr, der andere weniger von der mächtigen Melodie des Hintergrundes. Viele hören sie gar
nicht mehr. Sie sind wie Bäume welche ihre Wurzeln vergessen haben und nun meinen, daß das
Rauschen ihrer Zweige ihre Kraft und ihr Leben sei. Viele haben nicht Zeit sie zu hören. Sie dulden keine Stunde um sich. Das sind arme Heimatlose, die den Sinn des Daseins verloren haben.
Sie schlagen auf die Tasten der Tage und spielen immer denselben monotonen verlorenen Ton.

XXI. Wollen wir also Eingeweihte des Lebens sein, müssen wir zweierlei bedenken: Einmal
die große Melodie, in der Dinge und Düfte, Gefühle und Vergangenheiten, Dämmerungen
und Sehnsüchte mitwirken, – und dann: die einzelnen Stimmen, welche diesen vollen Chor
ergänzen und vollenden.

Und um ein Kunstwerk, heißt: Bild des tieferen Lebens, des mehr als heutigen, immer zu
allen Zeiten möglichen Erlebens, zu begründen, wird es notwendig sein die beiden Stimmen, *die*

einer betreffenden Stunde und *die* einer Gruppe von Menschen darin, in das richtige Verhältnis zu setzen und auszugleichen.

XXII. Zu diesem Zweck muß man die beiden Elemente der Lebensmelodie in ihren primitiven Formen erkannt haben; man muß aus den rauschenden Tumulten des Meeres den Takt des Wogenschlages ausschälen und aus dem Netzgewirr täglichen Gespräches die lebendige Linie gelöst haben, welche die anderen trägt. Man muß die reinen Farben nebeneinanderhalten um ihre Kontraste und Vertraulichkeiten kennenzulernen. Man muß das Viele vergessen haben, um des Wichtigen willen.

XXIII. Zwei Menschen, die in gleichem Grade leise sind, müssen nicht von der Melodie ihrer Stunden reden. Diese ist ihr an und für sich Gemeinsames. Wie ein brennender Altar ist sie zwischen ihnen und sie nähren die heilige Flamme fürchtig mit ihren seltenen Silben. Setze ich diese beiden Menschen aus ihrem absichtlosen Sein auf die Bühne, so ist mir offenbar darum zu tun, zwei Liebende zu zeigen und zu erklären, warum sie selig sind. Aber auf der Szene ist der Altar unsichtbar und es weiß keiner sich die seltsamen Gesten der Opfernden zu erklären.

XXIV. Da giebt es nun zwei Auswege:

entweder die Menschen müssen sich erheben und mit vielen Worten und verwirrenden Gebärden zu sagen versuchen, was sie vorher lebten.

Oder:

ich ändere nichts an ihrem tiefen Tun und sage selbst diese Worte dazu:

Hier ist ein Altar, auf welchem eine heilige Flamme brennt. Ihren Glanz können Sie auf den Gesichtern dieser beiden Menschen bemerken.

XXV. Das Letztere erscheint mir einzig künstlerisch. Es geht nichts von dem Wesentlichen verloren; keine Vermengung der einfachen Elemente trübt die Reihe der Ereignisse, wenn ich den Altar, der die zwei Einsamen vereint, so schildere, daß Alle ihn sehen und an sein Vorhandensein glauben. Viel später wird es den Schauenden unwillkürlich werden, die flammende Säule zu sehen, und ich werde nichts Erläuterndes hinzu sagen müssen. Viel später.

XXVI. Aber das mit dem Altar ist nur ein Gleichnis, und ein sehr ungefähres obendrein. Es handelt sich darum, auf der Szene die gemeinsame Stunde, das worin die Personen zuworte kommen, auszudrücken. Dieses Lied, welches im Leben den tausend Stimmen des Tages oder der Nacht, dem Waldrauschen oder dem Uhrenticken und ihrem zögernden Stundenschlag überlassen bleibt, dieser breite Chor des Hintergrundes, der den Takt und Ton unserer Worte bestimmt, läßt sich auf der Bühne zunächst nicht mit den gleichen Mitteln begreiflich machen.

XXVII. Denn das was man »Stimmung« nennt und was ja in neueren Stücken auch teilweise zu seinem Rechte kommt, ist doch nur ein erster unvollkommener Versuch, die Landschaft hinter Menschen, Worten und Winken durchschimmern zu lassen, wird von den Meisten überhaupt nicht bemerkt und kam um seiner leiseren Intimität willen überhaupt nicht von Allen bemerkt werden. Eine technische Verstärkung einzelner Geräusche oder Beleuchtungen wirkt lächerlich, weil sie aus tausend Stimmen eine einzelne zuspitzt, so daß die ganze Handlung an der einen Kante hängen bleibt.

XXVIII. Diese Gerechtigkeit gegen das breite Lied des Hintergrundes bleibt nur erhalten, wenn man es in seinem ganzen Umfange gelten läßt, was zunächst sowohl den Mitteln unserer Bühne, wie der Auffassung der mißtrauischen Menge gegenüber untunlich erscheint. – Das Gleichgewicht kann nur durch eine strenge Stilisierung erreicht werden. Wenn man nämlich die Melodie der Unendlichkeit auf denselben Tasten spielt, auf denen die Hände der Handlung ruhen, das heißt das Große und Wortlose zu den Worten herunterstimmt.

XXIX. Dieses ist nichts anderes als die Einführung eines Chors, der sich ruhig aufrollt hinter den lichten und flimmernden Gesprächen. Dadurch daß die Stille in ihrer ganzen Breite und Bedeutung fortwährend wirkt, erscheinen die Worte vorn als ihre natürlichen Ergänzungen, und es kann dabei eine geründete Darstellung des Lebensliedes erzielt werden, welche sonst schon durch die Unverwendbarkeit von Düften und dunklen Empfindungen auf der Bühne, ausgeschlossen schien.

XXX. Ich will ein ganz kleines Beispiel andeuten; –

Abend. Eine kleine Stube. Am Mitteltisch unter der Lampe sitzen zwei Kinder einander gegenüber, ungern über ihre Bücher geneigt. Sie sind beide weit – weit. Die Bücher verdecken ihre Flucht. Dann und wann rufen sie sich an, um sich nicht in dem weiten Wald ihrer Träume zu verlieren. Sie erleben in der engen Stube bunte und phantastische Schicksale. Sie kämpfen und siegen. Kommen heim und heiraten. Lehren ihre Kinder Helden sein. Sterben wohl gar.

Ich bin so eigenwillig, das für Handlung zu halten!

XXXI. Aber was ist diese Szene ohne das Singen der hellen altmodischen Hängelampe, ohne das Atmen und Stöhnen der Möbel, ohne den Sturm um das Haus. Ohne diesen ganzen dunklen Hintergrund, durch welchen sie die Fäden ihrer Fabeln ziehen. Wie anders würden die Kinder im Garten träumen, anders am Meer, anders auf der Terrasse eines Palastes. Es ist nicht gleichgültig, ob man in Seide oder in Wolle stickt. Man muß wissen, daß sie in dem gelben Canevas dieses Stubenabends die paar ungelenken Linien ihres Maeandermusters unsicher wiederholen.

XXXII. Ich denke nun daran, die ganze Melodie so wie die Knaben sie hören, erklingen zu lassen. Eine stille Stimme muß sie über der Szene schweben, und auf ein unsichtbares Zeichen fallen die winzigen Kinderstimmen ein und treiben hin, während der breite Strom durch die enge Abendstube weiterrauscht von Unendlichkeit zu Unendlichkeit.

XXXIII. Solcher Szenen weiß ich viele und breitere. Je nach ausdrücklicher ich meine allseitiger Stilisierung oder vorsichtiger Andeutung derselben, findet der Chor auf der Szene selbst seinen Raum und wirkt dann auch durch seine wachsame Gegenwart, oder sein Anteil beschränkt sich auf die Stimme, die, breit und unpersönlich, aus dem Brauen der gemeinsamen Stunde steigt. In jedem Fall wohnt auch in ihr, wie im antiken Chor, das weisere Wissen; nicht weil sie urteilt über das Geschehen der Handlung, sondern weil sie die Basis ist, aus der jenes leisere Lied sich auslöst und in deren Schooß es endlich schöner zurückfällt.

XXXIV. Die stilisierte, also unrealistische Darstellung halte ich in diesem Fall nur für einen Übergang; denn auf der Bühne wird immer diejenige Kunst am willkommensten sein, welche lebensähnlich und in diesem äußeren Sinne »wahr« ist. Aber dieses gerade ist der Weg zu einer selbst sich vertiefenden, innerlichen Wahrheit: die primitiven Elemente zu erkennen und zu verwenden. Hinter einer ernsten Erfahrung wird man die begriffenen Grundmotive freier und eigenwilliger brauchen lernen und damit auch wieder dem realistischen, dem zeitlich Wirklichen näher kommen. Es wird aber nicht dasselbe sein wie vorher.

XXXV. Diese Bemühungen erscheinen mir notwendig, weil sonst die Erkenntnis der feineren Gefühle die eine lange und ernste Arbeit sich errang, im Lärm der Bühne ewig verloren gehen »würde«. Und das ist schade. Von der Bühne her kann, wenn es tendenzlos und unbetont geschieht, das neue Leben verkündet, das heißt auch denen vermittelt werden, die nicht aus eigenem Drang und eigener Kraft seine Gebärden lernen. Sie sollen nicht bekehrt werden von der Szene her. Aber sie sollen wenigstens erfahren: das giebt es in unserer Zeit, eng neben uns. Das ist schon Glückes genug.

XXXVI. Denn es ist fast von der Bedeutung einer Religion, dieses Einsehen: daß man, sobald man einmal die Melodie des Hintergrundes gefunden hat, nicht mehr ratlos ist in seinen Worten und dunkel in seinen Entschlüssen. Es ist eine sorglose Sicherheit in der einfachen Überzeugung, Teil einer Melodie zu sein, also einen bestimmten Raum zu Recht zu besitzen und eine bestimmte Pflicht an einem breiten Werke zu haben, in dem der Geringste ebensoviel wertet wie der Größte. Nicht überzählig zu sein, ist die erste Bedingung der bewußten und ruhigen Entfaltung.

XXXVII. Aller Zwiespalt und Irrtum kommt davon her, daß die Menschen das Gemeinsame *in* sich, statt in den Dingen *hinter* sich, im Licht, in der Landschaft im Beginn und im Tode, suchen. Sie verlieren dadurch sich selbst und gewinnen nichts dafür. Sie vermischen sich, weil sie sich doch nicht vereinen können. Sie halten sich aneinander und können doch nicht sicheren

Fuß fassen, weil sie beide schwankend und schwach sind; und in diesem gegenseitigen Sich-stützen-wollen geben sie ihre ganze Stärke aus, so daß nach außen hin auch nicht die Ahnung eines Wellenschlages fühlbar wird.

XXXVIII. Jedes Gemeinsame setzt aber eine Reihe unterschiedener einsamer Wesen voraus. Vor ihnen war es einfach ein Ganzes ohne jegliche Beziehung, so vor sich hin. Es war weder arm noch reich. Mit dem Augenblick, wo verschiedene seiner Teile der mütterlichen Einheit entfremden, tritt es in Gegensatz zu ihnen; denn sie entwickeln sich von ihm fort. Aber es läßt sie doch nicht aus der Hand. Wenn die Wurzel auch nicht von den Früchten weiß, sie nährt sie doch.

XXXIX. Und wie Früchte sind wir. Hoch hangen wir in seltsam verschlungenen Asten und viele Winde geschehen uns. Was wir besitzen, das ist unsere Reife und Süße und Schönheit. Aber die Kraft dazu strömt in *einem* Stamm aus einer über Welten hin weit gewordenen Wurzel in uns Alle. Und wenn wir für ihre Macht zeugen wollen, so müssen wir sie jeder brauchen in unserem einsamsten Sinn. Je mehr Einsame, desto feierlicher, ergreifender und mächtiger ist ihre Gemeinsamkeit.

XXXX. Und gerade die Einsamsten haben den größten Anteil an der Gemeinsamkeit. Ich sagte früher, daß der eine mehr, der andere weniger von der breiten Lebensmelodie vernimmt; dem entsprechend fallt ihm auch eine kleinere oder geringere Pflicht in dem großen Orchester zu. Derjenige, welcher die ganze Melodie vernähme, wäre der Einsamste und Gemeinsamste zugleich. Denn er würde hören, was Keiner hört, und doch nur weil er in seiner *Vollendung* begreift, was die anderen dunkel und lückenhaft erlauschen.

Über Kunst

Vermutlich Juli/August 1898; ersch. in: Ver sacrum, Wien; I: Jg. I, H. 11, November 1898. II: Jg. II, H. 1, Januar 1899. III: Jg. II, H. 5, Mai 1899

I

Graf Lew Tolstoj hat in seinem letzten vielumfragten Buche ›Was ist Kunst?‹ seiner eigenen Antwort eine lange Reihe von Definitionen aus allen Zeiten vorangestellt. Und von Baumgarten bis Helmholtz, Shaftesbury bis Knight, Cousin bis Sar Peladan ist Raum genug für Extreme und Widersprüche.

Allen diesen Meinungen von Kunst, derjenigen Tolstojs mit eingeschlossen, ist aber eines gemeinsam: es wird nicht so sehr das Wesen der Kunst betrachtet, vielmehr sind alle bemüht, sie aus ihren Wirkungen zu erklären.

Es ist, als ob man sagte: Die Sonne ist das, welches Früchte reift, Wiesen wärmt und Wäsche trocknet. Man vergißt, daß dieses letztere jeder Ofen vermag.

Wenngleich wir Modernen am weitesten entfernt sind von der Möglichkeit, anderen oder auch nur uns selbst durch Definitionen zu helfen, haben wir doch vielleicht vor den Gelehrten die Unbefangenheit und Aufrichtigkeit und eine leise Erinnerung aus Schaffensstunden voraus, welche unseren Worten in Wärme ersetzt, was ihnen an historischer Würde und Gewissenhaftigkeit fehlt. Die Kunst stellt sich dar als eine Lebensauffassung wie etwa die Religion und die Wissenschaft und der Sozialismus auch. Sie unterscheidet sich von den anderen Auffassungen nur dadurch, daß sie nicht aus der Zeit resultiert und gleichsam als die Weltanschauung des letzten Zieles erscheint. In einer graphischen Darstellung, bei welcher die einzelnen Lebensmeinungen als Linien in die ebene Zukunft fortgeführt würden, wäre sie die längste Linie, vielleicht das Stück einer Kreisperipherie, das sich als Gerade darstellt, weil der Radius unendlich ist.

Wenn ihr einmal die Welt unter den Füßen zerbricht, bleibt sie als das Schöpferische unabhängig bestehen und ist die sinnende Möglichkeit neuer Welten und Zeiten.

Deshalb ist auch der, welcher sie zu seiner Lebensanschauung macht, der Künstler, der Mensch des letzten Zieles, der jung durch die Jahrhunderte geht, mit keiner Vergangenheit hinter sich. Die anderen kommen und gehen, er dauert. Die anderen haben Gott hinter sich wie eine Erinnerung. Dem Schaffenden ist Gott die letzte, tiefste Erfüllung. Und wenn die Frommen sagen: »Er ist«, und die Traurigen fühlen: »Er war«, so lächelt der Künstler: »Er wird sein«. Und sein Glauben ist mehr als Glauben; denn er selbst baut an diesem Gott. Mit jedem Schauen, mit jedem Erkennen, in jeder seiner leisen Freuden fügt er ihm eine Macht und einen Namen zu, damit der Gott endlich in einem späten Urenkel sich vollende, mit allen Mächten und allen Namen geschmückt.

Das ist die Pflicht des Künstlers.

Weil er sie aber als Einsamer mitten im Heute wirkt, so stoßen seine Hände da und dort an die Zeit. Nicht, daß sie das Feindliche wäre. Aber sie ist das Zögernde, Zweifelnde, Mißtrauische. Sie ist der Widerstand. Und erst aus diesem Zwiespalt zwischen der gegenwärtigen Strömung und der zeitfremden Lebensmeinung des Künstlers entsteht eine Reihe kleiner Befreiungen, wird des Künstlers sichtbare Tat: das Kunstwerk. Nicht aus seiner naiven Neigung heraus. Es ist immer eine Antwort auf ein Heute.

Das Kunstwerk möchte man also erklären: als ein tief inneres Geständnis, das unter dem Vorwand einer Erinnerung, einer Erfahrung oder eines Ereignisses sich ausgiebt und, losgelöst von seinem Urheber, allein bestehen kann.

Diese Selbständigkeit des Kunstwerkes ist die Schönheit. Mit jedem Kunstwerke kommt ein Neues, ein Ding mehr in die Welt.

Man wird finden, daß in dieser Definition alles Raum hat: von den gotischen Domen des Jehan de Beauce bis zu einem Möbel des jungen van der Velde. –

Die Kunsterklärungen, welche die Wirkung zur Grundlage nehmen, umfassen viel mehr. Sie müssen in ihren Konsequenzen auch notwendig den Fehler begehen, statt von der Schönheit vom Geschmack, das heißt statt von Gott vom Gebete zu reden. Und so werden sie ungläubig und verwirren sich immer mehr.

Wir müssen es aussprechen, daß das Wesen der Schönheit nicht im Wirken liegt, sondern im Sein. Es müßten sonst Blumenausstellungen und Parkanlagen schöner sein als ein wilder Garten, der vor sich hinblüht irgendwo und von dem keiner weiß.

Der Wert des Monologes

September 1898; ersch. in: Dramaturgische Blätter. Organ des deutschen Bühnen-Vereins (Beiblatt zum Magazin für Literatur). Hrsg. von Rudolf Steiner, I. Jg., Nr. 38, Berlin und Weimar, 24. September 1899

Kürzlich ging die Frage durch diese Blätter: Sind Monologe im modernen Drama statthaft oder nicht? Die Monologe bekamen Recht.

Vielleicht ist es nicht wertlos, einmal nicht so sehr den Monolog als vielmehr die Gelegenheit zu betrachten, bei welcher er notwendig erscheint.

Der Monolog geschieht im Augenblick der Unentschlossenheit oder Hilflosigkeit der handelnden Person, gleichsam am Vorabend einer Tat, und hat die Pflicht, die innersten Konflikte dieses Menschen, seine Seele mit Zweifel und Zorn, Sehnsucht und Hoffnung zu enthüllen. Im Zwiegespräch ist nämlich kein Raum dafür, und irgendwo muß es doch geschehen, das sieht jeder ein. Und welches wunderbare Mittel vermag diese heimlichsten Tiefen, in denen die Entschlüsse wurzeln, zu durchleuchten? Merkwürdig: das Wort. Ebendasselbe Wort, welches im Dialog sich unbrauchbar erweist, das Letzte zu umfassen, wird, sobald es sich an niemanden mehr wenden muß, aller Wahrheit mächtig. Derjenige, von dem wir wissen, daß er die äußere Lage nicht überschauen kann, schildert uns im Augenblick seines Zwiespaltes die wunderbare Ordnung seiner Seele so überzeugend, daß die Schilderung und nicht irgendeine spätere Tat die Hauptsache des Dramas wird, das heißt, das epische Moment bedeutet fortab mehr als die Handlung; in ihm liegt die Entscheidung, die Wendung, der Fortschritt.

Und das ist vollkommen berechtigt, wenn anders der Monolog wirklich imstande ist, jene geheimnisvollen Dämmerungen aufzudecken, in denen alle Entschlüsse noch wie kleine, klare Quellen sind. Aber man wird einmal aufhören müssen, › das Wort‹ zu überschätzen. Man wird einsehen lernen, daß es nur eine von den vielen Brücken ist, die das Eiland unserer Seele mit dem großen Kontinent des gemeinsamen Lebens verbinden, die breiteste vielleicht, aber keineswegs die feinste. Man wird fühlen, daß wir in Worten nie ganz aufrichtig sein können, weil sie viel zu grobe Zangen sind, welche an die zartesten Räder in dem großen Werke gar nicht rühren können, ohne sie nicht gleich zu zerdrücken. Man wird es deshalb aufgeben, von den Worten Aufschlüsse über die Seele zu erwarten, weil man es nicht liebt, bei seinem Knecht in die Schule zu gehen, um Gott zu erkennen.

Man wird das vielleicht im Drama früher einsehen als im Leben; denn das Drama ist konzentrierter, übersichtlicher, eine Art Experiment, bei welchem die Elemente des Lebens in kleinen Probiergläsern sich in ähnlichen Verhältnissen vereinen wie sie sich draußen verhalten in ihrer reichen Unermeßlichkeit. In den Grenzen des Rahmens, als welcher die Bühne sich darstellt, scheint alles Raum zu haben: keine Tat ist zu groß dafür, kein Wort zu bedeutend.

Aber es giebt Mächtigeres als Taten und Worte. Diese sind endlich nur das, womit wir teilnehmen an dem gemeinsamen Alltag, Leitern, welche aus unserem Fenster bis an das Haus des Nachbars reichen. Wir hätten sie kaum gebraucht, wenn wir Einsame geblieben wären, jeder auf einem Stern, und wir brauchen sie in der Tat nicht in den Augenblicken, da wir uns so einsam fühlen. Dann sind wir eines leiseren Erlebens voll, heimgekehrt in ein Land mit heiligen, heimlichen Gebräuchen, schöpferisch in aller Untätigkeit und den Worten entwachsen. Und es ist gewiß, daß solcher Art unser eigentliches Leben ist, das wie eine feine Begleitung über unserm Tun und Ruhen bleibt und uns in unsern letzten Entschlüssen lenkt und bestimmt.

Diesem Leben Raum und Recht (und das heißt auf der Bühne: Ausdruck) zu schaffen scheint mir die vorzügliche Aufgabe des modernen Dramas zu sein – und dieser schlägt der Monolog mit seiner naiven Plumpheit geradezu ins Gesicht. Er zwingt das, was über den Dingen ist, in die Dinge hinein und vergißt, daß der Duft eben nur besteht, weil er sich von der Rose befreit und allen Winden willig ist.

Fragt man nun, was an seine Stelle treten soll, so behaupte ich, daß er im Drama überhaupt keine Lücke läßt; denn das tiefere Leben, das zu beleuchten er berufen wäre, muß allezeit ebenso geschlossen und ununterbrochen sich entwickeln wie die ›äußere Handlung‹, deren Ursache es schließlich ist. Wenn dieses Nebeneinander zweier Handlungen wirklich zur Geltung kommt, sind keine Verzögerungen durch retrospektive, epische Beschreibung des momentanen Seelenzustandes, keine Durchblicke in den Hintergrund mehr notwendig.

Freilich: wie das erreicht werden soll, hat keiner der ›Modernen‹ gezeigt. Sie vermissen alle den Monolog, lassen ihn fort, statt ihn überflüssig zu machen, und dann fehlt er natürlich, und man weiß, ›wo er kommen sollte‹. Der Darsteller wird unruhig, raucht, trommelt an die Scheiben und scheint ein sehr schlechtes Gewissen zu haben und um Vergebung zu bitten für seine Schweigsamkeit. Das ist allerdings kein Fortschritt.

Der eine aber, welcher die Macht dieses leisen Erlebens, klarer als die vor ihm und bewußter, erkannt hat, – Maeterlinck, steht seinen Offenbarungen zu sehr als Priester gegenüber denn als Künstler und erscheint einseitig in dem Streben, alles zum Ruhm des Gottes zu tun, der ihn erfüllt und erhebt.

Seine Gestalten haben die Schwere verloren. Sie sind wie Gestirne, die, umhüllt von ihrer leuchtenden Einsamkeit, sich hoch in der Nacht begegnen. Sie können nur aneinander vorübergehen, und keine vermag die andere zu halten. Sie sind Düfte, allein man sieht den Garten nicht, aus dem sie aufsteigen. Das macht, daß das Leben, dessen Verkünder Maeterlinck wurde, uns fremd erscheint und seine Mystik tiefer und rätselhafter hinter den Dingen aufgeht, die ihm nicht so körperlich und undurchsichtig sind wie uns. Immerhin scheinen mir die Dramen des genialen Belgiers – um einen technischen Ausdruck von der Radierkunst zu nehmen, der ›erste Zustand‹ des neuen Dramenbildes zu sein, der noch durch andere Platten vervollständigt werden muß.

Der Weg geht also über Maeterlinck hinaus, und er wird ungefähr dieses Ziel haben: man wird lernen müssen, nicht die ganze Bühne mit Worten und Gesten auszufüllen, sondern ein wenig Raum darüber lassen, so als ob die Gestalten, welche man schuf, noch wachsen sollten. Ich bin überzeugt, das andere kommt von selbst: das leisere Leben wird sich wie eine Wärme, wie ein Glanz darüberbreiten und wird ruhig und licht über allem bleiben: über den Worten und über den Vorgängen, – nur Raum muß man ihm geben.

Dabei steht immer noch die Frage frei, wie das geschehen soll? Doch man kann sie erst beantworten, bis es einer getroffen hat – unwillkürlich.

Bis dahin hat der Monolog recht. Er ist wie ein schöner kostbarer Vorhang (bestenfalls) vor den weiten, klaren Perspektiven aufgehängt. Man kann auch an einem Vorhang seine Freude haben. Und die Dichter und die Schauspieler und das Publikum von gestern finden sich gewiß in der Erkenntnis seiner Schönheit und seines Wertes.

Das dahinter ist für die, welche schon weiter vorgeschritten sind.

Noch ein Wort über den »Wert des Monologes«

[Offener Brief an Rudolf Steiner]
Sehr verehrter Herr Doktor,

Ihre Bemerkungen zu »Der Wert des Monologes« sind treffend. Sie beschäftigen mich. Gewahren Sie mir noch ein paar Worte eng zur Sache:

Es scheint in der Tat, als ob ich dem »Worte« arg unrecht getan hätte. Man darf nicht vergessen ich habe nicht an jene einsamen Worte gedacht, in welche gehüllt, große Vergangenheiten unter uns leben wie Zeitgenossen. Das Wort des Verkehrs, das kleine, tägliche, bewegliche, habe ich beobachtet, das im Leben wirkt oder doch zu wirken scheint und also auch auf der Bühne die Entwickelung der Ereignisse hemmt und fördert. An dieses Wort denke ich, wenn ich behaupte, die Seele hätte nicht Raum in ihm. Ja es scheint mir geradezu, als wären Worte solcher Art vor den Menschen wie Mauern; und ein falsches, verlorenes Geschlecht verkümmerte langsam in ihrem schweren Schatten. Denken Sie an das Kind, welches sich eines Vergehens schuldig weiß; wird es schweigen? Ungefragt wird es viele, viele hohe Worte vor seine kleine, bange, frierende Seele stellen, um ihre Schande zu verdecken. Und das endliche Geständnis ist: ein Tränenstrom. Beobachten Sie zwei Menschen, die sich, jeder tief in Gedanken, auf einem einsamen Spaziergange begegnen. Wie sie rasch mit bereiten Worten ihre nackte Seele, die noch eine Weile in ihren Augen zögert, verdecken und schützen. Gedenken Sie der Liebenden, die sich in den Tagen des Findens mit Worten voneinanderdrängen, ehe sie sich erkennen im ersten Schweigsamsein. Frage jeder sich selbst, ob auf den Höhepunkten seines Lebens Worte stehen? Ist es mit den Worten nicht vielmehr wie mit der Vegetation, die hinter der großen Pracht des Tals immer ernster, schlichter und feierlicher wird, je höher man steigt, bis das zaghafte Zwergholz zurückbleibt, das die reinen festlichen Firnen nicht zu betreten wagt? –

Jedes Wort ist eine Frage, und das, welches sich als Antwort fühlt, erst recht. Und in diesem Sinn ist Ihre Bemerkung richtig, daß die Worte, unvermögend Offenbarungen zu geben, vieles ahnen lassen. Es steht also bei jedem, ein Wort weit oder eng, reich oder armselig zu fühlen; und das ist gut: »Du gleichst dem Geist, den du begreifst«.

Aber ist damit von der Bühne her, einer vielsinnigen Menge gegenüber etwas, oder sagen wir gleich – das, worauf es ankommt, nämlich die einheitliche Wirkung erreicht? – Und dann mit dem »Ahnen« überhaupt: war das nicht eine arme und verlassene Welt, welche Gott *ahnte* hinter den Dingen? War das nicht ein müßiger Gott, ein Gott mit den Händen im Schooß, der so genügsam war, sich *ahnen* zu lassen? Heißt es nicht vielmehr ihn finden, ihn erkennen, ihn tief in sich selbst schaffend, wie mitten in der Werkstatt überraschen, um ihn zu besitzen?

So glaube ich auch, daß wir uns nicht begnügen dürfen, das hinter den Worten zu ahnen. Es muß uns irgendwann sich offenbaren. Und in der Tat: Wer erinnert sich nicht der Augenblicke, da ihm die ganz armen, abgenützten Worte von geliebten Lippen wie nieberührt und zum erstenmal und strahlend vor Jugend entgegenkamen? Jemand sagt: »Das Licht«; und es ist, als ob er sagte: »zehntausend Sonnen«; er sagt: »der Tag« und du hörst: »die Ewigkeit«. Und du weißt auf einmal: Seine Seele hat gesprochen; nicht aus ihm, nicht durch das eine kleine Wort, welches du morgen schon vergessen hast, durch das Licht, durch den Klang vielleicht, durch die Landschaft. Denn wenn eine Seele spricht, ist sie in allem. Sie weckt alle Dinge auf, giebt ihnen Stimmen; und was sie gesteht, ist immer ein ganzes Lied.

Damit hab ich auch verraten, was ich im letzten Aufsatz als Frage und unvollendet verließ. Den Raum über und neben den Worten auf der Bühne will ich für die Dinge im weitesten Sinn. Die Bühne hat mir, um »realistisch« zu sein, nicht eine (die vierte) Wand zu wenig, sondern eher drei Wände zu viel. Raum will ich für das alles, was mit teilnimmt an unseren Tagen und was, von Kindheit auf, an uns rührt und uns bestimmt.

Es hat ebensoviel Anteil an uns als die Worte. Als ob im Personenverzeichnis stünde: ein Schrank, ein Glas, ein Klang und das viele Feinere und Leisere auch. Im Leben hat alles denselben Wert, und ein Ding ist nicht schlechter als ein Wort oder ein Duft oder ein Traum. Diese Gerechtigkeit muß auch auf der Bühne nach und nach Gesetz werden.

Mag sein, daß das Leben eine Weile lang in den Worten treibt wie der Fluß im Bett; wo es frei und mächtig wird, breitet es sich aus über alles; und keiner kann seine Ufer schauen.

Ich stelle Ihnen, verehrter Herr Doktor, anheim, ob Sie etwas von diesen Erörterungen für Ihr gesch. Blatt verwenden. Jedenfalls danke ich Ihnen für die Anregung, die mir Ihre Notiz vermittelte, und halte mich für verpflichtet, Ihnen die Frucht derselben hiermit zu überreichen.

In besonderer Wertschätzung
Ihr ganz ergebener *Rainer Maria Rilke.*

Hermann Hesse

August 1899; ersch. in: Der Bote für deutsche Literatur, Jg. II, H. 12, Leipzig, September 1899

Es verlohnt sich wohl, von einem Buche zu reden, welches fürchtig ist und fromm von einer dunklen betenden Stimme; denn die Kunst ist nicht ferne von diesem Buche. Der Anfang der Kunst ist Frömmigkeit: Frömmigkeit gegen sich selbst, gegen jedes Erleben, gegen alle Dinge, gegen ein großes Vorbild und die eigene ungeprobte Kraft. Hinter der ersten Hoffart unseres Herzens beginnt jenes große Belagertsein von Gott, welches damit endet, daß wir mit hundert Toren aufgehen vor dem dunklen Ring seiner Macht. Da hebt unser Leben an: das neue Leben, die vita nuova.

In diesem Gefühl entstand Hermann Hesses Buch. Seine Worte knien. Es ist ein erster Dank an die heiligen Erhöher eines jungen sehnsüchtigen Lebens: an Dante und an eine Frau, welche, Beatricen vergleichbar, in das Schicksal eines Jünglings stieg und rief und ging. In diesem Buche folgt er ihr in doppeltem Sinne nach: Er sucht hinter der Vergangenen her auf dem wilden verworrenen Wege, den die sentimentalen Dichter beschrieben haben; und unsere Mütter wurden als Mädchen traurig davon. In dem einen Stück des Buches (es heißt ›Frau Gertrud‹) weiß er den anderen Weg zu finden und das Rührendere zu sagen: daß diese ganze große heilige Liebe nur ein erstes Erlebnis war, das seine Sinne zusammenfaßte aus ihrem Zerstreutsein und seine Möglichkeiten vertausendfachte und seine Leiden persönlich und eigentümlich färbte und ihn unterschied von dem Alltäglichen und von dem Zufall. Er erkennt, daß seine Seele sich sehnte, von den weißen Händen, die sie trugen, hinaufgeworfen zu werden in das steigende Licht, damit sie allein in ihren jungen Flügeln hänge über der rauschenden Welt. Alle Geschehnisse und Wunder, die ihm im Raume verlorengingen bislang, vereinen sich ihm in der schönen Gestalt der vergangenen Geliebten und schenken sich ihm durch sie. Und er preist ihr Vergangensein; denn mit ihm beginnt ihre ruhigere Gegenwart. Und es wird eine Zeit kommen (fühlt man), wo er sie nicht mehr unterscheiden wird von jenen leisen Gefühlen seines Wesens, mit denen er zuerst sie pries. Einmal wird er ahnen, daß seine jünglinghafte unbewußte Seele der See war, darin sie badend ertrank, und daß er damals über ihrer verlorenen Gestalt die ersten Ringe zog, die weit und wachsend bis ans Ufer reiften.

Für ›Frau Gertrud‹, das seltsame Gedicht, darin diese neue Nachfolge sich offenbart, paßt die feierliche Art des Ausdrucks. Die Worte sind wie aus Metall gemacht und lesen sich langsam und schwer. Die vielen Bilder vereinfachen hier den Stil. Für die anderen Teile des Buches erscheint er nicht in gleichem Maße unwillkürlich. Er hängt nicht genug mit dem Stoff zusammen, und seine Schönheiten verschmelzen nicht mit ihm: dadurch kommt viel Abstraktes in das Buch. Es ist eine gewisse Sonntagssprache darin, und der Autor scheint noch wenig Sonntage gefühlt zu haben: zu neu und unbenutzt erweist sich manches Wort. Dennoch ist das Buch sehr unliterarisch. An seinen besten Stellen ist es notwendig und eigenartig. Seine Ehrfurcht ist aufrichtig und tief. Seine Liebe ist groß, und alle Gefühle darin sind fromm: es steht am Rande der Kunst. Und darum hat die Ausstattung auch recht, deren Festlichkeit über dem ganzen Buche breit wurde.

Friedrich Huch, Peter Michel [Zweite Besprechung]

Wenn man die Romane, die in den letzten drei oder vier Jahren erschienen sind, heute vorurteilslos betrachtet, so erscheinen die besten unter ihnen als Vorläufer und Verkünder irgend eines kommenden Werkes. Sie sind alle einseitig, sowohl die realistischen wie die romantischen und diejenigen, welche man die psychologischen genannt hat, und gerade diese Einseitigkeit macht sie interessant und lesenswert, diese bewußte, mehr oder minder geistvolle Übertreibung nach einer Seite hin, nach einer bestimmten neuen Seite hin, von der man jetzt mehr zu wissen glaubte oder mehr wußte als früher, in der Zeit größerer Dichter. Zu einem einheitlichen, zusammenfassenden Kunstwerk schien alles zu fehlen: die Kraft, die Zeit und die Unbefangenheit. Und nun ist dieses Kunstwerk, dessen Erscheinen auch die Optimisten unter den ernsteren Kritikern in unbestimmte Zukunft verlegten, da, ist unter uns, und je der kann es befühlen und sehen, daß es wirklich und am nächsten Morgen nicht verschwunden ist, sondern an dem Platze liegt, wo er es verließ, als er sich in tiefster Nacht schwer und in seltsamer Erregung davon trennte. Ich glaube nicht, daß dieses Buch an einem von denen, die es in die Hand nehmen, spurlos vorüber geht. Es redet jeden an, obwohl es sich an keinen wendet, und läßt keinen mehr los, obwohl es ihn gleichsam nur mit dem kleinen Finger halt, mit irgend einem einfachen Satz, mit irgend einer Unaussprechlichkeit, die ausgesprochen ist, mit irgend einer Überraschung, die so selbstverständlich vor sich geht wie alles in diesem Buche, in dem nur Selbstverständliches geschieht. Wie Zufälle stehen die Ereignisse neben einander und die Menschen gehen durch sie durch, selbst wie Zufälle, von einander getrennt, wie eben ein Zufall vom anderen getrennt ist, allein, wie Kinder allein sind unter Erwachsenen, traurig wie Träumer und empfindlich wie Schlaflose, – und das Leben, das Leben rinnt ihnen durch die Finger wie Sand und wächst wie ein Sandberg vor ihnen auf, immer höher und höher, bis sie schließlich dahinter verloren gehen. Von solcher Art ist die Tragik dieses Buches, die mir mehr zu sein scheint als die Tragik einer bestimmten Zeit, während das viele Komische, von dem das Buch erfüllt ist, an der Zeit zu hängen und aus ihren Kleinheiten aufzuwachsen scheint. Denn es ist viel Anlaß zum Lachen und viel Grund zum Weinen und zum Nachdenken in diesem Buch, wie im Leben zu alledem täglich Anlässe sind; nur werden sie uns durch diesen Roman so gebieterisch auferlegt, daß wir sie ausnützen müssen, während sie im Leben an unserer Trägheit oder Zerstreutheit so oft vorübergehen. Das Buch heißt »Peter Michael«. In seinen ersten elf Kapiteln erfahren wir die Geschichte Peters von seiner Kindheit bis zu seiner Verheiratung. Das zwölfte und letzte Kapitel zeigt uns Peter zu einer Zeit, wo er von sich selbst, von dem Peter der elf Kapitel, nur sehr wenig mehr weiß: er hat zwei Kinder und Ernestine Treuthaler ist eine brave Hausfrau. Der Sandberg vor ihm ist ganz groß geworden, so groß, daß er nicht mehr darüber weg sehen kann; aber vorher, in dem größeren Teil des Buches, sehen wir diesen Zufall Peter als die Ursache von glücklichen und unglücklichen Stunden, als einen Anlaß zu manchen Veränderungen sich auf dem kleinen Stück Welt bewegen, das er in Aufregung bringt und beschwichtigt und das auf ihn zurückwirkt, wie Masse auf Masse wirkt, mit seinen tausend Gesetzen und Zufälligkeiten und mit seinen Menschen, die alt werden und eingehen und sich bescheiden. Und obwohl allen Gestalten dieses Buches gemeinsam ist, daß sie alt werden und eingehen und sich bescheiden, ist doch gar nichts Einseitiges in diesem Buch; im Gegenteil: wollte man das Bezeichnende seiner Art in Kürze feststellen, so müßte man sich entschließen, zu sagen, daß Alles in diesem Buch ist von der Katastrophe bis zum Aperçu und von der breiten Komik, die absichtlich banal und derb wirkt, bis zu jenen feinsten und leisesten Ereignissen, Freuden und Enttäuschungen, Entfremdenden und Harmonien, bei deren Eintreten die Sprache machtlos bleibt und der Zeiger der Worte keinen Ausschlagswinkel mehr aufweist. Ich habe nie für möglich gehalten, daß Dinge, Stimmungen. Übergänge, wie dieses Buch sie in reicher Menge enthält, ausdrückbar sind, es sei denn, daß man das schwer ausdrückbare Motiv zur Hauptsache macht, eine Skizze, eine Novelle, ein Gedicht dafür schreibt, also einen ganzen Apparat von Hilfsmitteln in Bewegung setzt, um ihm beizukommen. Davon ist aber hier gar nicht die Rede. Als ob es das Allereinfachste wäre, spricht dieses Buch von ganz leisen Vorgängen, Zusammenhängen und Anklängen in seinen kurzen Sätzen, die lauter Tatsachen zu enthalten scheinen. Auf allem ruht die gleiche Betonung; mit Recht: denn alles ist wichtig in diesem Buch und, trotzdem alles zufällig scheint, voll Gesetzmäßigkeit. Eins hält das andere im Gleichgewicht und die Erregung seiner bewegten Momente scheint über dem Ganzen wirksam zu sein, ebenso wie die Wehmut seiner traurigen Stellen über alle dreihundertfünfzig Seiten sich wie Mondlicht auszugießen scheint. Und da drängt sich denn ungestüm die Frage nach dem Künstler auf, nach dem Zusammenfasser und Ordner und Gesetzgeber. Ich weiß nichts von ihm. Er heißt: Friedrich Huch.

Friedrich Huch, Peter Michel [Dritte Besprechung]

März 1902; ersch. in: Bremer Tageblatt und General-Anzeiger, VI. Jg., Nr. 66, 19. März 1902

Aus dem naturalistischen Roman ist im Laufe der letzten Jahre der psychologische geworden. Es ist leicht zu sagen, wie das kam. Die genaue Betrachtung der Begebenheiten auf ihr Äußeres hin mußte bald an einer Grenze angelangt sein, an dem Punkte, wo sie nicht mehr übertroffen werden konnte. Hingegen mußte der aufmerksame Beobachter der Dinge bald das Bedürfnis fühlen, hinter den Erscheinungen die Zusammenhänge und Übergänge zu entdecken, welche diese erklären und rechtfertigen sollten. Da zeigte es sich aber sofort, daß das ungeheure Gebiet dieser inneren Welt, in welcher alle Ursachen der äußeren zu suchen waren, so neu und vielfältig und unübersehbar war, daß der einzelne, der es mit der gründlichen Methode, die der Naturalismus gelehrt hat, erforschen wollte, sich, wollte er überhaupt etwas leisten, auf einen kleinen Teil dieses Gebietes beschränken und diesen wie eine Fachwissenschaft erobern mußte.

Der psychologische Roman, der aus solchen Bestrebungen entstand, erwies sich demgemäß immer als die Arbeit eines mehr oder weniger erfahrenen Spezialisten; er war einseitig, und nicht selten wirkte er gerade mit seiner eigensinnigen Einseitigkeit überraschend und blendend, etwa wie auch die Enthüllungen eines Augenarztes auf Leser, die nicht Fachleute sind, unter Umständen blendend wirken können. Indessen, die Verwirrung, die durch diese Schreibweise entstand, wuchs, und wenn dieser also geartete psychologische Roman unter den einen allerhand Schaden gestiftet hat, so haben andere sich bald von ihm gelangweilt abgewandt; es zeigte sich, daß die Seele kein ›Fach‹ ist, das man von verschiedenen Seiten angreifen und studieren konnte, und daß die ganze Richtung, die sich dem Naturalismus gegenüber so sehr viel zugute tat, nichts anderes war als eben diese naturalistische Anschauungsweise, die nun nicht mehr auf äußere, sondern auf innere seelische Vorgänge angewendet wurde.

Diesen Zuständen konnte nur ein Dichter ein Ende machen, der, weniger bewußt und weniger analytisch, Seele und Außenwelt wieder ungesondert sah und der, weit davon entfernt, trennen zu wollen, was des einen oder des anderen ist, seine Aufgabe darin fand, diese beiden sich ergänzenden Elemente des Lebens gerade in ihrem fortwährenden Verflochtensein möglichst gewissenhaft und einfach darzustellen.

Dieser Dichter, auf den viele gewartet haben, ist erschienen. Er heißt Friedrich Huch, und das Buch, welches bestätigt, daß er der ist, als den ich ihn begrüße, hat er ›Peter Michel‹ genannt. Es ist kürzlich bei Alfred Janßen in Hamburg (wo der Dichter lebt) erschienen. Ich habe es schon an mehreren Stellen angemeldet, und ich möchte es immer wieder tun, denn man kann gar nicht oft und gar nicht eindringlich genug von diesem Buche reden, das einen Fortschritt bedeutet über alles hinaus, was in den letzten Jahren geschrieben worden ist. Worin dieser Fortschritt liegt, das habe ich bereits oben anzudeuten versucht.

Nach den tausend Büchern voll Analyse und Vivisektion, die wir gelesen haben, kommt da endlich ein Werk, das das Leben wieder als Ganzes sieht, und zwar nicht nur an seinen Höhepunkten; auch in seinen Einfältigkeiten und Alltagen ist diese Einheit, ist das ganze Leben, und das macht, daß auch diese irgendwie reich und wichtig und rührend werden. Um keinen großen Stoff sind hier die Ereignisse gruppiert, eines löst das andere ab, fast zufällig scheint dies und jenes zusammenzutreffen. Aber dieser Zufall, der das Geschehene beherrscht, ist nichts anderes als ein Gesetz, das nirgends ausgesprochen ist, weil der Dichter fühlte, daß man es nicht aussprechen kann, ohne ihm zugleich Unrecht zu tun. Da ist nichts von einer Überlegenheit des Schriftstellers zu merken. Er giebt sich vielmehr als ein gewissenhafter Chronist, der aufzeichnet, was er sah, der gleichsam mit dem Datum des Tages die Begebenheiten aneinanderreiht, ohne von sich etwas hinzuzufügen, als was von selbst hineinkommt durch die ungewöhnlich sichere Art seines Schauens und die seltene Gabe, das Geschaute einfach und unvergeßlich zu sagen.

Es erübrigte nun, etwas näher auf den Stoff einzugehen. Ich muß es mir versagen; denn dieser Stoff ist an sich weder interessant noch bedeutend. Er enthält keine Katastrophen, keine spannenden Verwicklungen und keine tödlichen Konflikte, die man mit einem Namen bezeichnen kann. Seine Tragik scheint an allen Stellen gleich stark zu sein; er ist durchdrungen von ihr wie von dem Blute, das ihn lebendig macht. Man kann sie nirgends fassen, und doch ist sie überall nah unter der Oberfläche und leuchtet da und dort hindurch. Und auch die Darstellung ist so. Man könnte von ihr sagen, daß sie keine Höhepunkte hat, weil sie nur Höhepunkte enthält.

Von der Landschaft

Man weiß so wenig von der Malerei des Altertums; aber es wird nicht zu gewagt sein anzunehmen, daß sie die Menschen sah wie spätere Maler die Landschaft gesehen haben. In den Vasenbildern, diesen unvergeßlichen Erinnerungen aus einer großen Zeichenkunst, ist die Umgebung (Haus oder Straße) nur genannt, gleichsam abgekürzt, nur mit dem Anfangsbuchstaben angegeben, die nackten Menschen aber sind alles, sind wie Bäume, die Früchte tragen und Fruchtkränze, und wie Büsche, die blühen, und wie Frühlinge, in denen die Vögel singen. Damals war der Leib, den man bestellte wie ein Land, um den man sich mühte wie um eine Ernte und den man besaß wie man ein gutes Grundstück besitzt, das Angeschaute und Schöne, das Bild, durch welches in rhythmischen Reihen alle Bedeutungen gingen, Götter und Tiere, und alle Sinne des Lebens. Der Mensch, obwohl seit Jahrtausenden dauernd, war sich selbst noch zu neu, zu entzückt von sich, um über sich fort oder von sich abzusehen. Die Landschaft, das war der Weg, auf dem er ging, die Bahn, darin er lief, alle die Spiel- und Tanzplätze waren es, auf denen der griechische Tag verging; die Täler, in denen das Heer sich versammelte, die Häfen, aus denen man zu Abenteuern fuhr und in die man unerhörter Erinnerungen voll und älter zurückkehrte; die Festtage und die geschmückten, silbern klingenden Nächte, die ihnen folgten, die Aufzüge zu den Göttern und der Umgang um den Altar –: das war die Landschaft, in der man lebte. Aber der Berg war fremd, auf dem nicht menschengestaltige Götter wohnten, das Vorgebirge, auf dem sich kein weithinsichtbares Standbild erhob, die Hänge, die kein Hirte gefunden hatte, – sie waren keines Wortes wert. Alles war Bühne und leer, solange der Mensch nicht auftrat und mit seines Leibes heiterer oder tragischer Handlung die Szene erfüllte. Ihn erwartete alles und wo er kam, trat alles zurück und gab ihm Raum.

Die christliche Kunst verlor diese Beziehung mit dem Körper, ohne deshalb der Landschaft sich wirklich zu nähern; Menschen und Dinge waren wie Buchstaben in ihr und sie bildete lange, gemalte Sätze mit einem Alphabet von Initialen. Die Menschen waren Gewänder und nur in der Hölle Leiber; und die Landschaft durfte selten die Erde sein. Fast immer mußte sie, wo sie lieblich war, den Himmel bedeuten, und wo sie Schrecken erregte und wild und unwirtlich war, da galt sie als der Ort der Verbannten und für ewig Verlorenen. Man sah sie schon; denn die Menschen waren schmal geworden und durchscheinend, aber es lag in ihrer Art, die Landschaft ebenso zu empfinden, als eine kleine Vergänglichkeit, als einen Streifen von übergrünten Gräbern, unter denen die Hölle hing und über denen der große Himmel sich auftat als die eigentliche, tiefe, von allem Wesen gewollte Wirklichkeit. Nun da es auf einmal drei Orte gab, drei Wohnungen, über welche viel Redens war: Himmel, Erde und Hölle, – war eine Bestimmung der Örtlichkeit dringend notwendig geworden und man mußte sich sie ansehen und sie darstellen; in den frühitalienischen Meistern wuchs diese Darstellung, über ihren eigentlichen Zweck hinaus, zu großer Vollkommenheit, und man muß sich nur der Malereien im Campo santo zu Pisa erinnern, um zu fühlen, daß die landschaftliche Auffassung damals schon etwas Selbständiges geworden war. Man meinte zwar noch einen Ort anzugeben und nichts mehr, aber man tat das mit solcher Herzlichkeit und Hingabe, man erzählte mit so hinreißender Beredsamkeit und so sehr als Liebender von den Dingen, die an der Erde hingen, an der von den Menschen verleugneten und verdächtigten Erde –: daß jene Malerei uns heute wie ein Loblied auf sie erscheint, in welches die Heiligen einstimmen. Und alle Dinge, die man sah, waren neu, so daß mit dem Schauen sich ein fortwährendes Staunen verband und eine Freude an unzähligen Funden. So kam es von selbst, daß man mit der Erde den Himmel pries und sie kennen lernte, da man Sehnsucht war, ihn zu erkennen. Denn die tiefe Frömmigkeit ist wie ein Regen: sie fällt immer wieder auf die Erde zurück, von der sie ausging, und ist Segen über den Feldern.

Man hatte so, ohne es zu wollen, die Wärme gefühlt, das Glück und die Herrlichkeit, die von einer Wiese, einem Bach, einem Blumenhang und von Bäumen, die fruchttragend beieinanderstehen, ausstrahlen kann, daß man, wenn man nun Madonnen malte, sie mit diesem Reichtum wie mit einem Mantel umgab, sie damit krönte wie mit einer Krone und Landschaften wie Fahnen entfaltete, ihnen zum Lobe; denn man wußte ihnen kein Fest zu bereiten, das rauschender war, keine Hingabe kannte man, die dieser glich: alles eben gefundene Schöne ihnen zuzutragen und mit ihnen zu verschmelzen. Man meinte keinen Ort mehr damit, auch den Himmel nicht, man stimmte die Landschaft an wie ein Marienlied, das in hellen, klaren Farben erklang.

Aber damit war eine große Entwicklung geschehen: man malte die Landschaft und meinte doch nicht *sie* damit, sondern sich selbst; sie war Vorwand geworden für ein menschliches Gefühl, Gleichnis einer menschlichen Freude, Einfalt und Frömmigkeit. Sie war Kunst geworden. Und schon Lionardo übernahm sie so. Die Landschaften in seinen Bildern sind Ausdrucke seines tiefsten Erlebens und Wissens, blaue Spiegel, in denen geheime Gesetze sich sinnend be trachten, Fernen, wie Zukünfte groß und unenträtselt wie sie. Es ist kein Zufall darin, daß Lionardo, welcher zuerst Menschen wie Erlebnisse malte, wie Schicksale, durch die er einsam hindurchgegangen war, auch die Landschaft als ein Ausdrucksmittel empfand für fast unsagbare Erfahrung, Tiefe und Traurigkeit. Diesem Überholer von vielen noch nicht Gekommenen war es gegeben, alle Künste unendlich groß zu gebrauchen; wie in vielen Sprachen redete er in ihnen von seinem Leben und von seines Lebens Fortschritten und Fernen.

Noch hat niemand eine Landschaft gemalt, die so ganz Landschaft ist und doch so sehr Geständnis und eigene Stimme wie jene Tiefe hinter der Madonna Lisa. Als ob alles Menschliche in ihrem unendlich stillen Bildnis enthalten sei, alles andere aber, alles was vor dem Menschen liegt und über ihn hinaus, in diesen geheimnisvollen Zusammenhängen von Bergen, Bäumen, Brücken, Himmeln und Wassern. Diese Landschaft ist nicht eines Eindrucks Bild, nicht eines Menschen Meinung über die ruhenden Dinge; sie ist Natur die entstand, Welt die wurde und dem Menschen so fremd wie der niebetretene Wald einer unentdeckten Insel. Und Landschaft so zu schauen als ein Fernes und Fremdes, als ein Entlegenes und Liebloses, das sich ganz in sich vollzieht, war notwendig, wenn sie je einer selbständigen Kunst Mittel und Anlaß sein sollte; denn sie mußte fern sein und sehr anders als wir, um ein erlösendes Gleichnis werden zu können unserem Schicksal. Fast feindlich mußte sie sein in erhabener Gleichgültigkeit, um unserem Dasein eine neue Deutung zu geben mit ihren Dingen.

Und in diesem Sinn ging die Gestaltung jener Landschaftskunst vor sich, die Lionardo da Vinci vorahnend schon besaß. Langsam bildete sie sich aus, in den Händen Von Einsamen, durch die Jahrhunderte hin. Sehr weit war der Weg, der gegangen sein mußte, denn es war schwer, sich der Welt so weit zu entwöhnen um sie nicht länger mit dem voreingenommenen Auge des Einheimischen zu sehen, der alles auf sich selbst und auf seine Bedürfnisse anwendet, wenn er es schaut. Man weiß, wie schlecht man die Dinge sieht, unter denen man lebt, und daß oft erst einer kommen muß von fern, um uns zu sagen was uns umgiebt. Und so mußte man auch die Dinge von sich fortdrängen, damit man später fähig wäre, sich ihnen in gerechterer und ruhiger Weise, mit weniger Vertraulichkeit und in ehrfürchtigem Abstand zu nähern. Denn man begann die Natur erst zu begreifen, als man sie nichtmehr begriff; als man fühlte, daß sie das Andere war, das Teilnahmslose, das keine Sinne hat uns aufzunehmen, da war man erst aus ihr herausgetreten, einsam, aus einer einsamen Welt.

Und das mußte man, um an ihr Künstler zu sein; man durfte sie nichtmehr stofflich empfinden auf die Bedeutung hin, die sie für uns besaß, sondern gegenständlich als eine große vorhandene Wirklichkeit.

So hatte man den Menschen empfunden zur Zeit, da man ihn groß malte; aber der Mensch war schwankend geworden und ungewiß, und sein Bild floß dahin in Verwandlungen und war kaum mehr zu fassen. Die Natur war dauernder und größer, alle Bewegung war breiter in ihr und alle Ruhe schlichter und einsamer. Es war eine Sehnsucht im Menschen, mit ihren erhabenen Mitteln von sich zu reden wie von etwas ebenso Wirklichem, und so entstanden die Bilder von Landschaften, in denen nichts geschieht. Leere Meere hat man gemalt, weiße Häuser in Regentagen, Wege, auf denen keiner geht, und unsäglich einsame Wasser. Immer mehr entschwand das Pathos und je besser man diese Sprache verstand, in desto schlichterer Weise gebrauchte man sie. Man versenkte sich in die große Ruhe der Dinge, man empfand, wie ihr Dasein in

Gesetzen verging, ohne Erwartung und ohne Ungeduld. Und still gingen unter ihnen die Tiere umher und ertrugen wie sie den Tag und die Nacht und waren voll von Gesetzen. Und als der Mensch später in diese Umgebung trat, als Hirte, als Bauer oder einfach als eine Gestalt aus der Tiefe des Bildes: da ist alle Überhebung von ihm abgefallen und man sieht ihm an, daß er Ding sein will.

In diesem Aufwachsen der Landschafts-Kunst zu einem langsamen Landschaft-Werden der Welt liegt eine weite menschliche Entwicklung. Der Inhalt dieser Bilder, der so absichtslos aus Schauen und Arbeit entsprang, spricht uns davon, daß eine Zukunft begonnen hat mitten in unserer Zeit: daß der Mensch nichtmehr der Gesellige ist, der unter seinesgleichen im Gleichgewicht geht, und auch derjenige nichtmehr, um dessentwillen Abend und Morgen wird und Nähe und Ferne. Daß er unter die Dinge gestellt ist wie ein Ding, unendlich allein und daß alle Gemeinsamkeit aus Dingen und Menschen sich zurückgezogen hat in die gemeinsame Tiefe, aus der die Wurzeln alles Wachsenden trinken.

Thomas Mann's »Buddenbrooks«

Anfang April 1902; ersch. in: Bremer Tageblatt und General-Anzeiger, VI. Jg., Nr. 88, 16. April
1902

Man wird sich diesen Namen unbedingt notieren müssen. Mit einem Roman von elfhundert
Seiten hat Thomas Mann einen Beweis von Arbeitskraft und Können gegeben, den man nicht
übersehen kann. Es handelte sich ihm darum, die Geschichte einer Familie zu schreiben, welche
zugrunde geht, den ›Verfall einer Familie‹. Noch vor einigen Jahren hätte ein moderner Schriftsteller sich damit begnügt, das letzte Stadium dieses Verfalls zu zeigen, den Letzten, der an sich
und seinen Vätern stirbt. Thomas Mann hat es als ungerecht empfunden, in einem Schlußkapi-
tel die Katastrophe zusammenzudrängen, an welcher eigentlich Generationen arbeiten, und er
hat, gewissenhaft, dort begonnen, wo der höchste Glücksstand der Familie erreicht ist. Er weiß,
daß hinter diesem Höhepunkt notwendig der Abstieg beginnen muß, erst in kaum merkbarer
Senkung, dann immer jäher und jäher und schließlich senkrecht abfallend in das Nichts.

So war er also vor die Notwendigkeit gestellt, das Leben von vier Generationen zu erzählen,
und die Art, wie Thomas Mann diese ungewöhnliche Aufgabe gelöst hat, ist so überraschend
und interessant, daß man, obwohl es Tage kostet, die beiden gewichtigen Bände Seite für Seite
mit Aufmerksamkeit und Spannung liest, ohne zu ermüden, ohne etwas zu überschlagen, ohne
das geringste Zeichen von Ungeduld oder Eile.

Man hat Zeit, man muß Zeit haben für die ruhige und natürliche Folge dieser Begebenheiten;
gerade weil nichts in dem Buche für den Leser da zu sein scheint, weil nirgends, über die Ereignisse hinweg, ein überlegener Schriftsteller sich zu dem überlegenen Leser neigt, um ihn zu
überreden und mitzureißen, – gerade deshalb ist man so ganz bei der Sache und fast persönlich
beteiligt, ganz als ob man in irgendeinem Geheimfach alte Familienpapiere und Briefe gefunden
hätte, in denen man sich langsam nach vorn liest, bis an den Rand der eigenen Erinnerungen.

Thomas Mann fühlte ganz richtig, daß er, um die Geschichte der Buddenbrooks zu erzählen,
Chronist werden müsse, das heißt ruhiger und unerregter Berichterstatter der Begebenheiten,
und daß es sich trotzdem darum handeln würde, Dichter zu sein und viele Gestalten mit über-
zeugendem Leben, mit Wärme und Wesenheit zu erfüllen. Er hat beides in überaus glücklicher Weise vereint, indem er die Rolle des Chronisten modern aufgefaßt hat und sich bemüht
hat, nicht einige hervorragende Daten zu verzeichnen, sondern alles scheinbar Unwichtige und
Geringe, tausend Einzelheiten und Details gewissenhaft anzuführen, weil schließlich alles Tat-
sächliche seinen Wert hat und ein winziges Stück von jenem Leben ist, das zu schildern er sich
vorgenommen hatte. Und auf diese Weise, durch diese herzliche Versenkung in die einzelnen
Vorgänge, durch die große Gerechtigkeit gegen alles Geschehen erreicht er eine Lebendigkeit
der Darstellung, die nicht so sehr im Stoffe, als vielmehr im fortwährenden Stofflichwerden aller
Dinge liegt. Es ist etwas von der Technik Segantinis hier in das andere Gebiet übertragen: die
gründliche und gleichwertige Behandlung jeder Stelle, die Durcharbeitung des Materials, welche alles wichtig und wesentlich erscheinen läßt, die von hundert Furchen durchzogene Fläche,
die dem Beschauer einheitlich und von innen heraus belebt erscheint, und schließlich das Objektive, die epische Art des Vortrags, welche selbst das Grausame und Bange mit einer gewissen
Notwendigkeit und Gesetzmäßigkeit erfüllt.

Diese Geschichte des alten Lübecker Patriziergeschlechtes Buddenbrook (in Firma Johann
Buddenbrook), welche mit dem alten Johann Buddenbrook um 1830 einsetzt, endet mit dem
kleinen Hanno, seinem Urenkel, in unseren Tagen. Sie umfaßt Feste und Versammlungen, Taufen und Sterbestunden (besonders schwere und schreckliche Sterbestunden), Verheiratungen
und Ehescheidungen, große Geschäftserfolge und die herzlosen unaufhörlichen Schläge des Nie-
derganges, wie das Kaufmannsleben sie mit sich bringt. Sie zeigt das ruhige und naive Arbeiten
einer älteren Generation und die nervöse, sich selbst beobachtende Hast der Nachkommen;
sie zeigt kleine und lächerliche Menschen, die in den verwirrten Netzen der Schicksale sich
heftig bewegen, und offenbart, daß auch die, die etwas weiter sehen, des Glückes oder Unheils

nicht mächtig sind und daß beides immer aus hundert kleinen Bewegungen entsteht und, fast unpersönlich und anonym in seinem Ursprung, sich ausbreitet und sich zurückzieht, während das Leben weitergeht wie eine Welle. Besonders fein beobachtet ist, wie der Niedergang des Geschlechtes sich vor allem darin zeigt, daß die einzelnen gleichsam ihre Lebensrichtung geändert haben, daß es ihnen nicht mehr natürlich ist, nach außen hin zu leben, daß sich vielmehr eine Wendung nach Innen immer deutlicher bemerkbar macht. Schon der Senator Thomas Buddenbrook muß sich anstrengen, um seinen Ehrgeiz zu befriedigen, – bei seinem Bruder Christian aber hat diese Abkehr vom äußeren Leben zu einer gefährlichen und pathologischen Selbstbeobachtung geführt, die sich auf innere leibliche Zustände erstreckt und ihn mit ihrer quälenden Unerbittlichkeit zu Grunde richtet. Auch der letzte, der kleine Hanno, geht mit nach innen gekehrtem Blick umher, aufmerksam die innere seelische Welt belauschend, aus der seine Musik hervorströmt. In ihm ist noch einmal die Möglichkeit zu einem Aufstieg (freilich einem anderen, als Buddenbrooks erhoffen) gegeben: die unendlich gefährdete Möglichkeit eines großen Künstlertums, die nicht in Erfüllung geht. Der kränkliche Knabe geht an der Banalität und Rücksichtslosigkeit der Schule zugrunde und stirbt am Typhus.

Sein Leben, ein Tag dieses Lebens, nimmt einen größeren Raum im zweiten Bande ein. Und so grausam das Schicksal diesen Knaben zu behandeln scheint, auch hier hören wir nur den ausgezeichneten Chronisten, der tausend Tatsachen bringt, ohne sich zu Zorn oder Zustimmung hinreißen zu lassen.

Und neben der kolossalen Arbeit und dem dichterischen Schauen ist diese vornehme Objektivität zu loben; es ist ein Buch ganz ohne Überhebung des Schriftstellers. Ein Akt der Ehrfurcht vor dem Leben, welches gut und gerecht ist, indem es geschieht.

Hermann Bang, Das weiße Haus

Wohl Anfang April 1902; ersch. in: Bremer Tageblatt und General-Anzeiger, VI. Jg., Nr. 88,16. April 1902

Man kennt die Romane des Dänen Herman Bang. Sie haben alle etwas Todtrauriges, Hoffnungsloses, Entmutigendes. Man erinnert sich der Menschen, die darin vorkommen, wie man sich vielleicht verlorener und unglücklicher Existenzen erinnert, von denen man als Kind gehört hat. Überhaupt so wie man Dinge und Schicksale als Kind gesehen und empfunden hat (besonders wenn man ein Kind einsam unter Erwachsenen war), so findet man das Leben in den Büchern Herman Bangs wieder. So seltsam verlockend und liebkosend ist sein Ruf wie die Stimme der Wasserfrau, welche die jungen Menschen in die tödliche Tiefe grundloser Gewässer zieht, – und sein Schritt ist so eilig, daß die Menschen ihm nicht nachkommen können und entweder mit müden Händen im Schooße, hilflos und traurig lächelnd, zurückbleiben oder aber, von einer unheimlichen Hast erfüllt, mit vielen kleinen überstürzten Bewegungen hinter ihm herkommen, bis sie sterbensmüde zusammenbrechen und am Wege sterben. Diese Hast, diese fieberhafte Tatenlosigkeit, die oft über besonders feinen und empfindsamen Menschen liegt, ist das eigentliche Thema im Werke Herman Bangs.

In seinen früheren Büchern ist diese Atemlosigkeit über ganzen Geschlechtern, deren fliegendes Keuchen man zu vernehmen glaubt, während er sich in seinem letzten Buche, dem ›weißen Hause‹, die Aufgabe gestellt hat, uns eine einzelne Gestalt zu zeigen, an der das Leben vorüberfliegt wie ein Traum und die mit tausend kleinen Liebkosungen, mit süßen mädchenhaften Schmeicheleien sich ihm zu nähern und es festzuhalten sucht; denn darin liegt die Tragik, daß dieser Mensch, dem das Leben mit fremdem Lächeln vorbeigehen will, dieses Leben, ohne seiner mächtig zu sein, gerade in seinen starken und kraftvollen Erscheinungen liebt und anerkennt. Diese Gestalt, diese weiße Frau, diese kindhafte Mutter, die so jung ist und nicht älter wird, weil sie jung sterben muß, hat etwas Typisches, und Herman Bang hat, wie mir scheint, diesen Typus geschaffen. Danach muß dieses Buch gewertet werden; denn immer noch haben wir diejenigen Bücher am höchsten eingeschätzt, die das Wesen einer gewissen Gestalt so tief und sicher erfaßt haben, daß wir sie nicht als Ausnahme empfinden, sondern sie, wie von hundert Spiegeln wiederholt, hundertmal in verschiedenen Fernen kommen und verschwinden sehen.

Aber noch etwas anderes macht dieses Buch zu einem Ereignis von besonderer Bedeutung: es hat nur so geschrieben werden können, wie es geschrieben worden ist. Das heißt, so wie man eigentlich keine Bücher schreibt. Es ist geschrieben, wie lebhafte Kinder erzählen. Man geht durch ein Haus, durch das ›weiße Haus‹, durch den Küchengarten, durch die Stadt, man macht Besuche bei verschiedenen Leuten, beim Dorfschulzen, bei Madame Jespersen, – und jedesmal erfährt man, was die Mutter an allen diesen Orten getan und gesagt hat, man hört ihr Lachen und fühlt ihre Schweigsamkeit, – und während man weiß Gott bei wem sich aufhält, weiß man, daß es sich doch nur um die Mutter handelt, um ›die Frau‹, wie sie genannt wird, die unter diesen Leuten gelebt hat und die eine große Liebe zu diesen Leuten gehabt hat und eine große Überlegenheit über sie, weil sie so anders war. Das haben die Kinder bemerkt, und auch der Vater weiß es, der ein Leben für sich lebt in seiner Studierstube bei seinen Sorgen und den Büchern, zwischen denen er immer auf und nieder geht. Man hört nur seine Schritte manchmal, wenn es stille wird im weißen Haus, oder man sieht ihn plötzlich in der Türe stehen, schwarz, wie einen hohen Schatten, in den Dämmerstunden, wenn die Mutter am Klavier sitzt und spielt und singt, ehe die Lampe angezündet wird. In diesen Stunden strahlt sie ihre Traurigkeit aus, wie einen Duft, den gewisse Blumen ausatmen, ehe die Nacht kommt. Und die Kinder sitzen irgendwo in den Ecken der weiten Stube und wollen immer mehr von dieser wundersamen Traurigkeit, die sie nicht verstehen...

Später im Leben wissen sie vielleicht, was es war. Und eines von diesen Kindern hat als Mann, als reifer und banger und trotziger Mann das Buch geschrieben, welches das Buch seiner Kindheit ist, das Gedicht, welches ganz erfüllt ist von der Schönheit und Hülflosigkeit der Mutter, die früh sterben mußte und ›die das lichte Leben liebte‹.

Das Jahrhundert des Kindes

Wohl Anfang Juni 1902; ersch. in: Bremer Tageblatt und General-Anzeiger, VI. Jg., Nr. 132, 8. Juni 1902

Im Dezember des Jahres 1900 erschien unter diesem Titel in Schweden ein neues Buch von Ellen Key. Es liegt jetzt in deutscher Übersetzung vor. Und dieses Buch, in seiner stillen, eindringlichen und liebevollen Art, ist ein Ereignis, ein Dokument, über das man nicht wird hinweggehen können. Man wird im Verlaufe dieses begonnenen Jahrhunderts immer wieder auf dieses Buch zurückkommen, man wird es zitieren und widerlegen, sich darauf stützen und sich dagegen wehren, aber man wird auf alle Fälle damit rechnen müssen. Dieses Buch wird Bücher hervorrufen; denn es ist so geschrieben, daß man es nach allen Seiten ausbauen und fortsetzen kann. Ja, ich glaube sogar nicht zuviel zu sagen, wenn ich behaupte, daß es Menschen hervorrufen wird, die danach leben werden; denn es ist von lauter Wirklichkeiten erfüllt, und Wirklichkeiten – mögen sie auch überraschend sein, drängen immer danach, gelebt zu werden.

Schon als Ellen Key mit ihrem ersten Beitrag zur Frauenfrage, der Broschüre ›Mißbrauchte Frauenkraft‹, hervortrat, konnte man ahnen, welchen Weg diese Schriftstellerin gehen würde. Es war klar, daß sie keine Frauenrechtlerin war, die mit tendenziöser Einseitigkeit die neuen Forderungen ihres Geschlechts vertreten und verteidigen würde. Es handelte sich in diesem Fall um einen weitsehenden modernen Menschen, der über die Frauenbewegung hinaus war, so daß er schon ihre Fehler und Gefahren sah, zu einer Zeit, als die anderen noch in blindem Fanatismus vorwärtsstürmten. Das Frauen-Schutzgesetz, welches dem weiblichen Geschlecht statt der erstrebten vollen Gleichberechtigung mit dem Manne, um seiner Mutterschaft willen, gewisse Milderungen und Ausnahmen zugestand, wurde auf dem Frauenkongreß in London (1899) von vielen Frauen bekämpft, die eben jene Gleichberechtigung für das einzig Richtige hielten. Ellen Key gehörte nicht zu ihnen; sie hat, eben weil sie weiter sah, im Weibe immer das zur Mutterschaft auserwählte Wesen gesehen, dessen Leben dann schön und harmonisch ist, wenn es ihm gelingt, seine Tätigkeit mit jener ersten und wichtigsten Aufgabe in Einklang zu setzen. Schon in dem Buche ›Mißbrauchte Frauenkraft‹ hat Ellen Key, indem sie ihre Hand schützend über die Frau hielt, das Kind schützen wollen, das diese Frau vielleicht einmal gebären wird. Sie ist der Anwalt und der Apostel des Kindes. Sie ist unzufrieden mit der Gegenwart und hofft auf das Kind, welches die Zukunft ist. Sie will diese Zukunft groß und glücklich, und darin begegnet sie sich mit denjenigen, welche an einer Umformung der Gesellschaft arbeiten. Aber sie hält es für aussichtslos, durch Reformen der gegenwärtigen Zustände, wie sie unter den Erwachsenen herrschen, wirkliche Fortschritte zu erzielen. Die Kinder sind der Fortschritt selbst, und was sie mit ihrem Buche lehren und sagen und raten will, ist immer wieder dieses: vertraut dem Kinde. Es ist das Wunderbare an diesem Buche, daß es nicht anklagt und nicht klagt, daß es sich von den heutigen Eltern, welche so viele Fehler begehen, fortwendet, gleichsam zu jenen künftigen Erziehern hin, die dem Kinde sein Recht verschaffen werden. Vom Rechte des Kindes handelt dieses Buch, und man sieht mit einem Male ein, daß es, nachdem die Frau der jahrhundertelangen Sklaverei entwachsen ist, das nächste sein wird, den Kindern die Freiheit zu geben. Die Frauen als erwachsene Menschen konnten sich selbst ihr Recht erringen; den Kindern, die den Erwachsenen gegenüber ohnmächtig sind, muß es von weisen Eltern und Erziehern gegeben und bewahrt werden. Freie Kinder zu schaffen wird die vornehmste Aufgabe dieses Jahrhunderts sein. Ihr Sklaventum ist schwer und schrecklich; es beginnt, noch ehe sie geboren sind, und endet damit, daß sie schließlich Erwachsene und Eltern, das heißt wieder Unterdrücker von neuen Kindern werden. Wie die Verhältnisse heute liegen, kann man ruhig sagen, daß sowohl die guten wie die schlechten Eltern, sowohl die guten wie die schlechten Schulen unrecht haben dem Kinde gegenüber. Sie verkennen das Kind überhaupt, sie gehen von einer falschen Voraussetzung aus, von der Voraussetzung des Erwachsenen, der sich dem Kinde überlegen fühlt, statt zu erkennen, daß es das Streben der größten Menschen war, dem Kinde in gewissen Augenblicken gleich und ebenbürtig zu sein. Hat Christus nicht gesagt: »wenn ihr nicht werdet wie die Kinder...« Aber ach, sie, die Kinder, dürfen nicht sein, wie sie sind. Sie werden auch von den Eltern, die es gut meinen, tausendfach beeinträchtigt in ihrem Recht: zu sein. Sie werden, wenn sie ›brav‹ sind, wie junge Katzen behandelt, und wenn sie ›schlimm‹ sind, wie Verbrecher. Nie wie Menschen. Es giebt noch keine Eltern, welche in ihrem Kinde vom ersten Tage an die neue Individualität sehen und achten, die doch mit jedem neuen Kinde im Keime gegeben ist. Die Besten streben danach, ›etwas aus ihrem Kinde zu machen‹, und ahnen nicht, wie sehr sie sich damit an dem Leben versündigen, das nicht gemacht, sondern nur genährt sein will.

Wonach die Zeit am sehnlichsten verlangt, das sind immer wieder die großen Individualitäten, die anders sind: denn immer ist mit ihnen die Zukunft gewesen. Wenn aber im Kinde die Individualität sich zeigt, wird sie verächtlich oder geringschätzig behandelt, womöglich, was für das Kind am schmerzlichsten ist – verlacht. Man geht mit ihnen um, als ob sie nichts Eigenes hätten, und entwertet ihnen die tiefen Reichtümer, aus denen sie leben, um ihnen dafür Gemeinplätze zu geben. Auch wenn man es den Erwachsenen gegenüber nicht mehr ist, ihnen gegenüber ist man unduldsam und ungeduldig. Das Recht, das man jedem Großen selbstverständlich zugesteht, eine eigene Meinung zu haben, ihnen versagt man es. Die ganze Erziehung, wie sie heute ist, besteht in einem fortwährenden Kampf mit dem Kinde, in dem schließlich beide Teile zu den verwerflichsten Mitteln greifen. Und die Schule setzt nur fort, was die Eltern begonnen haben. Sie ist ein systematischer Kampf gegen die Persönlichkeit. Sie verachtet den einzelnen, seine Wünsche und Sehnsuchten, und sie sieht ihre Aufgabe darin, ihn auf das Niveau der Masse herabzudrücken. Man lese die Lebensgeschichte aller großen Menschen; sie sind, was sie geworden sind, immer trotz der Schule geworden, nicht durch sie. Die großen Ideen haben in den Schulen alle Lebendigkeit verloren, sie sind abstrakt geworden und langweilig, weil in sie die Absichtlichkeit hineingelegt worden ist zu bilden. Überhaupt ist, was man ›allgemeine Bildung‹ nennt, ein unverhältnismäßig angewachsener, unpersönlich gewordener Vorrat von Wissen, leblos wie ein Konversationslexikon und ohne inneren Zusammenhang wie dieses. Nicht wonach das Kind fragt, giebt man ihm, sondern irgendein bestimmtes Quantum von fertigen Resultaten, die ihm vollkommen gleichgültig sind. Während der ganzen jahrelangen Schulzeit läßt man das Kind selbst, seine Bedürfnisse, Sorgen und Hoffnungen nicht ein einziges Mal zu Worte kommen und gebraucht es nur als Reproduktionsmaschine fertiger Phrasen und Formeln, die es, auf das Marterrad des Examens gespannt, möglichst tadellos wiederholen muß. Dabei vergehen die Jahre, und noch immer fragt niemand, was gerade dieser oder jener Mensch braucht. Von dem unermeßlichen Wortschwall der Schule werden die jugendlichen Seelen wie von einem Aschenregen überfallen und verschüttet. Der Wille in den jungen Leuten wird verwirrt, und wenn sie endlich mit der Schule fertig sind, so wissen sie nicht mehr, was sie gewollt haben. Ratlos stehen dann die meisten vor dem Leben, auf das man sie nicht vorbereitet hat; entfremdet aller Wirklichkeit, ergreifen sie einen jener zufälligen Berufe, die nicht Persönlichkeiten, sondern Maschinen verlangen, um erfüllt zu werden. Sie haben für das Examen gelernt, und wenn dieses vorüber ist, hat die ›Bildung‹ ihren Zweck erfüllt, sie dürfen anfangen – zu vergessen, und diese Tätigkeit füllt nun ihr weiteres Leben aus. Wo aber einer ist, in dem noch ein Stück Kindheit und Reichtum, ein Stück Persönlichkeit lebt, das nicht hat unterdrückt werden können, da beginnt ein schwerer und banger Rückweg durch das öde Land der Schule und der Erziehung zu einem neuen Anfang, zum Anfang eines neuen eigenen Lebens, das man spät und traurig beginnt. Hier könnte man von mißbrauchter Menschenkraft sprechen, und es ist die Kraft der Besten vielleicht, die für solche schmerzhaften Rückwege ausgegeben wird.

Ellen Key hat mit bewunderungswürdiger Ruhe, zornlos und sachlich gezeigt, wie unrecht die Schule hat, die die Entwickelung der jungen Menschen stört, ihre Wege verwirrt, ihren zuerst so persönlichen Willen abstumpft und es zustande bringt, aus hundert verschiedenen ungeduldigen Kräften eine einzige gleichgültige Trägheit zu machen, von der nichts Neues zu erwarten ist. Sie hat auf alle Irrtümer hingewiesen und gesagt, daß die allgemeinen Schulen sich damit begnügen müßten, das Allgemeine zu geben, das, was wirklich für alle gilt, und das ist ungemein wenig. Jeder dürfte nur bis zu dem Punkte hingeführt werden, auf dem er fähig wird, selbst zu denken, selbst zu arbeiten, selbst zu lernen. Es giebt nur ganz wenige große Wahrheiten, die man vor einer Versammlung aussprechen darf, ohne einen darin zu verletzen: nur diese sind Sache der Schule. Die Schule müßte vor allem mit einzelnen rechnen, nicht mit Klassen: Das Leben und der Tod und das Schicksal sind auch im letzten Sinne für einzelne gemacht, und zu alledem, zu den großen wirklichen Ereignissen, muß die Schule Beziehung gewinnen, wenn sie wieder lebendig werden will.

Die Verfasserin hat nicht versäumt, Reform-Versuche, die in dieser Beziehung (besonders in England) gemacht worden sind, anzuführen, und es ist ungemein interessant, die angegebenen Daten zu lesen. Im übrigen aber hat Ellen Key wohl gefühlt, daß der durchaus verfahrenen und verfehlten, auf falschen Voraussetzungen aufgebauten Erziehungsmethode durch Reformen nicht aufzuhelfen ist. Man müßte einen Strich machen und neu beginnen. Man müßte beginnen, vom Kinde auszugehen, nicht vom Standpunkte des Erwachsenen, der so wenig vom Kinde weiß. Man müßte das Leben des Kindes als ein berechtigtes selbständiges Leben neben dem eigenen gelten lassen und ehren. Dann würde von selbst eine andere Schule, eine Schule ohne Prüfungen und ohne Wettstreit, entstehen, die das Leben nicht aus dem Auge verlieren, sondern immerfort darauf zugehen würde. Und diese Schule ist die einzig mögliche, die einzige, welche nicht hindert, sondern hilft, die einzige, welche nicht Persönlichkeiten im Keime erstickt, sondern jedem die Möglichkeit giebt, die innersten Wünsche seines Wesens durchzusetzen.

Ellen Key hat an mehreren Stellen ihres anregenden und regsamen Buches Kind und Künstler nebeneinandergestellt. Sie hätte ihre ›geträumte Schule‹ auch durch die Tatsache stützen können, daß die Kunst-Akademien eher dazu beigetragen haben, Künstler zu vernichten als solche zu bilden, und daß der normale und glücklichste Werdegang des Künstlers in einer durch Schulmeinungen ungestörten Entfaltung seiner Persönlichkeit besteht. Heute wachsen schon viele Künstler so heran und kommen allein, auf ihrem eigenen Wege, zu Kraft und Können. Und wie nach einer Zeit der akademischen Langweiligkeit eine neue lebendige Kunst mit diesen Künstlern einzusetzen scheint, so wird, wenn einmal Kinder ohne die Schrecken der Schule herangewachsen sein werden, eine Blütezeit des Lebens beginnen. Ellen Key hat Erfahrung genug, um zu wissen, daß diese Zeit nicht ganz nahe ist. Sie hat statt eines Reformvorschlages den ›Traum einer neuen Schule‹ gegeben, und sie hat ihren Worten dadurch Tendenzlosigkeit und Milde verliehen und ihren Plänen die lebhafte gegenständliche Wirklichkeit des Traumes, die so unvergeßlich ist. Und in der Tat: dieses Jahrhundert wird zu den größten gehören, wenn der Traum, den diese seltsam reife und gerechte Frau in seinen ersten Tagen geträumt hat, in seinen letzten einmal in Erfüllung geht. Vielleicht wird man einmal die Menschen dieses Jahrhunderts danach abschätzen, wie sehr sie an der Verwirklichung dieses Traumes gearbeitet haben. Das Buch Ellen Keys ist die erste Station auf dem neuen Wege. Es wird den Kindern noch nicht helfen können; aber es wird dazu beitragen, unter denen, die jetzt heranwachsen, neue Erzieher und neue Eltern zu bilden. Und das tut vor allem not.

Kunstwerke

Vielleicht war es immer so. Vielleicht war immer eine weite Fremde zwischen einer Zeit und der großen Kunst, welche in ihr entstand. Vielleicht waren die Kunstwerke immer so einsam, wie sie es heute sind, und vielleicht war der Ruhm niemals etwas anderes als der Inbegriff aller Mißverständnisse, die sich um einen neuen Namen versammeln. Es liegt kein Grund vor zu glauben, daß es jemals anders war. Denn das, was die Kunstwerke unterscheidet von allen anderen Dingen, ist der Umstand, daß sie gleichsam zukünftige Dinge sind, Dinge, deren Zeit noch nicht gekommen ist. Die Zukunft, aus der sie stammen, ist fern; sie sind die Dinge jenes letzten Jahrhunderts, mit welchem einmal der große Kreis der Wege und Entwicklungen sich schließt, sie sind die vollkommenen Dinge und Zeitgenossen des Gottes, an dem die Menschen seit Anbeginn bauen und den sie noch lange nicht vollenden werden. Wenn es trotzdem scheint, als ob die großen Kunstdinge vergangener Epochen mitten im Rauschen ihrer Zeiten gestanden hätten, so mag man dies damit erklären, daß den entfernten Tagen (von denen wir so wenig wissen) jene letzte und wunderbare Zukunft, welche die Heimat der Kunstwerke ist, näher war als uns. Das Morgen schon war ein Teil des Weiten und Unbekannten, es lag hinter jedem Grab, und die Götterbildet waren die Grenzsteine eines Reichs tiefer Erfüllungen. Langsam entfernte sich diese Zukunft von den Menschen. Glaube und Aberglaube drängte sie hinaus in immer größere Fernen, Liebe und Zweifel warf sie über die Sterne hinaus und in die Himmel hinein. Unsere Lampen endlich sind weitsichtig geworden, unsere Instrumente reichen über Morgen und Übermorgen, wir entziehen mit den Mitteln der Forschung kommende Jahrhunderte der Zukunft und machen sie zu einer Art noch nicht begonnener Gegenwart. Die Wissenschaft hat sich aufgerollt wie ein weiter, unabsehbarer Weg, die schweren und schmerzhaften Entwicklungen der Menschen, der einzelnen und der Massen, füllen die nächsten Jahrtausende als eine unendliche Aufgabe und Arbeit aus.

Und weit, weit hinter alledem, liegt die Heimat der Kunstwerke, jener seltsam verschwiegenen und geduldigen Dinge, die fremd umherstehen unter den Dingen täglichen Gebrauches, unter den beschäftigten Menschen, den dienenden Tieren und den spielenden Kindern.

(1903)

Samskola

Um den 1. November 1904; ersch. in: Die Zukunft, Hrsg.: M. Harden, XIII. Jg., Berlin, 1. Januar 1905

Ich werde erzählen, was sich neulich in Gothenburg begeben hat. Es ist merkwürdig genug. Es geschah in dieser Stadt, daß mehrere Kinder zu ihren Eltern kamen und erklärten, sie wollten auch nachmittags in der Schule bleiben, auch wenn kein Unterricht ist, immer. Immer? Ja, soviel wie möglich. In welcher Schule?

Ich werde von dieser Schule erzählen. Es ist eine ungewöhnliche, eine völlig unimperativische Schule; eine Schule, die nachgibt, eine Schule, die sich nicht für fertig hält, sondern für etwas Werdendes, daran die Kinder selbst, umformend und bestimmend, arbeiten sollen. Die Kinder, in enger und freundlicher Beziehung mit einigen aufmerksamen, lernenden, vorsichtigen Erwachsenen, Menschen, Lehrern, wenn man will. Die Kinder sind in dieser Schule die Hauptsache. Man begreift, daß damit verschiedene Einrichtungen fortfallen, die an anderen Schulen üblich sind. Zum Beispiel: jene hochnotpeinlichen Untersuchungen und Verhöre, die man Prüfungen genannt hat, und die damit zusammenhängenden Zeugnisse. Sie waren ganz und gar eine Erfindung der Großen. Und man fühlt gleich, wenn man die Schule betritt, den Unterschied. Man ist in einer Schule, in der es nicht nach Staub, Tinte und Angst riecht, sondern nach Sonne, blondem Holz und Kindheit.

Man wird sagen, daß eine solche Schule sich nicht halten kann. Nein, natürlich. Aber die Kinder halten sie. Sie besteht nun im vierten Jahre, und man zählt in diesem Semester zweihundertfünfzehn Schüler, Mädchen und Knaben aus allen Altern. Denn es ist eine richtige Schule, die beim Anfang anfängt und bis ans Ende reicht. Freilich: dieses Ende liegt noch nicht ganz in ihrer Hand. An diesem Ausgang der Achtzehnjährigen steht, gespenstisch wie ein Revenant, die Reifeprüfung. Und sie treten, aus der Zukunft, in der sie schon waren, in eine andere Zeit zurück. In die Zeit ihrer Zeitgenossen. Aber sie sind doch, sozusagen, im Kommenden erzogen; werden sie das ganz verleugnen? Wird man es später an ihrem Leben merken?

Für alle, die jetzt und in den nächsten Jahren die Schule verlassen, trifft das noch nicht ganz zu; denn sie sind (da die Schule erst ihr viertes Jahr beginnt) nicht von Anfang an ihre Schüler gewesen. Sie sind eines Tages übergetreten, mit Schulerfahrungen und -konventionen behaftet und ganz voll von den Bazillen alter, verschleppter Schulseuchen. Wäre der junge Körper dieser neuen Schule nicht so durch und durch gesund, so hätten sie leicht eine Gefahr für ihn werden können. So aber gehen sie, ohne Schaden zu stiften, durch seinen Organismus durch; ihre schlechten Gebräuche und Schülerheimlichkeiten, die sie fortsetzen, bekommen inmitten des weiten, offenen Vertrauens, inmitten dieser lebensgroßen Menschlichkeit, die weit über die Wände einer Schulstunde hinausreicht, einen Anschein von trauriger, harmloser Lächerlichkeit; sie werden so überflüssig wie die umwickelten Gebärden eines Freigelassenen, der fortfährt, in der Zeichen-und Klopfsprache des Gefängnisses sich auszudrücken. Aber wenn diese einmal scheu Gemachten auch nicht fähig sind, sich in der Sonne der neuen Schule ganz arglos auszubreiten, so merkt man doch, wie sie sich erholen, wie sie sich aufrichten und bei aller Frühreife ihrer trüben Erfahrung reine, kindhaft lichte Triebe ansetzen und da und dort zum Blühen kommen. Aber man muß vorsichtig mit ihnen sein; denn die Freiheit ist eine Gefahr für sie.

Das Wort Freiheit ist genannt. Es scheint mir, als ob wir, die Erwachsenen, in einer Welt lebten, in der keine Freiheit ist. Freiheit ist bewegtes, steigendes, mit der Menschenseele sich wandelndes, wachsendes Gesetz. Unsere Gesetze sind nicht mehr die unserigen. Sie sind zurückgeblieben, während das Leben lief. Man hat sie zurückgehalten, aus Geiz, aus Habgier, aus Eigennutz; aber vor allem: aus Angst. Man wollte sie nicht mit auf den Wellen haben in Sturm und Schiffbruch; sie sollten in Sicherheit sein. Und da man sie so, gerettet aus aller Gefahr, auf dem Strande zurückließ, sind sie erstarrt. Und das ist unsere Not: daß wir Gesetze haben aus Stein. Gesetze, die nicht immer mit uns waren, fremde, unverwandte Gesetze. Keine von den tausend neuen Bewegungen unseres Blutes pflanzt sich in ihnen fort; unser Leben besteht nicht für sie; und die Wärme aller Herzen reicht nicht aus, einen Schimmer von Grün auf ihren kalten Oberflächen hervorzurufen. Wir schreien nach dem neuen Gesetz. Nach einem Gesetz, das Tag und Nacht bei uns bleibt und das wir erkannt und befruchtet haben wie ein Weib. Aber es kommt keiner, der solches Gesetz uns geben kann; es ist über die Kraft.

Aber denkt niemand daran, daß das neue Gesetz, das wir nicht zu schaffen vermögen, täglich anfangen kann mit denen, die wieder ein Anfang sind? Sind sie nicht wieder das Ganze, Schöpfung und Welt, wachsen nicht in ihnen alle Kräfte heran, wenn wir nur Raum geben? Wenn wir nicht aufdringlich, mit dem Recht des Stärkeren, den Kindern all das Fertige in den Weg stellen, das für unser Leben gilt, wenn sie nichts vorfinden, wenn sie alles machen müssen: werden sie nicht alles machen? Wenn wir uns hüten, den alten Riß zwischen Pflicht und Freude (Schule und Leben), Gesetz und Freiheit in sie hinein zu vergrößern: ist es nicht möglich, daß die Welt heil in ihnen heranwächst? Nicht in einer Generation freilich, nicht in der nächsten und übernächsten, aber langsam, von Kindheit zu Kindheit heilend?

Ich weiß nicht, ob man zu dem Ursprung der Schule auch durch diese Gedanken gegangen ist; es ist eine Welt von Gedanken gedacht worden. Aber nun ist sie da. Ihre einfache Heiterkeit spielt vor einem Hintergrunde dunkelsten Ernstes. Sie ist nicht in ein Programm eingeschlossen, sie ist nach allen Seiten offen. Und es ist gar nicht vom ›Erziehen‹ die Rede. Es handelt sich gar nicht darum. Denn wer kann erziehen? Wo ist der unter uns, der erziehen dürfte?

Was diese Schule versucht, ist dieses: nichts zu stören. Aber indem sie dies auf ihre tätige und hingebende Weise versucht, indem sie Hemmungen entfernt, Fragen anregt, horcht, beobachtet, lernt und vorsichtig liebt, – tut sie alles, was Erwachsene an denen tun können, die nach ihnen kommen sollen.

Das fünfteilige hölzerne Gebäude eines früheren Hospitals. An Kranke denkt man nicht mehr; nur etwas wie die Freude von vielen Genesenden ist darin geblieben.

Die Zimmer sind wie die Zimmer in einem Landhaus. Mittelgroß, mit klaren, einfarbigen Wänden und geräumigen Fenstern, in denen viele Blumen stehen. Die niedrigen, gelben, harzhellen Tische lassen sich, wenn es nötig ist, in der Art von Schulbänken anreihen; meist aber sind sie in der Mitte zu einem einzigen großen Tisch zusammengeschoben wie in einer Wohnstube. Und die kleinen, behaglichen Sessel stehen rundherum. Natürlich ist alles da, was in ein richtiges Schulzimmer gehört: ein (übrigens nicht erhöhter) Lehrertisch, eine Tafel und alles andere. Aber diese Dinge repräsentieren nicht; sie ordnen sich ein. An der Wand, dem Fenster gegenüber, ist eine Karte von Schweden, blau, grün und rot: ein frohes, buntes Kinderland. Sonst sind Abbildungen von guten Gemälden da, in glatten, einfachen Holzrahmen. Des Velazquez kleiner reitender Infant. Daneben aber, ganz ebenso anerkannt, hängt das rote Haus, das der kleine Bengt oder Nils oder Ebbe gemalt hat, mit dem ernstesten Gesicht. Die lichten Gänge führen zu den Sälen hin, die für viele Beschäftigungen eingerichtet sind. Da ist ein weiter, luftiger Raum für die Handarbeiten der Kleinsten; in einem anderen werden Bürsten hergestellt und Bücher gebunden; eine Werkstatt ist da für Tischlerarbeiten und Mechanik, eine Druckerei und ein stilles, heiteres Musikzimmer.

Man hat das Gefühl: hier kann man etwas werden. Diese Schule ist nicht etwas Vorläufiges; da ist schon die Wirklichkeit. Da fängt das Leben schon an. Das Leben hat sich klein gemacht für die Kleinen. Aber es ist da, mit allen seinen Möglichkeiten und mit vielen Gefahren. Da hängen in den Werkstätten, wo die Zwölfjährigen arbeiten, all die scharfen Messer und Ahlen und Stahle, die man sonst ängstlich vor den Kindern verbirgt. Hier legt man sie ihnen vorsichtig und ernst und richtig in die Hand, und sie denken gar nicht daran, damit zu ›spielen‹. Sie beschäftigen sich so intensiv; und fast alle ihre Arbeiten sind gut und genau und brauchbar; des Handwerks tiefer Ernst kommt über sie.

Im Saal für Mechanik wurde ein Knabe gerufen, der einen Motor erfunden und im Modell ausgeführt hatte. Er sollte ihn erklären. Er war schon mit einer anderen Arbeit beschäftigt, von der er bereitwillig, aber doch ungern gestört, herüberkam. Sein Gesicht war noch ganz von der verlassenen Arbeit erfüllt. Aber dann nahm er sich zusammen und gab sachlich kurz die gewünschten Aufklärungen. Der Ton seiner Worte, die geschickten Gebärden, womit er sie begleitete, selbst die offene, sichere Art seiner Freundlichkeit zeigte den Arbeiter, der in seiner Arbeit lebt. Und wie bei diesem Knaben, so war bei allen Kindern Offenheit und Sicherheit zu finden; sie waren alle beschäftigt und froh und dadurch allen Tätigen nah; mochten es nun Erwachsene oder Kinder sein; in der ernsthaften und freudigen Beschäftigung war eine Gemeinsamkeit gegeben, auf der sich verkehren ließ; aller Grund zur Verlegenheit war fortgefallen.

Die Freudigkeit, die Neigung, womit in dieser Schule alles geschieht, prägt alle Dinge. Wie schön sind die von den Kindern gedruckten und gebundenen Bücher, wie rührend ausdrucksvoll sind ihre kleinen Modellierversuche; und ihre Blumenzeichnungen nach der Natur sind so richtig und liebevoll und gewissenhaft, daß sie, wo gewisse Voraussetzungen da sind, jeden Augenblick Kunst werden können. Es tut so gut zu fühlen, daß in diesen Kindern nichts verkümmern kann. Jede, auch die leiseste Anlage muß nach und nach zum Blühen kommen. Keins von diesen Kindern muß sich dauernd zurückgesetzt glauben. Der Möglichkeiten sind so viele. Für ein jedes muß der Tag kommen, da es sein Können entdeckt, irgendeine Fähigkeit, eine Geschicklichkeit, eine Lust zu irgend etwas, die ihm in dieser kleinen Welt seinen Platz, seine Berechtigung giebt. Und was das wichtigste ist: diese kleine Welt ist im Grunde nichts anderes als die große Welt auch; was man in ihr ist, kann man überall sein; diese Schule ist nicht ein Gegensatz des Heims. Sie ist dasselbe. Sie ist nur zu jedem ›Zuhause‹ hinzugekommen, sie ist an alle Häuser angebaut und will mit ihnen in Verbindung sein. Sie ist nicht das andere. Die Eltern gehen in ihr ebenso ein und aus wie ihre Kinder. Es steht ihnen frei, dann und wann einer Unterrichtsstunde beizuwohnen; sie kennen die Räume des Schulhauses und finden sich darin zurecht. Und auch im Verhältnis zum Leben will diese Schule nicht das andere sein. Deshalb kann sie keine Lehrer brauchen, die diesen Beruf ergreifen; die an ihr lehren, müssen von ihrem Beruf ergriffen sein. Es genügt nicht, daß sie einen Gegenstand beherrschen; dieser Gegenstand muß gewissermaßen unter freiem Himmel stehen; er darf nicht isoliert, nicht abgeschnitten, nicht aus allen Zusammenhängen gehoben sein. Er muß sich verwandeln, und wenn sich etwas rührt in der Welt, muß er zittern und tönen; man muß es an ihm merken können. Immer soll, unter dem Vorwande der verschiedenen Fächer, vom Leben die Rede sein. Wie schön war es, als einmal ein Bergmann kam, ein gewöhnlicher Bergmann, der schlicht und schwer von seinen schwarzen Tagen erzählte; und wie für ihn, so steht der Lehrersessel für jeden da, der etwas erfahren hat: für den Reisenden, der von fremden Gegenden erzählt, für den Mann, der Maschinen baut, und vor allem für den Schlichtesten unter den Wissenden, den Handwerker mit den klugen, vorsichtigen Händen. Denk, wenn einmal ein Zimmermann käme! Oder ein Uhrmacher oder gar ein Orgelbauer! Und sie können jeden Augenblick kommen. Denn ganz leise nur, ohne Last, liegt das Netz des Stundenplanes über den Tagen. Es wird oft verschoben. Die Wochen gehen einem nicht mit der monotonen Eile eines Rosenkranzes durch die Finger. Jeder Tag fängt an als etwas Neues und bringt unerwartete und erwartete und völlig überraschende Dinge. Und für alles ist Zeit. Die Frühstückspause ist so lang, daß man den Tisch abräumen und ihn mit hellem Wachstuch decken kann. Blumen werden in der Mitte daraufgestellt, Butterbrotteller und Gläser und Becher mit Milch; und dann sitzt es rundherum und ißt und träumt, lacht und erzählt und sieht wie eine Geburtstagsgesellschaft aus.

Es ist Zeit und Raum in dieser Schule. Um jedes dieser kleinen blonden Geschöpfe ist Raum. Wie ein Haus mit Garten ist jedes. Es ist nicht eingerammt zwischen seine Nachbarn. Es hat etwas um sich herum, etwas Lichtes, Freies, Blühendes. Es soll auch nicht gerade so wie seine Nachbarn aussehen; im Gegenteil: es soll so von Herzen verschieden sein, so aufrichtig anders, so wahr wie nur irgend möglich.

Es war konsequent und mutig, diesen Kindern keinen Religionsunterricht im herkömmlichen Sinn aufzuerlegen. Eine autoritative Beeinflussung an dieser empfindlichsten Stelle inneren Eigenlebens hätte alles Gerechte und Menschliche, das hier versucht worden ist, wieder aufgewogen. Man hat sich entschlossen, die biblischen Stoffe nach den reinsten, absichtslosesten Quellen als Historie vorzutragen, und man will nach und nach dazu kommen, Religion nicht ein-oder zweimal in der Woche zu geben, nicht heute von neun bis zehn, sondern immer, täglich, mit jedem Gegenstande, in jeder Stunde. Die Menschen, die diese Schule am meisten lieben, haben nach Tagen und nach Nächten im ganzen Bewußtsein ihrer Verantwortung diesen Beschluß gefaßt. Nun muß man Vertrauen zu ihnen haben. Kinder und Eltern. Denn diese Bedeutung scheint mir leise in dem Namen Samskola mitzuklingen: Gemeinschule, Schule für Knaben und Mädchen, aber auch: Schule für Kinder und Eltern und Lehrer. Da ist keiner über dem anderen; alle sind gleich und alle Anfänger. Und was gemeinsam gelernt werden soll, ist: die Zukunft.

Nur mit einem reicht die Vergangenheit herein. Mit dem Aberglauben von den großen Kathedralen. Menschenleben sind unter den Grundsteinen verschwunden, und der Mörtel ist auch bei diesem Bauwerk mit Herzblut gemischt.

Furnes

Ende Juli 1907; ersch. in: Berliner Tageblatt, Abendausgabe, Nr. 386, 1. August 1907

Die meisten Reisenden, die Brügge besuchen, kommen eines Tages wie durch Zufall hin. Sie befinden sich in einem der Seebäder, in Ostende oder in Blankenberghe oder in Heyst, und wenn sie für ein paar Stunden in die berühmte Stadt fahren, so bringen sie die Stimmung des großen Seebades mit: diese Trägheit mit gutem Gewissen, das Verlangen, unterhalten zu sein, und das behagliche Bewußtsein, ein Recht auf Zerstreuung zu haben. Dieser Verfassung aber entzieht sich Brügge fast ganz. Es verweigert zwar diesen Reisenden nichts; die Grand' Place ist da, für den größten Andrang immer noch zu groß, der Beffroi steigt, Stockwerk aus Stockwerk, und streut oben irgendwo sein Glockenspiel aus; und wenn sie ins Hôpital Saint-Jean kommen, so finden sie die Memlings, alles wie es sich gehört. Aber sie vermissen, ohne sich vielleicht darüber klar zu werden, das Entgegenkommen in alledem, durch das vielbesuchte Städte sich sonst angenehm machen. Selbst Venedig hat es; es zieht sich zusammen, und für die, die eilig sind, ist es in einer Stunde zu genießen. Es gewinnt den Zerstreuten einen Augenblick der Aufmerksamkeit ab, indem es vor ihnen aufsteigt wie ein Feuerwerk. Es rührt die Frauen, die seine Geschichte nicht kennen, durch seine verweinte Schönheit. Vielleicht giebt es solche, denen es mit nichts wohlzutun vermochte, aber die überraschte es schließlich durch seine Stille, und allen gab es, auch gegen ihren Willen, Erinnerungen mit, nicht zu verwechselnde Bilder, Erwartungen beinah, so sehr übertraf es mit seinem Dasein die Bedingungen dessen, was sie für möglich hielten.

Brügge übertrifft nichts; es enttäuscht die meisten. Seine Zurückhaltung ist es, die ihm den Ruf des ›toten Brügge‹ eingetragen hat, und man begnügt sich, sie zu konstatieren. Das Brügge Rodenbachs ist bekannt geworden; man vergißt, daß es ein Gleichnis war, von einem Dichter erfunden für seine Seele, und man besteht auf dem Wortlaut. Aber diese Stadt ist nicht nur schlafbefangen und wehleidig und traumhaft lautlos, sie ist auch stark und hart und voller Widerstand, und man muß nur an das verblichen gespiegelte Venedig denken, um zu merken, wie wach und ausgeschlafen hier die Spiegelbilder sind. Sie hat freilich Stunden, wo sie hinzuschwinden scheint, unaufhaltsam wie ein Wandgemälde unter den Flechten der Feuchtigkeit; aber wer sie so schildern würde, den könnte man widerlegen mit ganzen Tagen, in denen sie dasteht in ihren Feldern wie ein Schachspiel, Figur neben Figur, plastisch, klar und greifbar. Ihre Farben sind ausgegangen da und dort, aber das Muster ist überall deutlich erkennbar, und der Kanevas ist von der Festigkeit flandrischer Gewebe.

Flandern: mit diesem Namen steigen die Kontraste herauf, deren Äußerstes in dem Bilde Brügges sich zu begegnen scheint. Erst wer sie ins Auge faßt, in ihrer sich fast ausschließenden Gegensätzlichkeit, dem wird die Stadt mehr sein als ein Museum von Bildern und Spiegelbildern, durch das man ihn mit ein paar Erklärungen rasch hingeführt hat. Aber Brügge ist die schwerste Aufgabe, und die modernen Seebäder bereiten nicht darauf vor, ihre Widersprüche zu bewältigen. Nicht von Ostende müßte man hinkommen, eilig und in der Voreingenommenheit des Sehenswerten, sondern langsam, das Land entlang, aus einer der alten kleinen Städte, aus Dixmude oder aus Ypern, mit seinen gewaltigen Handelsreihn, oder aus der Stadt Furnes, die am leichtesten zu erreichen ist von der belgischen Küste aus.

Begreift man nicht besser die Grand' Place Brügges, wenn man innerlich schon ausgedehnt ist durch den ungeheueren Hauptplatz von Furnes, an den die Stadt sich ganz ausgegeben hat – wie es scheint –, über ihn hinaus nur noch einen Platz bildend und Gassenanfänge nach allen Seiten, die es zu nichts bringen? Erwartet man nicht schon, Brügges berühmten Glockenturm steigen zu sehen, wenn man die Maßlosigkeit flandrischer Türme in Furnes kennengelernt hat, die über die Giebel hinausgehen, als gehörten sie in den Himmel? Und ist es nicht nützlich – wie man es in Furnes, vor Sankt Walpurga kann –, die Erde schon einmal als den Grund des Himmels empfunden zu haben, auf dem die Wracks riesiger Kirchenschiffe liegen, leblos, in hundertjähriger Havarie? In Furnes lernt man einzelner und übersichtlicher die Einschläge unterscheiden, die die Architekturen dieses Landes (seine äußere wie seine innere) so verwirrend komplizieren konnten. Burgund und Spanien und Habsburg folgen und durchdringen sich und erscheinen doch immer wie in vlämischer Aussprache, wie bezwungen von der Mundart eines bäuerischen Mundes, der nicht zum Schweigen zu bringen war. Flandrisches Licht fällt durch die neuen Fenster des Stadthauses auf die Fetzen der prunkhaften Korduantapeten, fast schadenfroh. Die Bilder der guten Statthalter stehen bürgerlich in Ehren, von den verhaßten hat man keine aufbewahrt. Das gemalte Wappen eines Fürner Adelsgeschlechtes, ein einziges, findet sich, vergessen, sehr hoch fortgehängt in einem der Säle. Neben diesen alten Staatsräumen sind Bureaus eingerichtet, die wie reinliche, wenig benutzte Postämter aussehen. Man sieht selten jemanden eintreten. Der enorme Platz nimmt fortwährend noch Zuflüsse von Leere auf, die aus allen Straßen in ihn münden. Der lange schräge ›Apfelmarkt‹ nebenan hat einen spärlichen Verkehr, den die vielen Fenster zu zählen scheinen. Sein schmales Ende bildet schon an dieser Seite den Ausgang der Stadt, auf eine Art verlassenen Hafen zu und gegen klösterliche Obstgärten hin, deren Blätter so übertrieben deutlich sind, daß sie voll wie Früchte aussehen, jedes einzelne. Im Vorübergehen hat man die alten Kirchenportale bemerkt, das von Sankt Nikolas, halb versunken, wie in die Erde hineingedrängt von dem Druck des stumpfen Turmes, und drüben das zu Sankt Walpurga gehörige, weit vor der Kirche, in der Gefangenschaft des Verfalls allein im Stiche gelassen wie eine tollkühne Vorhut.

Wer aber dieser Stille und diesem Absterben unbedingt glauben will, der muß nur veranlaßt werden, den letzten Sonntag im Juli abzuwarten, um seinen Irrtum einzusehen. Schon am Morgen dieses Tages ist nicht die Grand’ Place vor ihm, die er kennt; es ist, als hätte sie plötzlich ein neues Mittel gefunden, um ihre Größe zu beweisen. Jahrmarktsbuden erfüllen sie jetzt, bis auf einen gassenbreiten, freien Rahmen, selber ein Netz von Gassen und kleinen Plätzen und Umwegen bildend, eine Stadt für sich, wie eine von jenen rasch errichteten hölzernen Städten, mit denen die Herzöge von Burgund fremde Fürsten in Erstaunen setzten. Aber diese Stadt bleibt verschlossen, mehr noch, sie hält sich zu, während die Glocken wie ein Wolkenbruch über sie niedergehen. Wenn es einmal still wird zwischendurch, hört man in den Gassen die Fahnen, als kämen Männer in Mänteln durch den Wind. Dabei sieht man fast niemanden gehen, nur Hingestellte da und dort, schwarz und nicht von der Stelle zu rücken. Das alles verändert sich kaum stundenlang und wächst schließlich mit den immer wieder einsetzenden Läuten zu einer fast ängstlichen Erwartung an, auf die nur das Kommen und Durchgehen Fremder beruhigend wirkt. Gegen zwei Uhr haben diese Fremden, vermengt mit Einheimischen, den Hauptplatz entlang und an der Ecke des spanischen Pavillons Reihen gebildet, Gassen, eine negative Form, in die sich, die viele Sonne vor sich herschiebend, auf einmal jener seltsame Umzug ergießt, den die Tradition der Stadt fast ohne Unterbrechung weitergeben hat von Jahr zu Jahr, seit Jahrhunderten, seit immer. Der alte Gebrauch, daß an einem bestimmten Tage Bußbereite eine sichtbare Buße auf sich nehmen und tragen, entspricht zu sehr dem Bedürfnis dieses Volkes, das ein Gegengewicht zu seinen deutlichen Vergnügungen nötig hat, als daß er sich hätte auflösen und verlieren können.

Wie einst, so setzt sich auch heute noch dieser Zug aus Büßern und Darstellern zusammen, und da die Buße selbst ein Schauspiel ist, so gehen die beiden Rollen oft ineinander über und sind nicht genau zu unterscheiden. Der Gegenstand dieses wie durch die Unruhe kriegerischer Zeiten in Bewegung gesetzten Dramas ist die Passion, die die Büßenden (durch die herabgeschlagenen Kapuze(n) der Kagulen unkenntlich) auf sich nehmen im wörtlichen Sinne, indem sie die alten bemalten und bekleideten Holzpuppen vier Stunden lang in der Stadt umhertragen, durch den drückenden langen Nachmittag, unter den Schlägen der Glocken, vor aller Augen. Die Puppen (spanisch-vlämische Skulpturen aus dem siebzehnten Jahrhundert), ganz erfüllt von dem monomanen, einseitigen Ausdruck ihrer Handlung und durch das Getragensein, das Hingesetzt-und Wiederaufgenommenwerden seltsam bewegt und beschäftigt scheinend, sind schwer zu übertreffende Mitspieler. Aber durch die natürliche Ähnlichkeit mit ihnen gelingt es den anderen, sich ebenso lebendig und überzeugend zu gebärden; dem einen ›Christus‹ ist überdies durch das Recht, dreimal an genau bezeichneten Stellen unter dem Kreuze zusammenzubrechen, ein großer Vorsprung gegeben, und alle die anderen haben vor den Holzfiguren die Rede voraus, von der sie eifrig Gebrauch machen. Denn es geht über dem Ganzen ein alter Zusammenhang vlämischer Verse her, an die einzelnen Personen verteilt, denen das heilige Auseinandersetzen lang und deutlich wie ein Spruchband aus dem Munde hängt. Die Propheten natürlich sind vor allem davon angetan, jeder seine Verheißung hersagend und wieder hersagend, ganz am Anfang des Zuges. David, der unter ihnen schreitet, kommt noch einmal vor als Büßender, schweigend, das Bußkleid unter dem königlichen Mantel. Ein kleines Mädchen in einfach gegürtetem Kleid, einen Engel darstellend, geht, ihm zugewendet, vor ihm und erzählt seine Geschichte. Und immer wieder kommen diese kleinen ›Engel‹ und erzählen die Geschichten, die hinter ihnen folgen, ausführlich, mit der Deutlichkeit des Mittelalters restlos in Bilder übersetzt, in Gestalten, in Dinge, in nicht zu widerlegende Wirklichkeit.

Der Stall ist da, die Krippe und unter Ochs und Esel Josef und Maria im Gespräch, in das sich bei einer wiederholten Darstellung derselben Personen die heiligen Könige mischen; in einer dritten Besetzung gehen sie, übermäßig die Schmerzen beklagend, die das Kind durchzumachen hat, hinter der Beschneidung her und kommen gleich darauf auf der Flucht nach Ägypten in friedlicher Gruppe wieder vor. Der Hof des Herodes erscheint, Jesus unter den Gelehrten, denen ein Engel zuspricht, während sie selber streiten, Maria Magdalena mit gelöstem Haar unter schwarzen Schleiern, der Einzug in Jerusalem, ein Abendmahl, lebensgroß in Holz geschnitzt, voll eigentümlicher Neigung und Bewegung, der Ölberg, der Verrat, die Dornenkrönung. Immer mehr werden die kleinen hersagenden blonden ›Engel‹ durch verhängte Büßer ersetzt, die stumm das Kreuz mit der beschämenden Aufschrift tragen, die eine Marter Christi anzeigt und ein Unrecht der Menschen. Und schließlich mischen sich in rostigen Kettenhemden Kriegsknechte unter sie, gehende und berittene, breitrückig und schlank, wie man sie aus den geschnitzten Altartafeln kennt, immer noch dieselben. Und man erinnert sich, daß eine alte volkstümliche Auslegung den Ursprung der Prozession auf das Sakrileg eines Soldaten zurückführt, der die heimlich im Munde mitgebrachte Hostie verbrannt haben soll, um durch ihre Asche unverwundbar zu werden.

Wie jede Maskerade, so ist auch diese ein Spiel mit dem Ernst; und wie bei einem Gartenfest da und dort manchmal ein Lampion sich entzündet und alle beim Anblick der Flamme einen Moment die Wirklichkeit sehen, drohend und voll Gefahr, so schlägt auch aus diesen Darstellungen oft unerwartet die tragische Größe der Handlung, und ihr Feuerschein geht über die Gesichter der Zuschauer. Und sie erkennen ganz hinten unter dem schwankenden Baldachin die Monstranz, der ganze Klerus nähert sich feierlich in den großen Ornaten, und vor ihm her, am Ende des Zuges, ziehen, wirr und aufgelöst, die nicht bei den Gruppen verwendeten Büßenden unter der Last großer leerer Kreuze. Die meisten kommen barfuß daher, man sieht ihre Füße und ihre Hände, aber die herabgelassenen Hauben verbergen sie doch auf eine seltsam spannende Art. Die Augenlöcher der Kapuzen geben ihnen einen verschiedenen Ausdruck; einige sind ausgeweitet wie alte Knopflöcher, andere kaum aufgeschnitten, und bei einem sieht man überhaupt nur ein großes ausgefetztes Loch über dem Kinn, das ihm aber genügt, um sich zurechtzufinden. Erst meint man freilich, gerade diesen Büßern fehle es an Ernst und Haltung, wenn sie auf ihrem langen Wege das erste Mal vorüberkommen. Sie trügen – meint man – ihre Kreuze wie solche, denen das Tragen tägliche Arbeit ist und die gewohnt sind, es sich so bequem wie möglich einzurichten. Aber je öfter man sie wiedersieht, den Zug überholend oder wiedererwartend, desto aufrichtiger und unüberlegter wird ihr Tragen, desto mehr kommt unter der vollen Sonne das Kreuz über sie, mit seinem ganzen Sichschwermachen. Und schließlich, als sie zum letzten Mal auf den Platz einbiegen, rufen sie fast die Ungeduld der ermüdeten Zuschauer heraus durch die Langsamkeit ihrer Weiterbewegung, durch die großen Lücken, die bei dem mühseligen Zurückbleiben einzelner entstanden sind, durch ihr Ernstnehmen einer Sache, die nun zu Ende ist und auf deren endlichen Abschluß Hunderte warten.

Und kaum ist der Klerus mit dem Allerheiligsten nach Sankt Nikolas hin abgebogen, schließt sich hinter den beiden berittenen Wachen die Menge mit einer solchen Heftigkeit, daß man an Gewässer denkt, die von allen Seiten in ihr altes Bett hineinstürzen und es drängend und brausend erfüllen. Es ist keine Unordnung oder Gesetzlosigkeit in dieser Bewegung, nur ein unaufhaltsames Besitzergreifen, das leise weiterwächst; und wer an einem Fenster steht, kann denken, daß das da unten dieselbe Masse ist, deren harten und kurzen Wellenschlag die burgundischen Herzöge mit soviel Beunruhigung beobachteten, von einem dieser Balkone aus.

Und nun ist es fast ein einziger Augenblick: dieser, in dem die Glocken stillstehen, als hätte sich einer ihnen entgegengeworfen und hätte sie gebändigt, und der, welcher wie auf ein Zeichen alle die Buden aufspringen macht, aus denen Licht und Geschrei herausdrängt in die beginnende Dämmerung.

Die Kermes fängt an, deutlich wie die Passion und voll Ernst und Vermummung wie sie. Da und dort steht noch einer im Bußhemd, die Kapuze zurückgeschlagen, mit ganz hell beschienenem Gesicht. Die Schreier stoßen ihre Verlockungen aus wie Schmähreden, Trommelwirbel sammeln sich wie auf einem Haufen, und schrille, kleine Glocken gießen fort, was sie an Lärm in sich haben. Die Tierstimmen aus den Schaubuden bleiben unvermischt und kommen an die Oberfläche aller Geräusche; abgerissene Stücke von Drehorgelmusik fallen irgendwo nieder und werden zertreten. Der Geruch des Fettes aus den Waffelküchen versucht nicht zurückzubleiben hinter den übrigen Sensationen, und die Karussells geraten immer mehr in Schwung, das elektrische mit seinen doppelt bewegten Schiffen und drüben das altmodische mit den Pferden in Ostereierfarben. Und immer mehr füllen sich die langen Bänke vor den Estaminets, füllen sich und werden nun vierzehn Tage nicht wieder kalt. Denn sie ist ausdauernd, diese robuste Lustigkeit, und ein Vorrat nicht anders aufzubrauchender Kräfte ist für sie da. Tanzanfänge bilden sich in den Ecken des Platzes. Schwere Gebärden werden aufgehoben wie Gewichte, freundliche und, probend, auch drohende, und das einfache Umfallen eines Ungeschickten oder Trunkenen findet immer noch wie auf alten vlämischen Bildern den ausgelassenen Beifall eines ganzen Kreises. Und alles ringsum ist von Nähe ausgefüllt; es giebt nur Deutliches, Nahes, Greifbares, so weit man sieht.

Erst wenn man den Platz verläßt und hinübergeht, auf die alte Hotellerie ›de la Noble Rose‹ zu, erkennt man allmählich wieder Entferntes: die Türme, die so weit über das alles hinausreichen und doch mit dazu gehören. Denn selbst in dem Läuten da oben ist auch wieder beides, Buße und Kermes für den, der läutet: auf einem kleinen Tritt des Gebälkes stehend, in fortwährender Gefahr die ungeheure Glocke erwartend, um sie mit dem Fuße zurückzustoßen, halb tanzend und halb im Kampf, mit ihr allein über dem dunklen Abgrund des Turmes und verschlungen von dem Sturm ihrer Stimme.

Die Bücher zum wirklichen Leben

[Zuschrift an den Buchhändler Hugo Heller]

Der kurzen Beantwortung Ihrer Rundfrage muß ich, um nicht unverständlich zu sein, eine Anmerkung von ganz persönlicher Art voranstellen.

Eine Reihe von Umständen ließ mich nie zu jener Leichtigkeit im Umgang mit Büchern kommen, die junge Leute sich in einer gewissen Zeit mühelos und fast wider ihren Willen aneignen. Noch jetzt sind meine Beziehungen zu Büchern nicht ohne Befangenheit und es kann geschehen, daß ich mich in großen Bibliotheken geradezu einer feindlichen Übermacht ausgeliefert fühle, gegen welche jede Gegenwehr eines einzelnen sinnlos wäre.

Jedenfalls hatte ich nur wenig und schlecht gelesen, als Jakob Wassermann mir im Jahre 1897 von »Niels Lyhne« sprach. Ich glaube, er nannte mir damals auch Turgenieff und Dostojewski. Letzterer ist mir später sehr wichtig geworden, als ich, durch sein Land und seine Sprache bis zum äußersten auf ihn vorbereitet, die »Armen Leute« las und wiederlas und schließlich einen Teil dieses ahnungslos genialen Buches übersetzte.

Aber das war zu einer Zeit, da ich schon »Niels Lyhne« gelesen hatte und alles, was von Jacobsen besteht. Ich weiß nicht zu sagen, woran ich diese Bücher erkannte; aber ich war entschlossen, mit ihnen zu leben, und nun, da Sie fragen, habe ich die Antwort leicht: Jacobsens schöne und unerschöpfliche Bücher sind es, die bestimmend auf mich gewirkt haben.

Natürlich sind unter den vielen, zum Teil anonym bleibenden Einflüssen, die ununterbrochen an uns arbeiten, auch andere Bücher gewesen. Ich nenne sie nicht, denn in demselben Maße, in dem sie auf mich wirkten, wiesen sie mich auch schon, über sich fort, an die Natur, seit die Dichtungen des großen Dänen mir diesen Weg eröffnet hatten. Um so mehr Grund habe ich, sie allein hier anzuführen. Denn ihnen zuerst verdanke ich die Bereitschaft zu unwählerischem Schauen und die Entschlossenheit, zu bewundern; und sie stützen in mir, seit ich sie liebe, die innere Gewißheit, daß es auch noch für das Leiseste und Unfaßbarste in uns in der Natur sinnliche Äquivalente giebt, die sich müssen finden lassen. Die Bibel hat erst später auf mich gewirkt und eines Tages, plötzlich: Ibsen.

Über den Dichter

Anfang Februar 1912; ersch. in: R. M. Rilke, Verse und Prosa aus dem Nachlaß. Gesellschaft der Freunde der Deutschen Bücherei, Leipzig, 1929

Einmal, in einem schönen Gleichnis, ward mir das Verhältnis des Dichters im Bestehenden, sein ›Sinn‹ vorgehalten. Das war auf der großen Segelbarke, mit der wir von der Insel Philae nach den ausgedehnten Stau-Anlagen hinüberfuhren. Es ging zuerst den Strom hinauf, die Ruderer mußten sich Mühe geben. Ich hatte sie alle gegen mir über, sechzehn, wenn ich mich recht entsinne, je vier in einer Reihe, immer zwei am rechten, zwei am linken Ruder. Gelegentlich begegnete man dem Blick des einen oder andern, meistens aber war in ihren Augen kein Schauen, sie standen offen in die Luft, oder sie waren eben nur die Stellen, wo das heiße Innere dieser Burschen, um das die metallischen Körper sich spannten, frei lag. Zuweilen, aufschauend, überraschte man dennoch einen, der in voller Nachdenklichkeit über einem brütete, als stellte er sich Situationen vor, in denen diese fremde verkleidete Erscheinung sich ihm enträtseln könnte; entdeckt, verlor er fast sofort den mühsam vertieften Ausdruck, war einen Moment mit allen Gefühlen im Schwanken, sammelte sich, so rasch es ging, in einem wachsamen Tierblick, bis der schöne Ernst seines Gesichts gewohnheitsmäßig in das albere Bakschischgesicht überging und in die törichte Bereitschaft, sich zum Dank nach Belieben zu entstellen und herabzusetzen. Doch ging mit dieser Erniedrigung, die die Reisenden seit lange auf dem Gewissen haben, meistens auch schon die dazugehörige Rache vor sich, indem er selten unterließ, über den Fremden fort einen Blick bösen Hasses hinüberzuheben, der aufleuchtete von einem Einverständnis, das er jenseits mußte gefunden haben. Ich hatte den Alten schon mehrere Male beobachtet, der dort auf dem Schiffshinterteil hockte. Seine Hände und Füße waren aufs vertraulichste nebeneinandergekommen, und zwischen ihnen ging, gelenkt und aufgehalten, die Stange des Steuers hin und her und hatte Bewandtnis. Der Körper in dem zerfetzten schmutzigen Kleide war nicht der Rede wert, das Gesicht unter dem verkommenen Turbantuch in sich zusammengeschoben wie die Stücke eines Fernrohrs, so flach, daß die Augen davon zu triefen schienen. Gott weiß, was in ihm steckte, er sah aus, als könnte er einen in etwas Widerwärtiges verwandeln; ich hätte ihn gern genau ins Auge gefaßt, aber wenn ich mich umdrehte, hatte ich ihn so nah wie mein eigenes Ohr, und es war mir zu auffallend, ihn aus solcher Nähe zu untersuchen. Auch war das Schauspiel des breit auf uns zukommenden Flusses, der schöne, gleichsam fortwährend zukünftige Raum, in den wir uns eindrängten, der ununterbrochenen Aufmerksamkeit so würdig und wohltuend, daß ich den Alten aufgab und dafür mit immer mehr Freude die Bewegungen der Knaben zu sehen lernte, die bei aller Heftigkeit und Anstrengung nicht an Ordnung verloren. Das Rudern war nun so gewaltig, daß die Knaben an den Enden der mächtigen Ruderstangen sich jedesmal im Ausholen ganz von den Sitzen abhoben und sich, ein Bein gegen die Vorderbank gestemmt, stark zurückwarfen, während die acht Ruderblätter sich unten in der Strömung durchsetzten. Dabei stießen sie eine Art Zählung aus, um im Takt zu bleiben, aber immer wieder nahm ihre Leistung sie so in Anspruch, daß keine Stimme übrigblieb; manchmal mußte so eine Pause einfach überstanden werden, zuweilen aber fügte es sich so, daß ein nicht abzusehender Eingriff, den wir alle auf das besonderste empfanden, ihnen dann nicht nur rhythmisch zu Hülfe kam, sondern auch, wie man merken konnte, die Kräfte in ihnen gleichsam umwandte, so daß sie, erleichtert, neue, noch unverminderte Stellen Kraft in Gebrauch nahmen: ganz wie ein Kind, das sich hungrig über einen Apfel gemacht hat, strahlend von neuem zu essen anfängt, wenn es entdeckt, daß die eine Seite, die es hielt, noch bis zur Schale ansteht.

Da kann ich ihn nun länger nicht verschweigen, den Mann, der gegen den rechten Rand zu vorne auf unserer Barke saß. Ich meinte schließlich, es vorzufühlen, wenn sein Gesang bevorstand, aber ich kann mich geirrt haben. Er sang auf einmal auf, in durchaus unregelmäßigen Abständen und keineswegs immer, wenn die Erschöpfung um sich griff, im Gegenteil, es geschah mehr als ein Mal, daß sein Lied alle tüchtig fand oder geradezu übermütig, aber es war auch dann im Recht; es paßte auch dann. Ich weiß nicht, wie weit sich ihm die Verfassung unserer Mannschaft mitteilte, das alles war hinter ihm, er sah selten zurück und ohne ihn bestimmenden Eindruck. Was auf ihn Einfluß zu haben schien, war die reine Bewegung, die in seinem Gefühl mit der offenen Ferne zusammentraf, an die er, halb entschlossen, halb melancholisch, hingegeben war. In ihm kam der Antrieb unseres Fahrzeugs und die Gewalt dessen, was uns entgegenging, fortwährend zum Ausgleich, – von Zeit zu Zeit sammelte sich ein Überschuß: dann sang er. Das Schiff bewältigte den Widerstand; er aber, der Zauberer, verwandelte das, was nicht zu bewältigen war, in eine Folge langer schwebender Töne, die weder hierhin noch dorthin gehörten und die jeder für sich in Anspruch nahm. Während seine Umgebung sich immer wieder mit dem greifbaren Nächsten einließ und es überwand, unterhielt seine Stimme die Beziehung zum Weitesten, knüpfte uns daran an, bis es uns zog.

Ich weiß nicht, wie es geschah, aber plötzlich begriff ich in dieser Erscheinung die Lage des Dichters, seinen Platz und seine Wirkung innerhalb der Zeit und daß man ihm ruhig alle Stellen streitig machen dürfte außer dieser. Dort aber müßte man ihn dulden.

Über den jungen Dichter

Spätsommer 1913; ersch. als Privatdruck (50 Exemplare) für die Mitglieder der Gesellschaft der Bücherfreunde zu Hamburg, Mai 1931

Immer noch zögernd, unter geliebten Erfahrungen überwiegende und geringere zu unterscheiden, bin ich auf ganz vorläufige Mittel beschränkt, wenn ich das Wesen eines Dichters zu beschreiben versuche: dieses ungeheure und kindliche Wesen, welches (man faßt es nicht: wie) nicht allein in endgültigen großen Gestalten früher aufkam, nein, sich hier, neben uns, in dem Knaben vielleicht, der den großen Blick hebt und uns nicht sieht, gerade zusammenzieht, dieses Wesen, das junge Herzen in einer Zeit, da sie des geringfügigsten Lebens noch unmächtig sind, überfällt, um sie mit Fähigkeiten und Beziehungen zu erfüllen, die sofort über alles Erwerbbare eines ganzen Daseins hinausgehn; ja, wer wäre imstand, von diesem Wesen ruhig zu reden? Wäre es noch an dem, daß es nicht mehr vorkäme, daß wir es absehen dürften an den Gedichten Homers, hinausgerückt, in seiner unwahrscheinlichen Erscheinung: wir würden es allmählig in eine Fassung bringen, wir würden ihm Namen geben und Verlauf, wie den anderen Dingen der Vorzeit; denn was anderes als Vorzeit bricht aus in den mit solchen Gewalten bestürzten Herzen. Hier unter uns, in dieser vielfältig heutigen Stadt, in jenem redlich beschäftigten Haus, unter dem Lärm der Fahrzeuge und Fabriken und während die Zeitungen ausgerufen werden, geräumige Blätter bis an den Rand voll Ereignis, ist plötzlich, wer weiß, alle Anstrengung, aller Eifer, alle Kraft überwogen durch den Auftritt der Titanen in einem unmündigen Innern. Nichts spricht dafür als die Kälte einer Knabenhand; nichts als ein erschrocken zurückgenommener Aufblick; nichts als die Teilnahmslosigkeit dieses jungen Menschen, der mit seinen Brüdern nicht spricht und, sobald es geht, von den Mahlzeiten aufsteht, die ihn viel zu lang dem Urteil seiner Familie ausstellen. Kaum daß er weiß, ob er noch zur Mutter gehört: so weit sind alle Maße seines Fühlens verschoben, seit dem Einbruch der Elemente in sein unendliches Herz.

O ihr Mütter der Dichter. Ihr Lieblingsplätze der Götter, in deren Schooß schon muß das Unerhörte verabredet worden sein. Hörtet ihr Stimmen in der Tiefe eurer Empfängnis, oder haben die Göttlichen sich nur mit Zeichen verständigt?

Ich weiß nicht, wie man das völlig Wunderbare einer Welt leugnen kann, in der die Zunahme des Berechneten die Vorräte dessen, was über jedes Absehn hinausgeht, noch gar nicht einmal angegriffen hat. Es ist wahr, die Götter haben keine Gelegenheit verschmäht, uns bloßzustellen: sie ließen uns die großen Könige Ägyptens aufdecken in ihren Grabkammern, und wir konnten sie sehen in ihren natürlichen Verwesungen, wie ihnen nichts erspart geblieben war. Alle die äußersten Leistungen jener Bauwerke und Malereien haben zu nichts geführt; hinter dem Qualm der Balsamküchen ward kein Himmel erheitert, und der tönernen Brote und Beischläferinnen hat sich kein unterweltlicher Schwarm scheinbar bedient. Wer bedenkt, welche Fülle reinster und gewaltigster Vorstellungen hier (und immer wieder) von den unbegreiflichen Wesen, an die sie angewandt waren, abgelehnt und verleugnet worden ist, wie möchte der nicht zittern für unsere größere Zukunft. Aber bedenke er auch, was das menschliche Herz wäre, wenn außerhalb seiner, draußen, an irgendeinem Platze der Welt Gewißheit entstünde; letzte Gewißheit. Wie es mit einem Schlage seine ganze in Jahrtausenden angewachsene Spannung verlöre, eine zwar immer noch rühmliche Stelle bliebe, aber eine, von der man heimlich erzählte, was sie vor Zeiten gewesen sei. Denn wahrlich, auch die Größe der Götter hängt an ihrer Not: daran, daß sie, was man ihnen auch für Gehäuse behüte, nirgends in Sicherheit sind als in unserem Herzen. Dorthin stürzen sie oft aus dem Schlaf mit noch ungesonderten Plänen; dort kommen sie ernst und beratend zusammen; dort wird ihr Beschluß unaufhaltsam.

Was wollen alle Enttäuschungen besagen, alle unbefriedigten Grabstätten, alle entkernten Tempel, wenn hier, neben mir, in einem auf einmal verfinsterten Jüngling Gott zur Besinnung kommt. Seine Eltern sehen noch keine Zukunft für ihn, seine Lehrer glauben seiner Unlust auf der Spur zu sein, sein eigener Geist macht ihm die Welt ungenau, und sein Tod versucht schon immer an ihm, wo er am besten zu brechen sei: aber so groß ist die Unüberlegtheit des Himmlischen, daß es in dieses unverläßliche Gefäß seine Ströme ergießt. Vor einer Stunde noch vermochte der flüchtigste Aufblick der Mutter dieses Wesen zu umfassen; nun ermäße sie's nicht: und wenn sie Auferstehung und Engelsturz zusammennimmt.

Wie aber kann ein neues Geschöpf, das noch kaum seine eigenen Hände kennt, unerfahren in seiner Natur, Neuling in den gewöhnlichsten Wendungen seines Geistes, sich bei so unerhörter Anwesenheit einrichten? Wie soll es, das doch offenbar bestimmt ist, später von der präzisesten Beschaffenheit zu sein, seine Ausbildung leisten, zwischen Drohungen und Verwöhnungen, die beide seine unvorbereiteten Kräfte, bis zum letzten Aufgebot, übersteigen? Und nicht nur daß der Ausbruch der Größe in seinem Innern ihm die heroische Landschaft seines Gefühls fast ungangbar macht: in demselben Maße, als dort seine Natur überhandnimmt, gewahrt er, auf- blickend, mißtrauische Fragen, bittre Forderungen und Neugier in den bisher in Sicherheit ge- liebten Gesichtern. Dürfte doch ein Knabe in solcher Lage immer noch fortgehn, hinaus, und ein Hirte sein. Dürfte er seine verwirrten inneren Gegenstände in langen sprachlosen Tagen und Nächten bereichern um den staunend erfahrenen Raum; dürfte er die gedrängten Bilder in seiner Seele gleichsetzen dem verbreiteten Gestirn. Ach, daß doch niemand ihm zuredete und niemand ihm widerspräche. Wollt ihr wirklich diesen beschäftigen, diesen maaßlos in Anspruch Genommenen, dem vor der Zeit ein unerschöpfliches Wesen zu tun giebt?

Kann man sich erklären, wie er besteht? Die ihn plötzlich bewohnende Macht findet Verkehr und Verwandtschaft bei seiner noch in allen Winkeln des Herzens zögernden Kindheit; da zeigt es sich erst, nach was für ungeheueren Verhältnissen hin dieser äußerlich so unzulängliche Zu- stand innen offensteht. Der unverhältnismäßige Geist, der im Bewußtsein des Jünglings nicht Platz hat, schwebt darüber einer entwickelten Unterwelt voller Freuden und Furchtbarkeiten. Aus ihr allein, absehend von der ganzen jenseitig-äußeren Kreatur, vermöchte er seine gewalti- gen Absichten zu bestreiten. Aber da lockt es ihn auch schon, durch die rein leitenden Sinne des Ergriffenen mit der vorhandenen Welt zu verhandeln. Und wie er innen an das verborgen Mäch- tigste seinen Anschluß hat, so wird er im Sichtbaren schnell und genau von kleinen winkenden Anlässen bedient: widerspräche es doch der verschwiegenen Natur, in dem Verständigten das Bedeutende anders als unscheinbar aufzuregen.

Wer die frühen Kleistischen Briefe liest, dem wird in demselben Grade, als er diese in Gewit- tern sich aufklärende Erscheinung begreift, die Stelle nicht unwichtig sein, die von dem Gewölb eines gewissen Tores in Würzburg handelt, einem der zeitigsten Eindrücke, an dem, leise be- rührt, die schon gespannte Genialität sich nach außen schlägt. Irgendein nachdenklicher Leser Stifters (um noch ein Beispiel vorzustellen) könnte es bei sich zur Vermutung bringen, daß diesem dichterischen Erzähler sein innerer Beruf in dem Augenblick unvermeidlich geworden sei, da er eines unvergeßlichen Tages zuerst durch ein Fernrohr einen äußerst entlegenen Punkt der Landschaft herbeizuziehen suchte und nun, in völlig bestürzter Vision, ein Flüchten von Räumen, von Wolken, von Gegenständen erfuhr, einen Schrecken von solchem Reichtum, daß in diesen Sekunden sein offen überraschtes Gemüt Welt empfing, wie die Danaë den ergosse- nen Zeus.

Es möchte am Ende jede dichterische Entschlossenheit an so nebensächlichen Anlässen un- erwartet zu sich gekommen sein, nicht allein, da sie zum ersten Mal sich eines Temperamentes bemächtigte, sondern immer wieder, an jeder Wendung einer künstlerisch sich vollziehenden Natur.

Wer nennt euch alle, ihr Mitschuldigen der Begeisterung, die ihr nichts als Geräusche seid, oder Glocken, die aufhören, oder wunderlich neue Vogelstimmen im vernachlässigten Gehölz. Oder Glanz, den ein aufgehendes Fenster hinauswirft in den schwebenden Morgen; oder abstür- zendes Wasser; oder Luft; oder Blicke. Zufällige Blicke Vorübergehender, Aufblicke von Frauen, die am Fenster nähen, bis herunter zum unsäglich besorgten Umschaun hockender bemühter Hunde, so nahe am Ausdruck der Schulkinder. Welche Verabredung, Größe hervorzurufen, geht durch den kleinlichsten Alltag. Vorgänge, so gleichgültig, daß sie nicht imstande wären, das nachgiebigste Schicksal um ein Zehntausendstel zu verschieben –, siehe: hier winken sie, und die göttliche Zeile tritt über sie fort ins Ewige.

Gewiß wird der Dichter bei zunehmender Einsicht in seine grenzenlosen Aufgaben sich an das Größte anschließen; es wird ihn, wo er es findet, entzücken oder demütigen, nach seiner Willkür. Aber das Zeichen zum Aufstand in seinem Herzen wird willig von einem Boten gegeben sein, der nicht weiß, was er tut. Undenkbar ist es für ihn, sich von vornherein nach dem Großen auszurichten, da er ja gerade bestimmt ist, an ihm, seinem allgegenwärtigen Ziele, auf noch unbeschreiblich eigenen Wegen herauszutreten. Und wie, eigentlich, sollte es ihm zuerst kenntlich geworden sein, da es in seiner ursprünglichen Umwelt vielleicht nur vermummt, sich verstellend oder verachtet vorkam, gleich jenem Heiligen, im Zwischenraum unter der Treppe wohnend? Läge es aber einmal vor ihm, offenkundig, in seiner sichern, auf uns nicht Rücksicht nehmenden Herrlichkeit, – müßte er dann nicht wie Petrarca vor den zahllosen Aussichten des erstiegenen Berges zurück in die Schluchten seiner Seele flüchten, die, ob er sie gleich nie erforschen wird, ihm doch unaussprechlich näher gehn als jene zur Not erfahrbare Fremde.

Erschreckt im Innern durch das ferne Donnern des Gottes, von außen bestürzt durch ein unaufhaltsames Übermaß von Erscheinung, hat der gewaltig Behandelte eben nur Raum, auf dem Streifen zwischen beiden Welten dazustehn, bis ihm, auf einmal, ein unbeteiligtes kleines Geschehn seinen ungeheueren Zustand mit Unschuld überflutet. Dieses ist der Augenblick, der in die Waage, auf deren einer Schale sein von unendlichen Verantwortungen überladenes Herz ruht, zu erhaben beruhigter Gleiche das große Gedicht legt.

Das große Gedicht. Wie ich es sage, wird mir klar, daß ich es bis vor kurzem als ein durchaus Seiendes hingenommen habe, es jedem Verdacht der Entstehung hochhin entziehend. Wäre mir selbst der Urheber dahinter hervorgetreten, ich wüßte mir doch die Kraft nicht vorzustellen, die soviel Schweigen auf ein Mal gebrochen hat. Wie die Erbauer der Kathedralen, Samenkörnern vergleichbar, sofort aufgegangen waren, ohne Rest, in Wachstum und Blüte, in dem schon wie von jeher gewesenen Dastehn ihrer aus ihnen nicht mehr erklärlichen Werke: so sind mir die großen vergangenen und die gegenwärtigen Dichter rein unfaßlich geblieben, jeder einzelne ersetzt durch den Turm und die Glocke seines Herzes. Erst seit eine nächste, herauf und gleich ins Künftige drängende Jugend, ihr eigenes Werden im Werden ihrer Gedichte nicht unbedeutend zur Geltung bringt, versucht mein Blick, neben der Leistung die Verhältnisse des hervorbringenden Gemüts zu erkennen. Aber auch jetzt noch, da ich zugeben muß, daß Gedichte sich bilden, bin ich weit entfernt, sie für erfunden zu halten; vielmehr erscheint es mir, als ob in der Seele des dichterisch Ergriffenen eine geistige Prädisposition herausträte, die schon zwischen uns (wie ein unentdecktes Sternbild) gespannt war.

Betrachtet man, was an schöner Verwirklichung schon jetzt für einige von denjenigen einsteht, die ihr drittes Jahrzehnt kürzlich angetreten haben, so könnte man fast hoffen, sie würden in kurzem, alles, woran in den letzten dreißig Jahren unsere Bewunderung groß geworden ist, durch das Vollzieherische ihrer Arbeit zur Vorarbeit machen. Es müssen, das ist klar, die verschiedensten Umstände sich günstig verabreden, damit ein solches entschlossenes Gelingen möglich sei. Prüft man diese Umstände, so sind der äußeren so viele, daß man es am Ende aufgiebt, bis zu den innerlichen vorzudringen. Die gereizte Neugier und unaufhörliche Findigkeit einer um hundert Hemmungen freieren Zeit dringt in alle Verstecke des Geistes und hebt leicht auf ihren Fluten Gebilde hervor, die der einzelne, in dem sie hafteten, früher langsam und schwer zutage grub. Zu geübt im Einsehen, um sich aufzuhalten, findet sich diese Zeit plötzlich an Binnenstellen, wo vielleicht noch keine ohne göttlichen Vorwand, in voller Öffentlichkeit, gewesen war; überall eintretend, macht sie die Werkstätten zu Schauplätzen und hat nichts dagegen, in den Vorratskammern ihre Mahlzeiten zu halten. Sie mag im Recht sein, denn sie kommt aus der Zukunft. Sie beschäftigt uns in einer Weise, wie seit lange keine Zeit ihre Ansiedler beschäftigt hat; sie rückt und verschiebt und räumt auf, jeder von uns hat ihr viel zu verdanken. Und doch, wer hat ihr noch nicht, wenigstens einen Augenblick, mit Mißtrauen zugesehen; sich gefragt, ob es ihr wirklich um Fruchtbarkeit zu tun sei oder nur um eine mechanisch bessere und erschöpfendere Ausbeutung der Seele? Sie verwirrt uns mit immer neuen

Sichtbarkeiten; aber wie vieles hat sie uns schon hingestellt, wofür in unserem Innern kein Fortschritt entsprechend war? Nun will ich zwar annehmen, sie böte zugleich der entschlossenen Jugend die unerwartetesten Mittel, ihre reinsten inneren Wirklichkeiten nach und nach, sichtbar, in genauen Gegenwerten auszuformen; ja ich will glauben, sie besäße diese Mittel im höchsten Grade. Aber wie ich mich nun bereit halte, ihr, der Zeit, manchen neuen künstlerischen Gewinn zuzuschreiben, schlägt mir die Bewunderung über sie hinüber, den immer, den auch hier wieder unbegreiflichen Gedichten entgegen.

Wäre auch nicht einer unter den jungen Dichtern, der sich nicht freute, das Gewagte und Gesteigerte dieser Tage für seine Anschauung auszunutzen, ich würde doch nicht fürchten, daß ich das dichterische Wesen und seine Einrichtung in der inneren Natur zu schwer genommen habe. Alle Erleichterungen, wie eindringlich sie sein mögen, wirken nicht bis dorthin, wo das Schwere sich freut, schwer zu sein. Was kann schließlich die Lage desjenigen verändern, der von früh auf bestimmt ist, in seinem Herzen das Äußerste aufzuregen, das die anderen in den ihren hinhalten und beschwichtigen? Und welcher Friede wäre wohl für ihn zu schließen, wenn er innen unter dem Angriff seines Gottes steht.

Puppen Zu den Wachs-Puppen von Lotte Pritzel

Um den 1. Februar 1914

Um den Umkreis zu bestimmen, in den die Existenz dieser Puppen fällt, könnte man von ihnen vermuten, daß es ihrem Dasein gegenüber keine Kinder giebt, dies wäre gewissermaßen die Vorbedingung ihres Entstehens gewesen, daß die Welt der Kinder vorüber sei. In ihnen ist die Puppe endlich dem Einsehen, der Teilnehmung, der Lust und dem Kummer des Kindes entwachsen, sie ist selbständig, sie ist groß geworden, frühalt, sie hat alle Unwirklichkeiten ihres eigenen Lebens angetreten.

Wie bei gewissen Studenten, hat man sich nicht auch vor den dicken unveränderlichen Kinderpuppen tausendmal gefragt, was später aus ihnen würde? Sind nun hier die Erwachsenen zu jenen, von echten und gespielten Gefühlen überpflegten Puppen-Kindheiten? Sind hier ihre in menschlich übersättigte Luft flüchtig hineingespiegelten Früchte? Die Scheinfrüchte, deren Keime nie zu Ruhe kamen, bald von Tränen fast fortgewaschen, bald der glühenden Dürre der Wut ausgesetzt oder der Öde des Vergessenseins; eingepflanzt in die weichste Tiefe einer sich maßlos versuchenden Zärtlichkeit und hundertmal wieder herausgerissen, in einen Winkel geschleudert zu kantigen, zerbrochenen Dingen, verschmäht, verachtet, abgetan.

Ernährt mit Scheinspeise wie der ›Ka‹, das Wirkliche, wo's ihnen durchaus sollte beigebracht werden, verwöhnt an sichverschmierend, undurchdringlich und in dem äußersten Zustand von vorweggenommener Dickigkeit unfähig, auch nur einen Tropfen Wasser an irgendeiner Stelle einzunehmen; ohne eigenes Urteil, nachgiebig gegen jeden Lappen und doch, wenn er einmal angeeignet war, ihn auf eine besondere Art besitzend, nachlässig, selbstgefällig, unrein; nur im Augenaufschlag einen Moment wach, dann sofort mit den unverhältnismäßigen berührbaren Augen offen hinschlafend, wohl kaum imstande zu unterscheiden, ob das mechanische Lid auf ihnen liegt, oder jener andere Gegenstand, die Luft; träge: hingeschleift durch die wechselnden Emotionen des Tages, in jeder liegenbleibend; wie ein Hund zum Mitwisser gemacht, zum Mitschuldigen, aber nicht wie er empfänglich und vergeßlich, sondern eine Last in beidem; eingeweiht in die ersten namenlosen Erfahrungen ihrer Eigentümer, in ihren frühesten unheimlichen Einsamkeiten herumliegend wie mitten in leeren Zimmern, als ob es nur gälte, das neue Geräumige mit allen Gliedern grob auszunutzen, – mitgezogen in die Gitterbetten, verschleppt in die schweren Falten der Krankheiten, in den Träumen vorkommend, verwickelt in die Verhängnisse der Fiebernächte: so waren jene Puppen. Denn sie selber bemühten sich nie in alledem; lagen dann vielmehr da am Rande des Kinderschlafs, erfüllt höchstens von dem rudimentären Gedanken des Hinunterfallens, sich träumen lassend; wie sie's gewohnt waren, am Tag mit fremden Kräften unermüdlich gelebt zu sein.

Wenn man überlegt, wie dankbar Dinge sonst für Zärtlichkeiten sind, wie sie unter ihnen sich erholen, ja wie ihnen (wenn man sie nur liebt) selbst die härteste Abnutzung noch als eine zehrende Liebkosung anschlägt, unter der sie zwar schwinden, aber gleichsam ein Herz annehmen, das sie um so stärker durchdringt, je mehr ihr Körper nachgibt (fast werden sie dadurch in einem höheren Sinne sterblich und können jene Wehmut mit uns teilen, die unsere größte ist –); wenn man dies überlegt und sich erinnert, welche feinfühlige Schönheit gewisse Dinge sich anzueignen wußten, die ins menschliche Leben ausführlich und innig einbegriffen waren, ich meine da nicht einmal, daß es nötig sei, in Madrid durch die Säle der Armeria zu gehen und die Rüstungen, Helme, Dolche und Doppelhänder anzustaunen, in denen die reine kluge Kunst des Harnischfegers unendlich übertroffen wurde durch ein Etwas, das der stolze und feurige Gebrauch diesem Gewaffen hinzufügte; ich denke nicht an das Lächeln und Verweintsein im Innern oft getragener Steine, ich wage nicht, an eine gewisse Perle zu denken, in der das Ungewisse ihrer Unterwasserwelt zu so geistiger Bedeutung gesteigert war, daß die ganze Unkenntlichkeit des Schicksals in ihrem schuldlosen Tropfen sich zu beklagen schien; ich überspringe das Innige, das Rührende, das verlassen Nachdenkliche von vielen Dingen, die mich durch ihr schönes Eingewöhntsein ins Menschliche, da ich vorüberging, erschüttert haben; nur ganz einfache möcht ich rasch aufrufen: einen Nähstock, ein Spinnrad, einen häuslichen Webstuhl; einen Brauthandschuh, eine Tasse, den Einband und die Blätter einer Bibel; nicht zu reden von dem großen Willen eines Hammers, von der Hingebung einer Geige, von dem gutmütigen Eifer einer Hornbrille –, ja wirf nur jenes Spiel Karten auf den Tisch, mit dem so oft Patiencen gelegt worden sind, schon steht er im Mittelpunkt weher, längst anders überholter Hoffnungen. Wenn man sich dieses alles gegenwärtig machte und man fände im selben Augenblicke – sie unter einem Haufen teilnahmsvollerer Dinge hervorziehend – eine unserer Puppen: sie würde uns fast empören durch ihre schrecklich dicke Vergeßlichkeit, der Haß, der, unbewußt, sicher immer einen Teil unserer Beziehungen zu ihr ausmachte, schlüge nach oben, entlarvt läge sie vor uns da als der grausige Fremdkörper, an den wir unsere lauterste Wärme verschwendet haben; als die oberflächlich bemalte Wasserleiche, die sich von den Überschwemmungen unserer Zärtlichkeit heben und tragen ließ, bis wir wieder trocken wurden und sie in irgendeinem Gestrüpp vergaßen. Ich weiß, ich weiß, wir mußten solche Dinge haben, die sich alles gefallen ließen. Der einfachste Verkehr der Liebe ging schon über unsere Begriffe hinaus, mit einer Person, die etwas war, konnten wir unmöglich leben und handeln, wir konnten uns höchstens in sie hineindrücken und in ihr verlorengehen. Der Puppe gegenüber waren wir gezwungen, uns zu behaupten, denn wenn wir uns an sie aufgaben, so war überhaupt niemand mehr da. Sie erwiderte nichts, so kamen wir in die Lage, für sie Leistungen zu übernehmen, unser allmählich breiteres Wesen zu spalten in Teil und Gegenteil, uns gewissermaßen durch sie die Welt, die unabgegrenzt in uns überging, vom Leibe zu halten. Wie in einem Probierglas mischten wir in ihr, was uns unkenntlich widerfuhr, und sahen es dort sich färben und aufkochen. Das heißt, auch das erfanden wir wieder, sie war so bodenlos ohne Phantasie, daß unsere Einbildung an ihr unerschöpflich wurde. Stundenlang, ganze Wochen mochte es uns befriedigen, an diesem stillhaltenden Mannequin die erste flaumige Seide unseres Herzens in Falten zu legen, aber ich kann mir nicht anders vorstellen, als daß es gewisse zu lange Nachmittage gab, in denen unsere doppelten Einfälle ermüdeten und wir ihr plötzlich gegenüber saßen und etwas von ihr erwarteten. Möglicherweise lag dann eines von jenen Dingen in der Nähe, die von Natur häßlich und dürftig und deshalb voll eigener Ansichten waren, der Kopf eines Kaspers, der nicht umzubringen war, ein halbzerbrochenes Pferd oder etwas, was Lärm machte und es ohnehin kaum erwarten konnte, uns und diese ganze Stube mit allen Kräften zu übertönen. Aber wenn nicht; wenn nichts dalag und uns auf andere Gedanken brachte, wenn jenes beschäftigungslose Geschöpf fortfuhr, sich schwer und dumm zu spreizen, wie eine bäuerische Danaë nichts anderes kennend als den unaufhörlichen Goldregen unserer Erfindung: ich wollte, ich könnte mich entsinnen, ob wir dann aufbegehrten, auffuhren und dem Ungeheuer zu verstehen gaben, daß unsere Geduld zu Ende wäre? Ob wir dann nicht, zitternd vor Wut, vor ihr standen und wissen wollten, Posten für Posten, wofür sie unsere Wärme eigentlich gebrauche, was aus diesem ganzen Vermögen geworden sei? – Dann schwieg sie, nicht aus Überlegenheit, schwieg, weil das ihre ständige Ausrede war, weil sie aus einem nichtsnutzigen, völlig unzurechnungsfähigen Stoffe bestand, – schwieg und kam nicht einmal auf den Gedanken, sich darauf etwas zugute zu tun, ob es ihr gleich zu großer Bedeutung verhelfen mußte in einer Welt, in der das Schicksal, ja Gott selber vor allem dadurch berühmt geworden sind, daß sie uns anschweigen. Zu einer Zeit, wo noch alle bemüht waren, uns immer rasch und beschwichtigend zu antworten, war sie, die Puppe, die erste, die uns jenes überlebensgroße Schweigen antat, das uns später immer wieder aus dem Räume anhauchte, wenn wir irgendwo an die Grenze unseres Daseins traten. Ihr gegenüber, da sie uns anstarrte, erfuhren wir zuerst (oder irr ich mich?) jenes Hohle im Gefühl, jene Herzpause, in der einer verginge, wenn ihn dann nicht die ganze, sanft weitergehende Natur wie ein Lebloses über Abgründe hinüberhübe. Sind wir nicht wunderliche Geschöpfe, daß wir uns gehen und anleiten lassen, unsere erste Neigung dort anzulegen, wo sie aussichtslos bleibt? So daß überall in den Geschmack jener unüberlegtesten Zärtlichkeit die Bitternis sich verteilte, daß sie vergeblich war? Wer weiß, ob nicht mancher später draußen im Leben aus solchen Erinnerungen den Verdacht nimmt, daß er nicht zu lieben sei? Ob nicht in dem und jenem seine Puppe heillos weiterwirkt, so daß er hinter vagen Befriedigungen her ist, einfach aus Widerspruch gegen das Unbefriedigtsein, mit dem sie sein Gemüt verdorben hat? – Ich entsinne mich, auf dem Herrenhaus eines abgelegenen russischen Gutes in den Händen der Kinder eine alte ererbte Puppe gesehen zu haben, der die ganze Familie ähnlich sah. – Es könnte ein Dichter unter die Herrschaft einer Marionette geraten, denn die Marionette hat nichts als Phantasie. Die Puppe hat keine und ist genau um soviel weniger als ein Ding, als die Marionette mehr ist. Aber dieses Weniger-sein-als-ein-Ding, in seiner ganzen Unheilbarkeit enthält das Geheimnis ihres Übergewichts. An die Dinge muß sich das Kind gewöhnen, es muß sie hinnehmen, jedes Ding hat seinen Stolz. Die Dinge dulden die Puppe, keines liebt sie, man könnte meinen, der Tisch wirft sie ab, kaum sieht man fort, liegt sie schon wieder auf dem Fußboden. Anfänger der Welt, die wir waren, konnten wir über nichts überlegen sein, als höchstens über einen solchen halben Gegenstand, der uns hingelegt worden war, wie man den Tieren in den Aquarien einen Scherben hinlegt, damit sie an ihm ein Maß und Kennzeichen ihrer Umwelt fänden. Wir orientierten uns an der Puppe. Sie lag tiefer von Natur, so konnten wir unmerklich gegen sie abfließen, uns in ihr sammeln und, wenn auch ein wenig trübe, die neuen Umgebungen in ihr erkennen. Aber wir begriffen bald, daß wir sie weder zu einem Ding noch zu einem Menschen machen konnten, und in solchen Momenten wurde sie uns zu einem Unbekannten, und alles Vertrauliche, womit wir sie erfüllt und überschüttet hatten, wurde uns unbekannt in ihr.

Daß wir dich aber dann doch nicht zum Götzen machten, du Balg, und nicht in der Furcht zu dir untergingen, das lag daran, will ich dir sagen, daß wir dich gar nicht meinten. Wir meinten etwas ganz anderes, Unsichtbares, das wir über dich und uns, heimlich und ahnungsvoll, hinaushielten und wofür wir beide gleichsam nur Vorwände waren, eine Seele meinten wir: die Puppenseele.

Große mutige Seele des Schaukelpferds, du Wellenbadschaukel des Knabenherzens, die die Spielzimmerluft aufregte, daß sie wie über den berühmten Schlachtfeldern der Erde sich überschlug, stolze, glaubwürdige, fast sichtbare Seele. Wie du die Mauern, die Fensterkreuze, die täglichen Horizonte zum Schwanken brachtest, als rüttelten schon die Stürme der Zukunft an diesen überaus vorläufigen Übereinkünften, die im Anstehn der Nachmittage etwas so Unüberwindliches annehmen konnten. Ach wie rissest du einen, Schaukelpferdseele, hinaus und hinüber ins unaufhaltsam Heldische, wo man heiß und glorios unterging mit der schrecklichsten Unordnung in den Haaren. Dann lagst du daneben, Puppe, und hattest nicht soviel Unschuld zu begreifen, daß dein heiliger Georg das Tier deiner Stumpfheit unter sich wiegte, den Drachen, der unsere flutendsten Gefühle in dir zur Masse werden ließ, zu einer perfiden, gleichgültigen Unzerbrechlichkeit. – Oder du, überzeugte Seele der Trambahn, die in uns fast überhandnehmen konnte, wenn wir nur mit einigem Glauben an unsere Wagen-Natur in der Stube herumfuhren. Seelen, ihr, aller der einsamen Spiele und Abenteuer; einfältig gefällige Seele des Balls, Seele im Geruch der Dominosteine, unerschöpfliche Seele des Bilderbuchs. Seele der Schultasche, gegen die man schon ein wenig mißtrauisch war, weil sie's oft ganz offen mit den Erwachsenen hielt; taube Trichterseele der braven kleinen Blechtrompete: wie wart ihr alle leutselig und beinahe greifbar. Nur du, Puppenseele, von dir konnte man nie recht sagen, wo du eigentlich warst. Ob du dich gerade bei einem aufhieltest oder bei der schläfrigen Kreatur da drüben, der man dich beständig einredete; sicher verließen wir uns oft einer auf den andern, und am Ende hielt dich keiner, und du wurdest mit Füßen getreten. Wann warst du eigentlich jemals gegenwärtig? Am Geburtstagsmorgen vielleicht, wenn eine neue Puppe dasaß und sich fast etwas Körperwärme aneignete von dem noch warmen Kuchen neben ihr? Oder am Vorabend vor Weihnachten, wenn die bisherigen Puppen die überwiegende Nähe der künftigen ahnten durch die seit Tagen unzugängliche Zimmertür? Oder, mit mehr Wahrscheinlichkeit, wenn eine Puppe plötzlich hinfiel und häßlich wurde: da war's eine Sekunde, als überraschte man dich. Auch, glaube ich, warst du imstande, so ungenau weh zu tun wie beginnender Zahnschmerz, von dem man noch nicht weiß, wo er eigentlich sein wird, wenn die Lieblingspuppe Anna plötzlich verlorenging, nie wieder gefunden werden sollte in alle Ewigkeit: weg war. Aber im

Grunde war man so beschäftigt, dich zu erhalten, daß man keine Zeit hatte, dich festzustellen. Ich habe kein Urteil darüber, wie es ist, wenn ein kleines Mädchen stirbt und eine ihrer Puppen (vielleicht eine, die bis dahin recht vernachlässigt war) nicht von sich läßt, auch ganz zuletzt nicht, so daß das arme Ding, ordentlich dürr und welk von der heiß zehrenden Fieberhand, ins Ernste, Endgültige mit hineingerissen wird: ob dann ein bißchen Seele sich in ihm sammelt, neugierig, eine wirkliche Seele zu sehn?

O Puppenseele, die Gott nicht gemacht hat, du, von einer unbesonnenen Fee launisch erbetene, von einem Götzen mit Überanstrengung ausgeatmete Dingseele, die wir alle, halb ängstlich, halb großmütig, erhalten haben und aus der keiner sich völlig zurücknehmen kann, o Seele, die nie recht getragen worden ist, die immer nur, beschützt von allerhand altmodischen Gerüchen, in Aufbewahrung war (wie die Pelze im Sommer): siehe, da sind nun in dich die Motten gekommen. Zu lange hat man nicht mit dir gerührt, nun schüttelt dich eine Hand, besorgt und mutwillig zugleich, – sieh, sieh, da flattern aus dir alle die kleinen wehleidigen Falter hervor, unbeschreiblich sterbliche, die im Augenblick, da sie zu sich kommen, schon anfangen, von sich Abschied zu nehmen.

So haben wir dich am Ende recht zerstört, Puppenseele, indem wir dich in unseren Puppen zu pflegen meinten; sie waren wohl schon die Larven, die dich aus-fraßen –, da erklärt es sich auch, daß sie so dick und so träge waren und daß an sie keine Nahrung mehr anzubringen war.

Nun flüchtet dieses neue scheue Geschlecht hervor und flattert durch unser dunkles Gefühl. Sieht man es, man möchte sagen, daß es kleine Seufzer sind, so dünn, daß für sie unser Ohr nicht mehr ausreichte, sie erscheinen, schwindend, an der schwankendsten Grenze unseres Gesichts. Denn dies allein beschäftigt sie: hinzuschwinden. Geschlechtlos, wie die Kinderpuppen selbst es waren, finden sie keinen Untergang in ihrer anstehenden Wollust, die nicht Zufluß noch Abfluß hat. Es ist, als verzehrten sie sich nach einer schönen Flamme, sich falterhaft hineinzuwerfen (und dann müßte der augenblickliche Geruch ihres Aufbrennens uns mit grenzenlosen, niegewußten Gefühlen überfluten). Wie man das so denkt und aufsieht, steht man, fast erschüttert, vor ihrer wächsernen Natur.

Ur-Geräusch

15. August 1919

Zur Zeit, als ich die Schule besuchte, mochte der Phonograph erst kürzlich erfunden worden sein. Er stand jedenfalls im Mittelpunkte des öffentlichen Erstaunens, und so mag es sich erklären, daß unser Physiklehrer, ein zu allerhand emsigen Basteleien geneigter Mann, uns anleitete, einen derartigen Apparat aus dem handgreiflichsten Zubehöre geschickt zusammenzustellen. Dazu war nicht mehr nötig, als was ich im Folgenden aufzähle. Ein Stück biegsamerer Pappe, zu einem Trichter zusammengebogen, dessen engere runde Öffnung man sofort mit einem Stück undurchlässigen Papiers von jener Art, wie man es zum Verschlusse der Gläser eingekochten Obstes zu verwenden pflegt, verklebte, auf diese Weise eine schwingende Membran improvisierend, in deren Mitte mit dem nächsten Griff eine Borste aus einer stärkeren Kleiderbürste, senkrecht abstehend, eingesteckt wurde. Mit diesem wenigen war die eine Seite der geheimnisvollen Maschine hergestellt, Annehmer und Weitergeber standen in voller Bereitschaft, und es handelte sich nun nur noch um die Verfertigung einer aufnehmenden Walze, die, mittels einer kleinen Kurbel drehbar, dicht an den einzeichnenden Stift herangeschoben werden konnte. Ich erinnere nicht, woraus wir sie herstellten; es fand sich eben irgendein Cylinder, den wir, so gut und so schlecht uns das gelingen mochte, mit einer dünnen Schicht Kerzenwachs überzogen, welches kaum verkaltet und erstarrt war, als wir schon mit der Ungeduld, die über dem dringenden Geklebe und Gemache in uns zugenommen hatte, einer den andern fortdrängend, die Probe auf unsere Unternehmung anstellten. Man wird sich ohne weiters vorstellen können, wie das geschah. Sprach oder sang jemand in den Schalltrichter hinein, so übertrug der in dem Pergamente steckende Stift die Tonwellen auf die empfängliche Oberfläche der langsam an ihm vorbeigedrehten Rolle, und ließ man gleich darauf den eifrigen Zeiger seinen eigenen (inzwischen durch einen Firnis befestigten) Weg wieder verfolgen, so zitterte, schwankte aus der papierenen Tüte der eben noch unsrige Klang, unsicher zwar, unbeschreiblich leise und zaghaft und stellenweise versagend, auf uns zurück. Die Wirkung war jedesmal die vollkommenste. Unsere Klasse gehörte nicht eben zu den ruhigsten, und es möchten nicht viele Augenblicke gewesen sein, da sie gemeinsam einen ähnlichen Grad von Stille zu erreichen fähig war. Das Phänomen blieb ja auch überraschend, ja recht eigentlich erschütternd, von einem Male zum anderen. Man stand gewissermaßen einer neuen, noch unendlich zarten Stelle der Wirklichkeit gegenüber, aus der uns, Kinder, ein bei weitem Überlegenes, doch unsäglich anfängerhaft und gleichsam Hülfe suchend ansprach. Damals und durch die Jahre hin meinte ich, es sollte mir gerade dieser selbständige, von uns abgezogene und draußen aufbewahrte Klang unvergeßlich bleiben. Daß es anders kam, ist die Ursache dieser Aufzeichnung. Nicht er, nicht der Ton aus dem Trichter, überwog, wie sich zeigen sollte, in meiner Erinnerung, sondern jene der Walze eingeritzten Zeichen waren mir um vieles eigentümlicher geblieben.

Vierzehn oder fünfzehn Jahre mochten seit jener Schulzeit hingegangen sein, als mir dies eines Tages zum Bewußtsein kam. Es war in meiner ersten Pariser Zeit, ich besuchte damals mit ziemlichem Eifer die Anatomievorlesungen an der École des Beaux-Arts, wobei mich nicht sosehr das vielfältige Geflecht der Muskeln und Sehnen oder die vollkommene Verabredung der inneren Organe anzusprechen schien, als vielmehr das aride Skelett, dessen verhaltene Energie und Elastizität mir damals schon über den Blättern Lionardos sichtbar geworden war. Sosehr ich nun auch an dem baulichen Ganzen rätselte, – es war mir zuviel; meine Betrachtung sammelte sich immer wieder zur Untersuchung des Schädels, in dem sozusagen das Äußerste, wozu dieses kalkige Element sich noch anspannen konnte, mir geleistet schien, als ob es gerade hier überredet worden wäre, sich zu einem entscheidenden Dienst bedeutend anzustrengen, um ein letzthin Gewagtes, im engen Einschluß schon wieder grenzenlos Wirkendes in seinen festesten Schutz zu nehmen. Die Bezauberung, die dieses besondere, gegen einen durchaus weltischen Raum abgeschlossene Gehäus auf mich ausübte, ging schließlich so weit, daß ich mir einen

Schädel anschaffte, um nun auch so manche Nachtstunde mit ihm zuzubringen; und wie es mir immer mit den Dingen geht: nicht allein die Augenblicke absichtlicher Beschäftigung haben mir diesen zweideutigen Gegenstand merkwürdiger angeeignet –, meine Vertrautheit mit ihm verdank ich ohne Zweifel zu einem gewissen Teile dem streifenden Blick, mit dem wir die gewohnte Umgebung, wenn sie nur einige Beziehung zu uns hat, unwillkürlich prüfen und auffassen. Ein solcher Blick war es, den ich plötzlich in seinem Verlaufe anhielt und genau und aufmerksam einstellte. In dem oft so eigentümlich wachen und auffordernden Lichte der Kerze war mir soeben die Kronen-Naht ganz auffallend sichtbar geworden, und schon wußte ich auch, woran sie mich erinnerte: an eine jener unvergessenen Spuren, wie sie einmal durch die Spitze einer Borste in eine kleine Wachsrolle eingeritzt worden waren!

Und nun weiß ich nicht: ist es eine rhythmische Eigenheit meiner Einbildung, daß mir seither, oft in weiten Abständen von Jahren, immer wieder der Antrieb aufsteigt, aus dieser damals unvermittelt wahrgenommenen Ähnlichkeit den Absprung zu nehmen zu einer ganzen Reihe von unerhörten Versuchen? Ich gestehe sofort, daß ich die Lust dazu, sooft sie sich meldete, nie anders als mit dem strengsten Mißtraun behandelt habe, – bedarf es eines Beweises dafür, so liege er in dem Umstande, daß ich mich erst jetzt, wiederum mehr als anderthalb Jahrzehnte später, zu einer vorsichtigen Mitteilung entschließe. Auch habe ich zugunsten meines Einfalls mehr nicht anzuführen als seine eigensinnige Wiederkehr, durch die er mich ohne Zusammenhang mit meinen übrigen Beschäftigungen bald hier, bald dort in den unterschiedlichsten Verhältnissen überrascht hat.

Was wird mir nun immer wieder innerlich vorgeschlagen? Es ist dieses:

Die Kronen-Naht des Schädels (was nun zunächst zu untersuchen wäre) hat – nehmen wir's an – eine gewisse Ähnlichkeit mit der dicht gewundenen Linie, die der Stift eines Phonographen in den empfangenden rotierenden Cylinder des Apparates eingräbt. Wie nun, wenn man diesen Stift täuschte und ihn, wo er zurückzuleiten hat, über eine Spur lenkte, die nicht aus der graphischen Übersetzung eines Tones stammte, sondern ein an sich und natürlich Bestehendes –, gut: sprechen wir's nur aus: eben (z.B.) die Kronen-Naht wäre –: Was würde geschehen? Ein Ton müßte entstehen, eine Tonfolge, eine Musik...

Gefühle –, welche? Ungläubigkeit, Scheu, Furcht, Ehrfurcht –: ja, welches nur von allen hier möglichen Gefühlen? verhindert mich, einen Namen vorzuschlagen für das Ur-Geräusch, welches da zur Welt kommen sollte...

Dieses für einen Augenblick hingestellt: was für irgendwo vorkommende Linien möchte man da nicht unterschieben und auf die Probe stellen? Welchen Kontur nicht gewissermaßen auf diese Weise zu Ende ziehen, um ihn dann, verwandelt, in einem anderen Sinn-Bereich herandringen zu fühlen?

In einer gewissen Zeit, da ich mich mit arabischen Gedichten zu beschäftigen begann, an deren Entstehung die fünf Sinne einen gleichzeitigeren und gleichmäßigeren Anteil zu haben scheinen, fiel es mir zuerst auf, wie ungleich und einzeln der jetzige europäische Dichter sich dieser Zuträger bedient, von denen fast nur der eine, das Gesicht mit Welt überladen, ihn beständig überwältigt; wie gering ist dagegen schon der Beitrag, den das unaufmerksame Gehör ihm zuflößt, gar nicht zu reden von der Teilnahmslosigkeit der übrigen Sinne, die nur abseits und mit vielen Unterbrechungen in ihren nützlich eingeschränkten Gebieten sich betätigen. Und doch kann das vollendete Gedicht nur unter der Bedingung entstehen, daß die mit fünf Hebeln gleichzeitig angegriffene Welt unter einem bestimmten Aspekt auf jener übernatürlichen Ebene erscheine, die eben die des Gedichtes ist.

Eine Frau, der solches in einem Gespräche vorgetragen wurde, rief aus, diese wunderbare, zugleich einsetzende Befähigung und Leistung aller Sinne sei doch nichts anderes als Geistesgegenwart und Gnade der Liebe, – und sie legte damit (nebenbei) ein eigenes Zeugnis ein für die sublime Wirklichkeit des Gedichts. Aber eben deshalb ist der Liebende in so großartiger Gefahr, weil er auf das Zusammenwirken seiner Sinne angewiesen ist, von denen er doch weiß, daß sie nur in jener einzigen gewagten Mitte sich treffen, in der sie, alle Breite aufgebend, zusammenlaufen und in der kein Bestand ist.

Indem ich mich so ausdrücke, habe ich schon die Zeichnung vor mir, deren ich mich als eines angenehmen Behelfes jedesmal bediente, sooft ähnliche Erwägungen sich aufdrängten. Stellt man sich das gesamte Erfahrungsbereich der Welt, auch seine uns übertreffenden Gebiete in einem vollen Kreise dar, so wird es sofort augenscheinlich, um wieviel größer die schwarzen Sektoren sind, die das uns Unerfahrbare bezeichnen, gemessen an den ungleichen lichten Ausschnitten, die den Scheinwerfern der Sensualität entsprechen.

Nun ist die Lage des Liebenden die, daß er sich unversehens in die Mitte des Kreises gestellt fühlt, dorthin also, wo das Bekannte und das Unerfaßliche in einem einzigen Punkte zusammendringt, vollzählig wird und Besitz schlechthin, allerdings unter Aufhebung aller Einzelheit. Dem Dichter wäre mit dieser Versetzung nicht gedient, ihm muß das vielfältig einzelne gegenwärtig bleiben, er ist angehalten, die Sinnesausschnitte ihrer Breite nach zu gebrauchen, und so muß er auch wünschen, jeden einzelnen so weit als möglich auszudehnen, damit einmal seiner geschürzten Entzückung der Sprung durch die fünf Gärten in einem Atem gelänge.

Beruht die Gefahr des Liebenden in der Unausgedehntheit seines Standpunkts, so ist es jene des Dichters, der Abgründe gewahr zu werden, die die eine Ordnung der Sinnlichkeit von der anderen scheiden: in der Tat, sie sind weit und saugend genug, um den größeren Teil der Welt – und wer weiß, wieviel Welten – an uns vorbei hinwegzureißen.

Die Frage entsteht hier, ob die Arbeit des Forschers die Ausdehnung dieser Sektoren in der von uns angenommenen Ebene wesentlich zu erweitern vermag? Ob nicht die Erwerbung des Mikroskops, des Fernrohrs und so vieler die Sinne nach oben oder unten verschiebender Vorrichtungen in eine andere Schichtung zu liegen kommen, da doch der meiste, so gewonnene Zuwachs sinnlich nicht durchdrungen, also nicht eigentlich ›erlebt‹ werden kann. Es möchte nicht voreilig sein zu vermuten, daß der Künstler, der diese (wenn man es so nennen darf) fünffingrige Hand seiner Sinne zu immer regerem und geistigerem Griffe entwickelt, am entscheidendsten an einer Erweiterung der einzelnen Sinngebiete arbeitet, nur daß seine beweisende Leistung, da sie ohne das Wunder zuletzt nicht möglich ist, ihm nicht erlaubt, den persönlichen Gebietsgewinn in die aufgeschlagene allgemeine Karte einzutragen.

Sieht man sich aber nun nach einem Mittel um, unter so seltsam abgetrennten Bereichen die schließlich dringende Verbindung herzustellen, welches könnte versprechender sein als jener, in den ersten Seiten dieser Erinnerung angeratene Versuch? Wenn er hier am Schlusse mit der schon versicherten Zurückhaltung nochmals vorgeschlagen wird, so möge man es dem Schreibenden in einem gewissen Grade anrechnen, daß er der Verführung widerstehen konnte, die damit gebotenen Voraussetzungen in den freien Bewegungen der Phantasie willkürlich auszuführen. Dafür schien ihm der während so vielen Jahren übergangene und immer wieder hervortretende Auftrag zu begrenzt und zu ausdrücklich zu sein.

Soglio, am Tage Mariae Himmelfahrt 1919

[Entwurf einer politischen Rede]

Hochsommer oder Herbst 1919

Die politische Uhr ist ähnlich jenen Wächter-Uhren, die, soweit nicht ein Narr oder Betrüger ihre Zeiger verschiebt, gestellt werden zum Zeichen der Wachsamkeit; sie geben eine stationäre, eine relative, eine komparative Zeit an, nicht eigentlich die Welt-Stunde. Nun fragen sie alle, welche es sei: welche Stunde. Ist eine Weltmitternacht überschritten, folgt als nächstes, obwohl in der Dunkelheit, ein einzelner fester Schlag –: Eins! mit dem eines neuen Tages erstes Versprechen uns überlassen wird, daß wir seine Erfüllung vorbereiten. An den nach jener anderen, eben der politischen Uhr aufblickenden Menschen ist nicht zu erkennen, was eben geschieht. Die ungeheueren Begebenheiten, Leistungen und Verpflichtungen des Krieges kamen, eine nach der anderen, auf eine eingeschobene Ebene zu stehen, überlebensgroß, haben sie doch nicht die Größe der Natur, – der Blick stellt sich um, und ein mittelgroßer Baum ist ihm wieder höher als Heldentum. Die Vorläufigkeit, die Eingeschobenheit jener entsetzlichen fünf Jahre möchte Ihnen am dringendsten zum Bewußtsein kommen, wenn ich Ihnen zeige, wie das einzige Wirkliche in ihnen von Anfang an nicht geleistet werden durfte: der Schmerz. Ich dürfte das nicht aussprechen in einem Lande, das in das ungeheuere Verhängnis mit einbegriffen war: denn wer könnte es verantworten, schmerzverpflichtete Menschen daran zu erinnern, daß sie das Maß ihrer Tränen nicht ganz gefüllt haben. Aber hier, in der Schweiz, die als ein hülfreiches und humanes Wesen Teilnahme und Beistand ausgeben durfte nach allen Seiten, wo andere Völker bald zu dem, bald zu jenem Haß oder Haßzuwachs verurteilt waren, hier darf man es in unendlichem Erbarmen aussprechen, daß in jenen unseligen Ländern Schmerzsummen von nie dagewesener Höhe, die fällig waren, unterschlagen worden sind. Die Vorstellung des Opfers, der harte Stolz, die fortwährend geübte Umdeutung von soviel Unheil, das doch Unheil war, von soviel Unrecht, das doch Unrecht bleibt, von soviel Tod, der doch nichts als Tod war und tödlichster, weil mit keiner inneren Kontinuität des Lebens zusammenhängender Tod: diese Umdeutung des Tatsächlichen in seine patriotischen Potenzen hat den Schmerz bis auf ein mindestes abgestellt, ja auch dieses mindeste glänzte von einem Zwielicht der Freudigkeit wie von dem Widerschein einer allgemein verabredeten, einer, wenn man so sagen darf; geheiligten Schaden-Freude, war grau, hatte an keiner Stelle die unerschöpfliche Schwärze des vollkommenen Schmerzes! Um den Frieden festzusetzen, hätte, könnte man denken, eines genügen mögen: die bloße einfache Verstattung an einen jeden, den übergangenen Schmerz nachzuholen, nachzulernen, nachzuweinen, Stunde für Stunde, Ursache für Ursache.

Denn hier ist – täuschen wir uns nicht – vor der Hand die einzige übersehbare Gemeinsamkeit. Die anderen sind Versuche, sind Vorschläge, sind, wenn sie es...

[Vorrede zu einer Vorlesung aus eigenen Werken]

Vorgetragen am 27. Oktober 1919 in Zürich; ersch. in: WA von E. Zinn, 1966, 6. Bd.

Die aufmerksame Aufforderung des L. H., der ich nun endlich folgen kann, wird mir zum Anlaß – nach sehr langer Pause – das öffentliche Lesen wieder aufzunehmen. Ich danke Ihnen im voraus, daß Sie, Schweizer, die ersten sein wollen, mir (wieder) zuzuhören. Als ich damals / es mögen zehn Jahre her sein / das Vorlesen aufgab, geschah's unter dem Eindruck, daß das Gedicht... sich jeweils auf eine

> zu enge
> unmittelbare
> begrenzte

Gemeinsamkeit zu berufen hat, um vor vielen ohneweiters vorgebracht zu sein.

Sollte ich wieder hervortreten, so dachte ich, müßte das in einer Rede geschehen, denn eine Rede ist ihrer Natur nach Verständigung von Stelle zu Stelle –; während ich (es hilft nichts) manches Gedicht hinzustellen haben werde, das Ihnen recht voraussetzungslos, ja rücksichtslos erscheinen möchte, wenn Sie nicht gar (um dem Schlimmsten zuvorzukommen) es als eine Poésie de Luxe ungeduldig hinnehmen.

Die Frage, wieweit selbst in einer Zeit, die so dringend der Beratung bedarf, ein solches absichtslos auftretendes Kunstwerk zu dulden sei – und ob es nicht doch am Ende als eine Hülfe anzusprechen wäre, als ein Beistand gewissermaßen auf fernste, äußerste Distanz, als Zuspruch mit dem Coefficienten unendlich –; diese Frage lassen Sie mich jetzt nicht stellen. Sie würde zwischen uns eine Atmosphäre der Diskussion schaffen; es wäre nicht die, die uns diesen Abend verbinden soll.

Nur soviel erlauben Sie mir auszusprechen:

Es hat nicht dieser fürchterlichen Jahre bedurft, um mir die Prüfung aufzuerlegen, ob eine solche Hervorbringung zu verantworten sei.

Schon, da ich vor fast zwanzig Jahren neben Lew Tolstoj über die Vergißmeinnicht-Wiesen von Jassnaja Poljana ging, hatte ich mich gründlich zu entscheiden.

Und seither, ich weiß nicht wie oft, an jeder Wendung meines Weges hab ich mir mein eigenes Tun fraglich gemacht, fraglich und schwer, und hab mich geprüft und bedrängt, ob ich denn in ihm zu Recht bestehe und ausharre.

Wer dürfte etwas für die Zukunft versichern?

Aber bis heute ist mir die verantwortende innere Stimme immer noch zustimmend gewesen.

Die Arbeiten von denen ich Ihnen einige werde zeigen dürfen, gehen irgendwie aus der Überzeugung hervor, daß es eine eigene berechtigte Aufgabe sei,

> die Weite,
> Vielfältigkeit,
> ja Vollzähligkeit der Welt
> in reinen Beweisen vorzuführen.

Denn: ja! zu einem derartigen Zeugnis hoffte ich mir das Gedicht zu erziehen, das mir fähig werden sollte alle Erscheinung,

> nicht nur das Gefühlsmäßige allein,
> lyrisch zu begreifen –:
> das Tier,
> die Pflanze,

jeden Vorgang; –

ein Ding

in seinem eigentümlichen Gefühlsraum darzustellen.

Lassen Sie sich nicht dadurch beirren, daß ich oft Bilder der Vergangenheit aufrufe. Auch das
Gewesene ist noch ein Seiendes in der Fülle des Geschehens, wenn man es nicht nach seinem
Inhalte erfaßt, sondern durch seine Intensität, und wir sind als Mitglieder einer Welt, die Bewegung um Bewegung, Kraft um Kraft hervorbringend, unaufhaltsam in weniger und weniger
Sichtbares hinzustürzen scheint, auf jene überlegene Sichtbarkeit des Vergangenen angewiesen,
wollen wir uns im Gleichnis die nun verhaltene Pracht vorstellen, von der wir ja auch heute
noch umgeben sind.

Ich werde Sie nun nicht mit Vorbringungen überhäufen. Ich verspreche, sparsam zu sein.

Die Wahl der Lesestücke ist keine vorherbestimmte. Unter dem Einfluß Ihrer Gegenwart
und Teilnehmung gedachte ich mich zu dem oder jenem Gedicht zu entschließen.

Dulden Sie daher auch, daß ich, wo es mir der Augenblick eingiebt, einige kurze Anmerkungen einschiebe und so von Fall zu Fall eine Plattform schaffe, auf der Sie betrachtend zu-
sammentreten mögen.

Ich fühle mich bei alledem nicht so sehr als einer, der um Ihr Wohlgefallen wirbt, –
was ich Sie bitte, ist dies:
lassen Sie uns, soweit es an uns liegt, alles tun für die wirkliche redliche Gemeinsamkeit dieser
Stunde!

Der Brief des jungen Arbeiters

Man hat uns in einer Versammlung vorigen Donnerstag aus Ihren Gedichten vorgelesen, Herr V., es geht mir nach, ich weiß mir keinen anderen Rat, als für Sie hinzuschreiben, was mich beschäftigt, so gut es mir eben möglich ist.

Den Tag nach jener Vorlesung geriet ich zufällig in eine christliche Vereinigung, und vielleicht ist das recht eigentlich der Anstoß gewesen, der die Zündung verursacht hat, die solche Bewegung und Treibung auslöst, daß ich mit allen meinen Kräften auf Sie zufahre. Es ist eine ungeheuere Gewaltsamkeit, etwas anzufangen. Ich kann nicht anfangen. Ich springe einfach über das, was Anfang sein müßte, weg. Nichts ist so stark wie das Schweigen. Würden wir nicht schon jeder mitten ins Reden hineingeboren, es wäre nie gebrochen worden.

Herr V. Ich spreche nicht von dem Abend, da wir Ihre Dichtungen aufnahmen. Ich spreche von dem anderen. Es treibt mich zu sagen: Wer, ja, – anders kann ich es jetzt nicht ausdrücken, wer ist denn dieser Christus, der sich in alles hineinmischt. – Der nichts von uns gewußt hat, nicht von unserer Arbeit, nicht von unserer Not, nichts von unserer Freude, so wie wir sie heute leisten, durchmachen und aufbringen –, und der doch, so scheint es, immer wieder verlangt, in unserem Leben der erste zu sein. Oder legt man ihm das nur in den Mund? Was will er von uns? Er will uns helfen, heißt es. Ja, aber er stellt sich eigentümlich ratlos an in unserer Nähe. Seine Verhältnisse waren so weitaus andere. Oder kommt es wirklich auf die Umstände nicht an, wenn er hier einträte, bei mir, in meinem Zimmer, oder dort in der Fabrik – wäre sofort alles anders, gut? Würde mein Herz in mir aufschlagen und sozusagen in einer anderen Schicht weitergehen und immer auf ihn zu? Mein Gefühl sagt mir, daß er nicht kommen kann. Daß es keinen Sinn hätte. Unsere Welt ist nicht nur äußerlich eine andere, – sie hat keinen Zugang für ihn. Er schiene nicht durch einen fertig gekauften Rock, es (ist) nicht wahr, er schiene nicht durch. Es ist kein Zufall, daß er in einem Kleid ohne Naht herumging, und ich glaube, der Lichtkern in ihm, das was ihn so stark scheinen machte, Tag und Nacht, ist jetzt längst aufgelöst und anders verteilt. Aber das wäre ja auch, mein ich, wenn er so groß war, das Mindeste, was wir von ihm fordern können, daß er irgendwie ohne Rest aufgegangen sei, ja ganz ohne Rest – spurlos ...

Ich kann mir nicht vorstellen, daß das Kreuz bleiben sollte, das doch nur ein Kreuzweg war. Es sollte uns gewiß nicht überall aufgeprägt werden, wie ein Brandmal. In ihm selber sollte es aufgelöst sein. Denn, ist es nicht so: er wollte einfach den höheren Baum schaffen, an dem wir besser reifen könnten. Er, am Kreuz, ist dieser neue Baum in Gott, und wir sollten warme glückliche Früchte sein, oben daran.

Nun soll man nicht immer von dem reden, was vorher war, sondern, es sollte eben das Nachher begonnen haben. Dieser Baum, scheint mir, sollte mit uns so eines geworden sein, oder wir mit ihm, an ihm, daß wir nicht immerfort uns mit ihm beschäftigen müßten, sondern einfach ruhig mit Gott, in den, uns reiner hinaufzuhalten, doch seine Absicht war.

Wenn ich sage: Gott, so ist das eine große, nie erlernte Überzeugung in mir. Die ganze Kreatur, kommt mir vor, sagt dieses Wort, ohne Überlegung, wenn auch oft aus tiefer Nachdenklichkeit. Wenn dieser Christus uns dazu geholfen hat, es mit hellerer Stimme, voller, gültiger zu sagen, um so besser, aber laßt ihn doch endlich aus dem Spiel. Zwingt uns nicht immer zu dem Rückfall in die Mühe und Trübsal, die es ihn gekostet hat, uns, wie ihr sagt, zu ›erlösen‹. Laßt uns endlich dieses Erlöstsein antreten. – Da wäre ja sonst das Alte Testament noch besser dran, das voller Zeigefinger ist auf Gott zu, wo man es aufschlägt, und immer fällt einer dort, wenn er schwer wird, so grade hinein in Gottes Mitte. Und einmal habe ich den Koran zu lesen versucht, ich bin nicht weit gekommen, aber so viel verstand ich, da ist wieder so ein mächtiger Zeigefinger, und Gott steht am Ende seiner Richtung, in seinem ewigen Aufgang begriffen, in einem Osten, der nie alle wird. Christus hat sicher dasselbe gewollt. Zeigen. Aber die Menschen hier sind wie die Hunde gewesen, die keinen Zeigefinger verstehen und meinen, sie sollten nach der Hand schnappen. Statt vom Kreuzweg aus, wo nun der Wegweiser hoch aufgerichtet war in die Nacht der Opferung hinein, statt von diesem Kreuzweg weiterzugehen, hat sich die Christlichkeit dort angesiedelt und behauptet, dort in Christus zu wohnen, obwohl doch in ihm kein Raum war, nicht einmal für seine Mutter, und nicht für Maria Magdalena, wie in jedem Weisenden, der eine Gebärde ist und kein Aufenthalt. – Und darum wohnen sie auch nicht in Christus, die Eigensinnigen des Herzens, die ihn immer wieder herstellen und leben von der Aufrichtung der schiefen oder völlig umgewehten Kreuze. Sie haben dieses Gedräng auf dem Gewissen, dieses Anstehen auf der überfüllten Stelle, sie tragen Schuld, daß die Wanderung nicht weitergeht in der Richtung der Kreuzarme. Sie haben aus dem Christlichen ein métier gemacht, eine bürgerliche Beschäftigung, sur place, einen abwechselnd abgelassenen und wieder angefüllten Teich. Alles, was sie selber tun, ihrer unerdrückbaren Natur nach (soweit sie noch Lebendige sind), steht im Widerspruch mit dieser merkwürdigen Anlage, und so trüben sie ihr eigenes Gewässer und müssen es immer wieder erneu(er)n. Sie lassen sich nicht vor Eifer, das Hiesige, zu dem wir doch Lust und Vertrauen haben sollten, schlecht und wertlos zu machen, – und so liefern sie die Erde immer mehr denjenigen aus, die sich bereit finden, aus ihr, der verfehlten und verdächtigten, die doch zu Besserem nicht tauge, wenigstens einen zeitlichen rasch ersprießlichen Vorteil zu ziehen. Diese zunehmende Ausbeutung des Lebens, ist sie nicht eine Folge, der durch die Jahrhunderte fortgesetzten Entwertung des Hiesigen? Welcher Wahnsinn, uns nach einem Jenseits abzulenken, wo wir hier von Aufgaben und Erwartungen und Zukünften umstellt sind. Welcher Betrug, Bilder hiesigen Entzückens zu entwenden, um sie hinter unserem Rücken an den Himmel zu verkaufen! O es wäre längst Zeit, daß die verarmte Erde alle jene Anleihen wieder einzöge, die man bei ihrer Seligkeit gemacht hat, um Überkünftiges damit auszustatten. Wird der Tod wirklich durchsichtiger durch diese hinter ihn verschleppten Lichtquellen? Und wird nicht alles hier Fortgenommene, da nun doch kein Leeres sich halten kann, durch einen Betrug ersetzt, – sind die Städte deshalb von so viel häßlichem Kunstlicht und Lärm erfüllt, weil man den echten Glanz und den Gesang an ein später zu beziehendes Jerusalem ausgeliefert hat? Christus mochte recht haben, wenn er, in einer von abgestandenen und entlaubten Göttern erfüllten Zeit, schlecht vom Irdischen sprach, obwohl es (ich kann es nicht anders denken) auf eine Kränkung Gottes hinauskommt, in dem uns hier Gewährten und Zugestandenen nicht ein, wenn wir es nur genau gebrauchen, vollkommen, bis an den Rand unserer Sinne uns Beglückendes zu sehen! Der rechte Gebrauch, das ists. Das Hiesige recht in die Hand nehmen, herzlich liebevoll. Erstaunend, als unser, vorläufig, Einziges: das ist zugleich, es gewöhnlich zu sagen, die große Gebrauchsanweisung Gottes, die meinte der heilige Franz von Assisi aufzuschreiben in seinem Lied an die Sonne, die ihm im Sterben herrlicher war als das Kreuz, das ja nur dazu da stand, in die Sonne zu weisen. Aber das, was man die Kirche nennt, war inzwischen schon zu einem solchen Gewirr von Stimmen angeschwollen, daß der Gesang des Sterbenden, überall übertönt, nur von ein paar einfachen Mönchen aufgefangen war und unendlich bejaht von der Landschaft seines anmutigen Tals. Wie oft mögen wohl solche Versuche gemacht worden sein, die Versöhnung herzustellen zwischen jener christlichen Absage und der augenfälligen Freundschaft und Heiterkeit der Erde. Aber auch sonst, auch innerhalb der Kirche, ja in ihrer eigenen Krone, erzwang sich das Hiesige seine Fülle und seinen angeborenen Überfluß. Warum rühmt man es nicht, daß die Kirche stämmig genug war, nicht zusammenzubrechen unter dem Lebensgewicht gewisser Päpste, deren Thron beschwert war mit Bastardkindern, Kurtisanen und Ermordeten. War nicht in ihnen mehr Christentum, als in den dürren Wiederherstellern der Evangelien, – nämlich, lebendiges, unaufhaltsames, verwandeltes. Wir wissen ja nicht, will ich sagen, was aus den großen Lehren werden will, man muß sie nur strömen und gewähren lassen und nicht erschrecken, wenn sie plötzlich in die zerklüftete Natur des Lebens fortstürzen und unter der Erde sich in unkenntliche Betten wälzen.

Ich habe einmal ein paar Monate in Marseille gearbeitet. Es war eine besondere Zeit für mich, ich verdanke ihr viel. Der Zufall brachte mich mit einem jungen Maler zusammen, der bis zu seinem Tode mein Freund geblieben ist. Er litt an der Lunge und war eben damals von Tunis zurückgekommen. Wir waren viel beisammen, und da der Abschluß meiner Anstellung mit seiner Rückkehr nach Paris zusammenfiel, konnten wir es einrichten, einige Tage in Avignon uns aufzuhalten. Sie sind mir unvergeßlich geblieben. Zum Teil durch die Stadt selbst, ihre Gebäude und ihre Umgebungen, als auch weil mein Freund in diesen Tagen ununterbrochenen und irgendwie gesteigerten Umgangs sich mir über viele Umstände besonders seines inneren Lebens mit jener Beredsamkeit mitteilte, die, scheint es, solchen Kranken in gewissen Momenten eigentümlich ist. Alles was er sagte hatte eine seltsame wahrsagende Gewalt; durch alles, was in oft fast atemlosen Gesprächen dahinstürzte, sah man gewissermaßen den Grund, die Steine auf dem Grunde.... ich will damit sagen, mehr als nur ein nur Unsriges, die Natur selber, ihr Ältestes und Härtestes, das wir doch an so vielen Stellen berühren und von dem wir wahrscheinlich in den getriebensten Momenten abhängen, indem sein Gefäll unsre Neigung bestimmt. Ein Liebeserlebnis, unvermutet und glücklich, kam dazu, sein Herz wurde ungewöhnlich hoch gehalten, tagelang, und so schoß denn auf der anderen Seite der spielende Strahl seines Lebens zu beträchtlicher Höhe auf. Mit jemandem, der sich in solcher Verfassung befindet, eine außerordentliche Stadt und eine mehr als gefällige Landschaft wahrzunehmen, ist eine seltene Vergünstigung; und so erscheinen mir denn auch, wenn ich zurückdenke, jene zarten und zugleich leidenschaftlichen Frühlingstage als die einzigen Ferien, die ich in meinem Leben gekannt habe. Die Zeit war so lächerlich kurz, einem anderen hätte sie nur für wenige Eindrücke hingereicht, – mir, der ich nicht gewohnt bin, freie Tage zu verbringen, erschien sie weit. Ja, es kommt mir fast unrecht vor, noch Zeit zu nennen, was eher ein neuer Zustand des Freiseins war, recht fühlbar ein Raum, ein Umgebensein von Offenem, kein Vergehn. Ich holte damals, wenn man so sagen kann, Kindheit nach und ein Stück frühes Jungsein, was, alles in mir auszuführen, nie Zeit gewesen war; ich schaute, ich lernte, ich begriff –, und aus diesen Tagen stammt auch die Erfahrung, daß mir ›Gott‹ zu sagen, so leicht, so wahrhaftig, so – wie mein Freund sich würde ausgedrückt haben – so problemlos einfach sei. Wie sollte mir dieses Haus, das die Päpste sich dort aufgerichtet haben, nicht gewaltig vorkommen? Ich hatte den Eindruck, es könne überhaupt keinen Innenraum enthalten, sondern müsse aus lauter dichten Blöcken geschichtet sein, so als wäre den Verbannten nur darum zu tun gewesen, das Gewicht des Papsttums, sein Übergewicht, auf die Waage der Geschichte zu häufen. Und dieser kirchliche Palast türmt sich wahrhaftig über den antiken Torso einer Heraklesfigur, die man in die felsigen Grundfesten eingemauert hat – ›ist er nicht‹ – sagte Pierre, ›wie aus diesem Samenkorn ungeheuerlich aufgewachsen?‹ – Daß dieses das Christentum sei, in einer seiner Verwandlungen, wäre mir viel verständlicher, als seine Kraft und seinen Geschmack in dem immer schwächeren Aufguß jener Tisane zu erkennen, von der man behauptet, daß sie aus seinen ersten zartesten Blättern bereitet sei..

Sind doch auch die Kathedralen nicht der Körper jenes Geistes, den man uns nun als den eigentlich christlichen einreden will. Ich könnte denken, daß unter einigen von ihnen das erschütterte Standbild einer griechischen Göttin ruhe; soviel Erblühung, soviel Dasein ist in ihnen emporgeschossen, wenn sie auch, wie in einer zu ihrer Zeit entstandenen Angst, von jenem verborgenen Leib fort in die Himmel strebten, die fortwährend offen zu halten der Ton ihrer großen Glocken bestimmt war.

Nach meiner Rückkehr damals von Avignon bin ich viel in Kirchen gegangen, abends und am Sonntag, – erst allein... später...

Ich habe eine Geliebte, fast noch ein Kind, die als Heimarbeiterin beschäftigt ist, wodurch sie oft, wenn es wenig Arbeit gibt, in eine arge Lage gerät. Sie ist geschickt, sie würde leicht in einer Fabrik unterkommen, aber sie fürchtet den Patron. Ihre Vorstellung von Freiheit ist grenzenlos. Es wird Sie nicht wundern, daß sie auch Gott so wie eine Art Patron empfindet, ja als den "Erzpatron", wie sie mir sagte, lachend, aber mit solchem Schreck in den Augen. Es hat lange gebraucht, bis sie sich entschloß, einmal abends mit mir nach St. Eustache zu gehen, wo ich gerne eintrat, wegen der Musik der Maiandachten. Einmal sind wir zusammen nach Maux geraten und haben in der Kirche dort Grabsteine angesehen. Allmählich merkte sie, daß Gott einen in den Kirchen in Ruhe läßt, daß er nichts verlangt; man könnte meinen, er wäre überhaupt nicht da, nichtwahr, – aber doch im Augenblick, wo man das etwa sagen wollte, meinte Marthe, daß er auch in der Kirche nicht ist, da hält einen etwas zurück. Vielleicht nur das, was die Menschen selbst durch soviel Jahrhunderte hereingetragen haben in diese hohe, eigentümlich bestärkte Luft. Vielleicht ist es auch nur, daß das Schwingen der mächtigen und süßen Musik nie ganz hinaus kann, ja es muß ja längst in die Steine eingedrungen sein, und es müssen merkwürdig erregte Steine sein, diese Pfeiler und Wölbungen, und wenn ein Stein auch hart ist und schwer zugänglich, schließlich erschütterts ihn doch, immer wieder Gesang und diese Angriffe von der Orgel her, diese Überfälle, diese Stürme des Lieds, jeden Sonntag, diese Orkane der großen Feiertage. Windstille. Das ists, was recht eigentlich in den alten Kirchen herrscht. Ich sagte es Marthe. Windstille. Wir horchten, sie begriff es sofort, sie hat eine wunderbar vorbereitete Natur. Seither traten wir manchmal da und dort ein, wenn wir singen hörten, und standen dann da, dicht aneinander. Am schönsten wars, wenn ein Glasfenster vor uns war, eines von diesen alten Bilderfenstern, mit vielen Abteilungen, jede ganz angefüllt mit Figuren, großen Menschen und kleinen Türmen und allen möglichen Ereignissen. Nichts ist dafür zu fremd gewesen, da sieht man Burgen und Schlachten und eine Jagd, und der schöne weiße Hirsch kommt immer wieder vor im heißen Rot und im brennenden Blau. Ich habe einmal ganz alten Wein zu trinken bekommen. So ist das für die Augen, diese Fenster, nur daß der Wein nur dunkelrot war im Mund, – dieses hier aber ist dasselbe auch noch in Blau und in Violett und in Grün. Es ist ja überhaupt alles in den alten Kirchen, gar keine Scheu vor etwas, wie in den neuen, wo nur gewissermaßen die guten Beispiele vorkommen. Hier ist auch das Arge und Böse und das Fürchterliche; das Verkrüppelte, das was in Not, das was häßlich ist und das Unrecht –, und man möchte sagen, daß es irgendwie geliebt sei um Gottes willen. Hier ist der Engel, den es nicht gibt, und der Teufel, den es nicht gibt; und der Mensch, den es nicht gibt, ist zwischen ihnen, und, ich kann mir nicht helfen, ihre Unwirklichkeit macht ihn mir wirklicher. Ich kann das, was ich fühle, wenn es heißt: ein Mensch, dort drin besser zusammennehmen, als auf der Straße unter den Leuten, die rein nichts Erkennbares an sich haben. Aber das ist schwer zu sagen. Und das, was ich nun sagen will, ist noch schwerer aus(zu)drücken. Was nämlich den "Patron", die Macht, angeht (das ist mir auch so langsam dort drin, wenn wir ganz in der Musik standen, klar geworden), so gibt es nur ein Mittel wider sie: weiter zu gehen als sie selbst. Ich meine das so: Man sollte sich anstrengen, in jeder Macht, die ein Recht über uns beansprucht, gleich alle Macht zu sehen, die ganze Macht, Macht überhaupt, die Macht Gottes. Man sollte sich sagen, es gibt nur eine, und die geringe, die falsche, die fehlerhafte so verstehen, als wäre sie das, was uns mit Recht ergreift. Würde sie nicht unschädlich auf diese Weise? Wenn man in jeder Macht, auch in arger und boshafter, immer die Macht selbst sähe, ich meine das, was zuletzt recht behält, mächtig zu sein, überstünde man da nicht, heil, sozusagen, auch das Unberechtigte und Willkürliche? Stellen wir uns nicht zu allen den unbekannten großen Kräften genau so? Keine erfahren wir in ihrer Reinheit. Wir nehmen jede zunächst hin mit ihren Mängeln, die vielleicht unseren Mängeln angemessen sind. – Aber hat nicht bei allen Gelehrten, Entdeckern und Erfindern, die Voraussetzung, daß sie es mit großen Kräften zu tun hätten, plötzlich zu den größesten geführt? Ich bin jung, und es ist viel Aufbegehrung in mir; ich kann nicht versichern, daß ich nach meiner Einsicht handle in jedem Falle, wo Ungeduld und Unlust mich hinreißen, – im Innersten aber weiß ich, daß die Unterwerfung weiter führt als die Auflehnung; sie beschämt, was Bemächtigung ist, und sie trägt unbeschreiblich bei zur Verherrlichung der richtigen Macht. Der Aufgelehnte drängt aus der Anziehung eines Machtmittelpunktes hinaus, und es gelingt ihm vielleicht, dieses Kraftfeld zu verlassen; aber darüber hinaus steht er im Leeren und muß sich umsehen nach einer anderen Gravitation, die ihn einbeziehe. Und diese ist meist von noch minderer Gesetzmäßigkeit als die erste. Warum also nicht gleich in jener, in der wir uns vorfinden, die größeste Gewalt sehen, unbeirrt durch ihre Schwächen und Schwankungen? Irgendwo stößt die Willkür von selber ans Gesetz, und wir ersparen Kraft, wenn wir ihr überlassen, sich selber zu bekehren. Freilich das gehört zu den langen und langsamen Vorgängen, die so völlig in Widerspruch stehen mit den merkwürdigen Überstürzungen unserer Zeit. Aber es wird neben den schnellsten Bewegungen immer langsame geben, ja solche von so äußerster Langsamkeit, daß wir ihren Verlauf gar nicht erleben können. Aber dazu, nicht wahr, ist ja die Menschheit da, daß sie abwarte, was über den

Einzelnen hinausreicht. – Von ihr aus gesehen, ist das Langsame oft das Schnellste, das heißt, es erweist sich, daß wir es nur langsam nannten, weil es ein Unmeßbares war.

Nun gibt es scheint mir, ein völlig Unermeßliches, an dem mit Maßstäben, Messungen und Einrichtungen sich zu vergreifen, die Menschen nicht müde werden. Und hier in jener Liebe, die sie mit einem unerträglichen Ineinander von Verachtung, Begierlichkeit und Neugier die "sinnliche" nennen, hier sind wohl die schlimmsten Wirkungen jener Herabsetzung zu suchen, die das Christentum dem Irdischen meinte bereiten zu müssen. Hier ist alles Entstellung und Verdrängung, obwohl wir doch aus diesem tiefsten Ereignis hervorgehen und selber wieder in ihm die Mitte unserer Entzückungen besitzen. Es ist mir, wenn ich es sagen darf, immer unbegreiflicher, wie eine Lehre, die uns dort ins Unrecht setzt, wo die ganze Kreatur ihr seligstes Recht genießt, in solcher Beständigkeit sich, wenn auch nirgends bewähren, so doch weithin behaupten darf.

Ich denke auch hier wieder an die bewegten Gespräche, die ich mit meinem verstorbenen Freunde führen durfte, damals, in den Auen der Barthelasse-Insel im Frühling und später. Ja in der Nacht, die seinem Tode zuvorging (er starb am folgenden Nachmittag kurz nach fünf Uhr), hat er mir in einen Bereich blindesten Erleidens so reine Ausblicke eröffnet, daß mir mein Leben an tausend Stellen neu zu beginnen schien und mir, da ich antworten wollte, die Stimme nicht zur Verfügung stand. Ich wußte nicht, daß es Tränen der Freude gab. Ich weinte meine ersten anfängerhaft, in die Hände dieses morgen Toten und fühlte, wie in Pierre die Flut des Lebens noch einmal stieg und überging, da diese heißen Tropfen hinzukamen. Bin ich überschwänglich? Ich rede ja von einem Zuviel.

Warum, ich frage Sie, Herr V., wenn man uns helfen will, uns so oft Hülflosen, warum läßt man uns im Stich, dort an den Wurzeln alles Erlebens? Wer uns dort beistände, der könnte getrost sein, daß wir nichts weiter von ihm verlangten. Denn der Beistand, den er uns dort einflößte, wüchse von selbst mit unserem Leben und würde größer und stärker mit ihm zugleich. Und ginge nie aus. Was setzt man uns nicht ein in unser Heimlichstes? Was müssen wirs umschleichen, und geraten schließlich hinein, wie Einbrecher und Diebe, in unser eigenes schönes Geschlecht, in dem wir irren und uns stoßen und straucheln, um schließlich wie Ertappte wieder hinauszustürzen in das Zwielicht der Christlichkeit. Warum, wenn schon Schuld oder Sünde, wegen der inneren Spannung des Gemüts mußte erfunden werden, warum heftete man sie nicht an an einen anderen Teil unseres Leibes, warum ließ man sie fallen dorthin und wartete, daß sie sich auflöse in unserem reinen Brunnen und ihn vergifte und trübe? Warum hat man uns das Geschlecht heimatlos gemacht, statt das Fest unserer Zuständigkeit dort hin zu verlegen?

Gut, ich will zugeben, es soll nicht uns gehören, die wir nicht imstande sind, so unerschöpfliche Seligkeit zu verantworten und zu verwalten. Aber warum gehören wir nicht zu Gott von dieser Stelle aus?

Ein Kirchlicher würde mich darauf verweisen, daß es die Ehe gäbe, obwohl ihm nicht unbekannt wäre, wie es mit dieser Einrichtung bestellt ist. Es nützt auch nichts, den Willen zur Fortpflanzung in den Gnadenstrahl zu rücken –, mein Geschlecht ist nicht nur den Nachkommen zugekehrt, es ist das Geheimnis meines eigenen Lebens –, und nur weil es dort, wie es scheint, den mittleren Platz nicht einnehmen soll, haben so viele es an ihren Rand verschoben und darüber das Gleichgewicht verloren. Was hilft alles! Die entsetzliche Unwahrheit und Unsicherheit unserer Zeit hat ihren Grund in dem nicht eingestandenen Glück des Geschlechts, in dieser eigentümlich schiefen Verschuldung, die immerfort zunimmt und uns von der ganzen übrigen Natur trennt, ja sogar von dem Kind, obwohl, wie ich in jener unvergeßlichen Nacht erfuhr, seine, des Kindes, Unschuld durchaus nicht darin besteht, daß es, sozusagen, kein Geschlecht kenne, – "sondern", so sagte Pierre fast tonlos, "jenes unbegreifliche Glück, das uns an einer Stelle erwacht mitten im Fruchtfleisch der geschlossenen Umarmung, ist noch in seinem ganzen Körper überall namenlos ›verteilt‹. Um die eigentümliche Lage unserer Sinnlichkeit zu bezeichnen, müßte man also sagen dürfen: Einmal waren wir überall Kind, jetzt sind wirs nur noch an einer Stelle. – Wenn aber nur ein Einziger unter uns ist, dem das gewiß wäre und der die

Beweise dafür aufzuzeigen die Fähigkeit besäße, warum lassen wirs geschehen, daß eine Generation nach der anderen unter dem Schutt christlicher Vorurteile zu sich kommt und sich rührt wie der Scheintote im Finstern, in einem engsten Zwischenraum zwischen lauter Absagen!?

Herr V. Ich schreibe und schreibe. Eine ganze Nacht ist fast drüber hingegangen. Ich muß mich zusammenfassen. – Habe ich gesagt, daß ich in einer Fabrik angestellt bin? Ich arbeite im Schreibzimmer, manchmal habe ich auch an einer Maschine zu tun. Früher konnte ich einmal eine kurze Zeit studieren. Nun, ich will nur sagen, wie mir zu mute ist. Ich will, sehen Sie, anwendbar sein an Gott, so wie ich da bin; was ich hier tue, Arbeit, das will ich weitertun auf ihn zu ohne daß mir mein Strahl gebrochen wird, wenn ich das so ausdrücken darf, auch nicht in Christus, der einst für viele das Wasser war. Die Maschine, zum Beispiel, ich kann sie ihm nicht erklären, er behält nicht. Ich weiß Sie lachen nicht, wenn ich das so einfältig sage, es ist am besten so. Gott dagegen, ich habe dieses Gefühl, ihm kann ich sie bringen, meine Maschine und ihren Erstling, oder sonst meine ganze Arbeit, es geht ohneweiters in ihn hinein. So wie es für die Hirten einmal leicht war, den Göttern ihres Lebens ein Lamm zu bringen oder die Feldfrucht oder die schönste Traube.

Sie sehen, Herr V., ich konnte diesen langen Brief schreiben, ohne das Wort Glauben ein einziges Mal nötig zu haben. Denn das scheint mir eine umständliche und schwierige Angelegenheit zu sein, und nicht die meine. Ich will mich nicht schlecht machen lassen um Christi willen, sondern gut sein für Gott. Ich will nicht von vornherein als ein Sündiger angeredet sein, vielleicht bin ich es nicht. Ich habe so reine Morgen! Ich könnte mit Gott reden, ich brauche niemanden, der mir Briefe an ihn aufsetzen hilft.

Ihre Gedichte kenne ich nur aus jener Vorlesung neulich abend, ich besitze nur wenige Bücher, die meistens mit meinem Beruf zu tun haben. Ein paar allerdings, die von Kunst handeln, und Historisches, was ich mir eben verschaffen konnte. – Die Gedichte aber, das müssen Sie sich nun gefallen lassen, haben diese Bewegung in mir hervorgerufen. Mein Freund sagte einmal: Gebt uns Lehrer, die uns das Hiesige rühmen. Sie sind ein solcher.

Briefe an einen jungen Dichter

Brief 1

Paris am 17. Februar 1903
   Sehr geehrter Herr,
Ihr Brief hat mich erst vor einigen Tagen erreicht. Ich will Ihnen danken für sein großes und
liebes Vertrauen. Ich kann kaum mehr. Ich kann nicht auf die Art Ihrer Verse eingehen; denn
mir liegt jede kritische Absicht zu fern. Mit nichts kann man ein Kunst-Werk so wenig berühren als mit kritischen Worten: es kommt dabei immer auf mehr oder minder glückliche
Mißverständnisse heraus. Die Dinge sind alle nicht so faßbar und sagbar, als man uns meistens
glauben machen möchte; die meisten Ereignisse sind unsagbar, vollziehen sich in einem Raume,
den nie ein Wort betreten hat, und unsagbarer als alle sind die Kunst-Werke, geheimnisvolle
Existenzen, deren Leben neben dem unseren, das vergeht, dauert.

Wenn ich diese Notiz vorausschicke, darf ich Ihnen nur noch sagen, daß Ihre Verse keine eigene Art haben, wohl aber stille und verdeckte Ansätze zu Persönlichem. Am deutlichsten fühle
ich das in dem letzten Gedicht «Meine Seele». Da will etwas Eigenes zu Wort und Weise kommen. Und in dem schönen Gedicht «An Leopardi» wächst vielleicht eine Art Verwandtschaft
mit diesem Großen, Einsamen auf. Trotzdem sind die Gedichte noch nichts für sich, nichts
Selbständiges, auch das letzte und das an Leopardi nicht. Ihr gütiger Brief, der sie begleitet
hat, verfehlt nicht, mir manchen Mangel zu erkläre, den ich im Lesen Ihrer Verse fühlte, ohne
ihn indessen namentlich nennen zu können.

Sie fragen, ob Ihre Verse gut sind. Sie fragen mich. Sie haben vorher andere gefragt. Sie senden sie an Zeitschriften. Sie vergleichen sie mit anderen Gedichten, und Sie beunruhigen sich,
wenn gewisse Redaktionen Ihre Versuche ablehnen. Nun (da Sie mir gestattet haben, Ihnen
zu raten) bitte ich Sie, das alles aufzugeben. Sie sehen nach außen, und das vor allem dürften
Sie jetzt nicht tun. Niemand kann Ihnen raten und helfen, niemand. Es gibt nur ein einziges
Mittel. Gehen Sie in sich. Erforschen Sie den Grund, der Sie schreiben heißt; prüfen Sie, ob
er in der tiefsten Stelle Ihres Herzens seine Wurzeln ausstreckt, gestehen Sie sich ein, ob Sie
sterben müßten, wenn es Ihnen versagt würde zu schreiben.

Dieses vor allem: fragen Sie sich in der stillsten Stunde Ihrer Nacht: *muß* ich schreiben?
Graben Sie in sich nach einer tiefen Antwort. Und wenn diese zustimmend lauten sollte, wenn
Sie mit einem starken und einfachen *ich muß* dieser ernsten Frage begegnen dürfen, dann bauen
Sie Ihr Leben nach dieser Notwendigkeit; Ihr Leben bis hinein in seine gleichgültigste und
geringste Stunde muß ein Zeichen und Zeugnis werden diesem Drange. Dann nähern Sie sich
der Natur. Dann versuchen Sie, wie ein erster Mensch, zu sagen, was Sie sehen und erleben
und lieben und verlieren.

> Schreiben Sie nicht Liebesgedichte; weichen Sie zuerst denjenigen Formen aus, die
> zu geläufig und gewöhnlich sind: sie sind die schwersten, denn es gehört eine große,
> ausgereifte Kraft dazu, Eigenes zu geben, wo sich gute und zum Teil glänzende
> Überlieferungen in Menge einstellen.
>
> Darum retten Sie sich vor den allgemeinen Motiven zu denen, die Ihnen Ihr ei-
> gener Alltag bietet; schildern Sie Ihre Traurigkeiten und Wünsche, die vorüber-
> gehenden Gedanken und den Glauben an irgendeine Schönheit - schildern Sie das
> alles mit inniger, stiller, demütiger Aufrichtigkeit und gebrauchen Sie, um sich
> auszudrücken, die Dinge Ihrer Umgebung, die Bilder Ihrer Träume und die Ge-
> genstände ihrer Erinnerung.
> Wenn Ihr Alltag Ihnen arm scheint, klagen Sie ihn nicht an; klagen Sie sich an,
> sagen Sie sich, daß Sie nicht Dichter genug sind, seine Reichtümer zu rufen; denn
> für den Schaffenden gibt es keine Armut und keinen armen, gleichgültigen Ort.
> Und wenn Sie selbst in einem Gefängnis wären, dessen Wände keines von den Ge-
> räuschen der Welt zu Ihren Sinnen kommen ließen - hätten Sie dann nicht immer
> noch Ihre Kindheit, diesen köstlichen, königlichen Reichtum, dieses Schatzhaus

der Erinnerungen? Wenden Sie dorthin Ihre Aufmerksamkeit. Versuchen Sie die versunkenen Sensationen dieser weiten Vergangenheit zu heben; Ihre Persönlichkeit wird sich festigen, Ihre Einsamkeit wird sich erweitern und wird eine dämmernde Wohnung werden, daran der Lärm der anderen fern vorüber geht. Und wenn aus dieser Wendung nach innen, aus dieser Versenkung in die eigene Welt *Verse* kommen, dann werden Sie nicht daran denken, jemanden zu fragen, ob es gute *Verse* sind. Sie werden auch nicht den Versuch machen, Zeitschriften für diese Arbeiten zu interessieren: denn Sie werden in ihnen Ihren lieben natürlichen Besitz, ein Stück und eine Stimme Ihres Lebens sehen.

Ein Kunstwerk ist gut, wenn es aus Notwendigkeit entstand. In dieser Art seines Ursprungs liegt sein Urteil: es gibt kein anderes. Darum, sehr geehrter Herr, wußte ich Ihnen keinen Rat als diesen: in sich zu gehen und die Tiefen zu prüfen, in denen Ihr Leben entspringt; an seiner Quelle werden Sie die Antwort auf die Frage finden, ob Sie schaffen *müssen*.

Nehmen Sie sie, wie sie klingt, an, ohne daran zu deuten. Vielleicht erweist es sich, daß Sie berufen sind, Künstler zu sein. Dann nehmen Sie das Los auf sich, und tragen Sie es, seine Last und seine Größe, ohne je nach dem Lohne zu fragen, der von außen kommen könnte. Denn der Schaffende muß eine Welt für sich sein und alles in sich finden und in der Natur, an die er sich angeschlossen hat.

Vielleicht aber müssen Sie auch nach diesem Abstieg in sich und Ihr Einsames darauf verzichten, ein Dichter zu werden (es genügt, wie gesagt, zu fühlen, daß man, ohne zu schreiben, leben könnte, um es überhaupt nicht zu dürfen). Aber auch dann ist diese Einkehr, um die ich Sie bitte, nicht vergebens gewesen. Ihr Leben wird auf jeden Fall von da ab eigene Wege finden, und daß es gute, reiche und weite sein mögen, das wünsche ich Ihnen mehr, als ich sagen kann.

Was soll ich Ihnen noch sagen? Mir scheint alles betont nach seinem Recht; und schließlich wollte ich Ihnen ja auch nur raten, still und ernst durch Ihre Entwicklung durchzuwachsen; Sie können sie gar nicht heftiger stören, als wenn Sie nach außen sehen und von außen Antwort erwarten auf Fragen, die nur Ihr innerstes Gefühl in Ihrer leisesten Stunde vielleicht beantworten kann.

Es war mir eine Freude, in Ihrem Schreiben den Namen des Herrn Professor Horacek zu finden; ich bewahre diesem liebenswürdigen Gelehrten eine große Verehrung und eine durch die Jahre dauernde Dankbarkeit. Wollen Sie ihm, bitte, von dieser meiner Empfindung sagen; es ist sehr gütig, daß er meiner noch gedenkt, und ich weiß es zu schätzen.

Die Verse, welche Sie mir freundlich vertrauen kamen, gebe ich Ihnen gleichzeitig wieder zurück. Und ich danke Ihnen nochmals für die Größe und Herzlichkeit Ihres Vertrauens, dessen ich mich durch diese aufrichtige, nach bestem Wissen gegebene Antwort ein wenig würdiger zu machen suchte, als ich es, als ein Fremder, wirklich bin.

Mit aller Ergebenheit und Teilnahme:

Rainer Maria Rilke

Viareggio bei Pisa (Italien), am 5. April 1903

Sie müssen es mir verzeihen, lieber und geehrter Herr, daß ich Ihres Briefes vom 24. Februar erst heute dankbar gedenke: ich war die ganze Zeit leidend, nicht gerade krank, aber von einer influenza-artigen Mattigkeit bedrückt, die mich unfähig machte zu allem. Und schließlich, als es gar nicht anders werden wollte, fuhr ich an dieses südliche Meer, dessen Wohltun mir schon einmal geholfen hat. Aber ich bin noch nicht gesund, das Schreiben fällt mir schwer, und so müssen Sie diese wenigen Zeilen nehmen für mehr.

Natürlich müssen Sie wissen, daß Sie mich mit jedem Briefe immer erfreuen werden, und nur nachsichtig sein gegen die Antwort, die Sie vielleicht oft mit leeren Händen lassen wird; denn im Grunde, und gerade in den tiefsten und wichtigsten Dingen, sind wir namenlos allein, und damit einer dem andern raten oder gar helfen kann, muß viel geschehen, viel muß gelingen, eine ganze Konstellation von Dingen muß eintreffen, damit es einmal glückt.

Ich wollte Ihnen heute nur noch zwei Dinge sagen: Ironie: Lassen Sie sich nicht von ihr beherrschen; besonders nicht in unschöpferischen Momenten. In schöpferischen versuchen Sie es, sich ihrer zu bedienen, als eines Mittels mehr, das Leben zu fassen. Rein gebraucht, ist sie auch rein, und man muß sich ihrer nicht schämen; und fühlen Sie sich ihr zu vertraut, fürchten Sie die wachsende Vertraulichkeit mit ihr, dann wenden Sie sich an große und ernste Gegenstände, vor denen sie klein und hilflos wird. Suchen Sie die Tiefe der Dinge: dort steigt Ironie nie hinab, - und wenn Sie so an den Rand des Großen führen, erproben Sie gleichzeitig, ob diese Auffassungsart einer Notwendigkeit Ihres Wesens entspringt. Denn unter dem Einfluß ernster Dinge wird sie entweder von Ihnen abfallen (wenn sie etwas Zufälliges ist), oder aber sie wird (so sie wirklich eingeboren Ihnen zugehört) erstarken zu einem ernsten Werkzeug und sich einordnen in die Reihe der Mittel, mit denen Sie Ihre Kunst werden bilden müssen.

Und das zweite, was ich Ihnen heute erzählen wollte, ist dieses:

> Von allen meinen Büchern sind mir nur wenige unentbehrlich, und zwei sind sogar immer unter meinen Dingen, wo ich auch bin. Sie sind auch hier um mich: die Bibel, und die Bücher des großen dänischen Dichters *Jens Peter Jacobsen.*
>
> Es fällt mir ein, ob Sie seine Werke kennen. Sie können sich dieselben leicht verschaffen, denn ein Teil derselben ist in Reclams Universal-Bibliothek in sehr guter Übertragung erschienen. Verschaffen Sie sich das Bändchen «Sechs Novellen» von J. P. Jacobsen und seinen Roman «Niels Lyhne», und beginnen Sie des ersten Bändchens erste Novelle, welche «Mogens» heißt. Eine Welt wird über Sie kommen, das Glück, der Reichtum, die unbegreifliche Größe einer Welt. Leben Sie eine Weile in diesen Büchern, lernen Sie davon, was Ihnen lernenswert scheint, aber vor allem lieben Sie sie. Diese Liebe wird Ihnen tausend- und tausendmal vergolten werden, und wie Ihr Leben auch werden mag, - sie wird, ich bin dessen gewiß, durch das Gewebe Ihres Werdens gehen als einer von den wichtigsten Fäden unter allen Fäden Ihrer Erfahrungen, Enttäuschungen und Freuden.
>
> Wenn ich sagen soll, von wem ich etwas über das Wesen des Schaffens, über seine Tiefe und Ewigkeit erfuhr, so sind es nur zwei Namen, die ich nennen kann: den *Jacobsens,* des großen, großen Dichters, und den *Auguste Rodins,* des Bildhauers, der seinesgleichen nicht hat unter allen Künstlern, die heute leben. -

Und alles Gelingen über Ihre Wege!

Ihr:

Rainer Maria Rilke

Viareggio bei Pisa (Italien), am 23. April 1903

Sie haben mir, lieber und geehrter Herr, mit Ihrem österlichen Briefe viel Freude gemacht; denn er sagte viel Gutes von Ihnen, und die Art, wie Sie über Jacobsens große und liebe Kunst sprachen, zeigte mir, daß ich nicht geirrt habe, als ich Ihr Leben und seine vielen Fragen an diese Fülle führte.

Nun wird sich Ihnen «Niels Lyhne» auftun, ein Buch der Herrlichkeiten und der Tiefen; je öfter man es liest: es scheint alles darin zu sein von des Lebens allerleisestem Dufte bis zu dem vollen, großen Geschmack seiner schwersten Früchte. Da ist nichts, was nicht verstanden, erfaßt, erfahren und in des Erinnerns zitterndem Nachklingen erkannt worden wäre; kein Erleben ist zu gering gewesen, und das kleinste Geschehen entfaltet sich wie ein Schicksal, und das Schicksal selbst ist wie ein wunderbares, weites Gewebe, darin jeder Faden von einer unendlich zärtlichen Hand geführt und neben einen anderen gelegt und von hundert anderen gehalten und getragen wird. Sie werden das große Glück erfahren, dieses Buch zum ersten Male zu lesen, und werden durch seine unzähligen Überraschungen gehen wie in einem neuen Traum. Aber ich kann Ihnen sagen, daß man auch später immer wieder als derselbe Staunende durch diese Bücher geht und daß sie nichts von der wunderbaren Macht verlieren und nichts von der Märchenhaftigkeit aufgeben, mit der sie den Lesenden das erste Mal überschütten.

Man wird nur immer genießender an ihnen, immer dankbarer, und irgendwie besser und einfacher im Schauen, tiefer im Glauben an das Leben und im Leben seliger und größer.

Und später müssen Sie das wunderbare Buch vom Schicksal und Sehnen der Marie Grubbe lesen und Jacobsens Briefe und Tagebuchblätter und Fragmente und endlich seine Verse, die (wenn sie auch nur mäßig übertragen sind) in unendlichem Klingen leben. (Dazu würde ich Ihnen raten, gelegentlich die schöne Gesamtausgabe von Jacobsens Werken die alles das enthält zu kaufen. Sie erschien in drei Bänden und gut übertragen bei Eugen Diederichs in Leipzig und kostet, soviel ich glaube, nur fünf oder sechs Mark pro Band.)

Mit Ihrer Meinung über «Hier sollten Rosen stehen...» (dieses Werk von so unvergleichlicher Feinheit und Form) haben Sie natürlich gegen den, der die Einleitung geschrieben hat, ganz, ganz unantastbar recht. Und es sei hier gleich die Bitte gesagt: Lesen Sie möglichst wenig ästhetisch-kritische Dinge, - es sind entweder Parteiansichten, versteinert und sinnlos geworden in ihrem leblosen Verhärtetsein, oder es sind geschickte Wortspiele, bei denen heute diese Ansicht gewinnt und morgen die entgegengesetzte.

Kunst-Werke sind von einer unendlichen Einsamkeit und mit nichts so wenig erreichbar als mit Kritik. Nur Liebe kann sie erfassen und halten und kann gerecht sein gegen sie.

Geben Sie jedesmal *sich* und Ihrem Gefühl recht, jeder solche Auseinandersetzung, Besprechung oder Einführung gegenüber; sollten Sie doch unrecht haben, so wird das natürliche Wachstum Ihres innern Lebens Sie langsam und mit der Zeit zu anderen Erkenntnissen führen. Lassen Sie Ihren Urteilen die eigene stille, ungestörte Entwicklung, die, wie jeder Fortschritt, tief aus innen kommen muß und durch nichts gedrängt oder beschleunigt werden kann. *Alles* ist austragen und dann gebären. Jeden Eindruck und jeden Keim eines Gefühls ganz in sich, im Dunkel, im Unsagbaren, Unbewußten, dem eigenen Verstande Unerreichbaren sich vollenden lassen und mit tiefer Demut und Geduld die Stunde der Niederkunft einer neuen Klarheit abwarten: das allein heißt künstlerisch leben: im Verstehen wie im Schaffen.

Da gibt es kein Messen mit der Zeit, da gilt kein Jahr, und zehn Jahre sind nichts, Künstler sein heißt: nicht rechnen und zählen; reifen wie der Baum, der seine Säfte nicht drängt und getrost in den Stürmen des Frühlings steht ohne die Angst, daß dahinter kein Sommer kommen könnte. Er kommt doch. Aber er kommt nur zu den Geduldigen, die da sind, als ob die Ewigkeit vor ihnen läge, so sorglos still und weit. Ich lerne es täglich, lerne es unter Schmerzen, denen ich dankbar bin: *Geduld* ist alles!

Richard Dehmel: Mir geht es mit seinen Büchern (und nebenbei gesagt auch mit dem Menschen, den ich flüchtig kenne) so, daß, wenn ich eine seiner schönen Seiten gefunden habe, ich mich immer vor der nächsten fürchte, die alles wieder zerstören und das Liebenswerte in Unwürdiges verkehren kann. Sie haben ihn ganz gut charakterisiert mit dem Wort: «brünstig leben und dichten». Und tatsächlich liegt ja künstlerisches Erleben so unglaublich nahe am geschlechtlichen, an seinem Weh und seiner Lust, daß die beiden Erscheinungen eigentlich nur verschiedene Formen einer und derselben Sehnsucht und Seligkeit sind. Und wenn man statt Brunst Geschlecht sagen dürfte, Geschlecht im großen, weiten, reinen, durch keinen Kirchenirrtum verdächtigen Sinne, so wäre seine Kunst sehr groß und unendlich wichtig. Seine dichterische Kraft ist groß und wie ein Urtrieb stark, sie hat eigene rücksichtslose Rhythmen in sich und bricht wie aus Bergen aus ihm aus. Aber es scheint, daß diese Kraft nicht immer ganz aufrichtig und ohne Pose ist. (Aber das ist ja auch eine der schwersten Prüfungen an dem Schaffenden: er muß immer der Unbewußte, der Ahnungslose seiner besten Tugenden bleiben, wenn er diesen nicht ihre Unbefangenheit und Unberührtheit nehmen will!) Und dann, wo sie, durch sein Wesen rauschend, zum Geschlechtlichen kommt, da findet sie keinen ganz so reinen Menschen, wie sie ihn brauchte. Da ist keine ganz reife und reine Geschlechtswelt, eine, die nicht *menschlich* genug, die nur *männlich* ist, Brunst ist, Rausch und Ruhelosigkeit, und beladen mit den alten Vorurteilen und Hoffarten, mit denen der Mann die Liebe entstellt und beladen hat. Weil er *nur* als Mann liebt, nicht als Mensch, darum ist in seiner Geschlechtsempfindung etwas Enges, scheinbar Wildes, Gehässiges, Zeitliches, Unewiges, das seine Kunst verringert und sie zweideutig und zweifelhaft macht. Sie ist *nicht* ohne Makel, sie ist gezeichnet von der Zeit und von der Leidenschaft, und wenig aus ihr wird dauern und bestehen. (Die meiste Kunst ist aber so!) Aber trotzdem kann man sich an dem, was in ihr Großes ist, tief freuen und muß nur nicht daran verloren gehen und Anhänger jener Dehmelschen Welt werden, die so unendlich bange, voll Ehebruch und Wirrnis, ist und fern von den wirklichen Schicksalen, die mehr leiden machen als diese zeitlichen Trübnisse, aber auch mehr Gelegenheit zu Größe geben und mehr Mut zur Ewigkeit. Was endlich meine Bücher anlangt, so möchte ich Ihnen am liebsten alle senden, die Sie irgend freuen könnten. Aber ich bin sehr arm, und meine Bücher gehören, sobald sie einmal erschienen sind, nicht mehr mir. Ich kann sie selbst nicht kaufen und, wie ich so oft möchte, denen geben, die ihnen Liebes erweisen würden.

Deshalb schreibe ich Ihnen auf einen Zettel die Titel (und Verlage) meiner jüngsterschienenen Bücher (der neuesten, im ganzen habe ich wohl 12 oder 13 veröffentlicht) auf und muß es Ihnen, lieber Herr, überlassen, sich gelegentlich mal etwas davon zu bestellen.

Ich weiß meine Bücher gerne bei Ihnen.

Leben Sie wohl!

Ihr:
Rainer Maria Rilke

Brief 4

z. Zt. Worpswede bei Bremen, am 16. Juli 1903

Vor etwa zehn Tagen habe ich Paris verlassen, recht leidend und müde, und bin in eine große nördliche Ebene gefahren, deren Weite und Stille und Himmel mich wieder gesund machen soll. Aber ich fuhr in einen langen Regen hinein, der heute erst sich ein wenig lichten will über dem unruhig werdenden Land; und ich benutze diesen ersten Augenblick Helle, um Sie zu grüßen, lieber Herr.

Sehr lieber Herr Kappus: Ich habe einen Brief von Ihnen lange ohne Antwort gelassen, nicht daß ich ihn vergessen hätte - im Gegenteil: er war von der Art derer, die man wieder liest, wenn man sie unter den Briefen findet, und ich erkannte Sie darin wie aus großer Nähe. Es war der Brief vom zweiten Mai, und Sie erinnern sich seiner gewiß. Wenn ich ihn, wie jetzt, in der großen Stille dieser Ferne lese, dann rührt mich Ihre schöne Sorge um das Leben, mehr noch, als ich das schon in Paris empfunden habe, wo alles anders anklingt und verhallt wegen des übergroßen Lärmes, von dem die Dinge zittern. Hier, wo ein gewaltiges Land um mich ist, über das von den Meeren her die Winde gehen, hier fühle ich, daß auf jene Fragen und Gefühle, die in ihren Tiefen ein eigenes Leben haben, nirgend ein Mensch Ihnen antworten kann; denn es irren auch die Besten in den Worten, wenn sie Leisestes bedeuten sollen und fast Unsägliches. Aber ich glaube trotzdem, daß Sie nicht ohne Lösung bleiben müssen, wenn Sie sich an Dinge halten, die denen ähnlich sind, an welchen jetzt meine Augen sich erholen. Wenn Sie sich an die Natur halten, an das Einfache in ihr, an das Kleine, das kaum einer sieht, und das so unversehens zum Großen und Unermeßlichen werden kann; wenn Sie diese Liebe haben zu dem Geringen und ganz schlicht als ein Dienender das Vertrauen dessen zu gewinnen suchen, was arm scheint: dann wird Ihnen alles leichter, einheitlicher und irgendwie versöhnender werden, nicht im Verstande vielleicht, der staunend zurückbleibt, aber in Ihrem innersten Bewußtsein, Wach-sein und Wissen.

> Sie sind so jung, so vor allem Anfang, und ich möchte Sie, so gut ich es kann, bitten, lieber Herr, Geduld zu haben gegen alles Ungelöste in Ihrem Herzen und zu versuchen, *die Fragen selbst* liebzuhaben wie verschlossene Stuben und wie Bücher, die in einer sehr fremden Sprache geschrieben sind. Forschen Sie jetzt nicht nach den Antworten, die Ihnen nicht gegeben werden können, weil Sie sie nicht leben könnten. Und es handelt sich darum, alles zu leben. *Leben* Sie jetzt die Fragen. Vielleicht leben Sie dann allmählich, ohne es zu merken, eines fernen Tages in die Antwort hinein.

> Vielleicht tragen Sie ja in sich die Möglichkeit, zu bilden und zu formen, als eine besonders selige und reine Art des Lebens; erziehen Sie sich dazu, - aber nehmen Sie das, was kommt, in großem Vertrauen hin, und wenn es nur aus Ihrem Willen kommt, aus irgendeiner Not Ihres Innern, so nehmen Sie es auf sich und hassen Sie nichts. Das Geschlecht ist schwer; ja. Aber es ist Schweres, was uns aufgetragen wurde, fast alles Ernste ist schwer, und alles ist ernst. Wenn Sie das nur erkennen und dazu kommen, aus sich, aus *Ihrer* Erfahrung und Kindheit und Kraft heraus ein ganz eigenes (von Konvention und Kindheit und Sitte nicht beeinflußtes) Verhältnis zu dem Geschlecht zu erringen, dann müssen Sie nicht mehr fürchten, sich zu verlieren und unwürdig zu werden Ihres besten Besitzes.

> Die körperliche Wollust ist ein sinnliches Erlebnis, nicht anders als das reine Schauen oder das reine Gefühl, mit dem eine schöne Frucht die Zunge füllt; sie ist eine große, unendliche Erfahrung, die uns gegeben wird, ein Wissen von der Welt, die Fülle und der Glanz alles Wissens. Und nicht, daß wir sie empfangen, ist schlecht; schlecht ist, daß fast alle diese Erfahrung mißbrauchen und vergeuden und sie als

Reiz an die müden Stellen ihres Lebens setzen und als Zerstreuung statt als Sammlung zu Höhepunkten. Die Menschen haben ja auch das Essen zu etwas anderem gemacht: Not auf der einen, Überfluß auf der anderen Seite haben die Klarheit dieses Bedürfnisses getrübt, und ähnlich trübe sind alle die tiefen, einfachen Notdürfte geworden, in denen das Leben sich erneuert. Aber der einzelne kann sie für sich klären und klar leben (und wenn nicht der einzelne, der zu abhängig ist, so doch der Einsame). Er kann sich erinnern, daß alle Schönheit in Tieren und Pflanzen eine stille dauernde Form von Liebe und Sehnsucht ist, und er kann das Tier sehen, wie er die Pflanze sieht, geduldig und willig sich vereinigend und vermehrend und wachsend nicht aus physischer Lust, nicht aus physischem Leid, Notwendigkeiten sich neigend, die größer sind als Lust und Leid und gewaltiger denn Wille und Widerstand. O daß der Mensch dieses Geheimnis, dessen die Erde voll ist bis in ihre kleinsten Dinge, demütiger empfinge und ernster trüge, ertrüge und fühlte, wie schrecklich schwer es ist, statt es leicht zu nehmen. Daß er ehrfürchtig wäre gegen seine Fruchtbarkeit, die nur *eine* ist, ob sie geistig oder körperlich scheint; denn auch das geistige Schaffen stammt von dem physischen her, ist eines Wesens mit ihm und nur wie eine leisere, entzücktere und ewigere Wiederholung leiblicher Wollust. «Der Gedanke, Schöpfer zu sein, zu zeugen, zu bilden», ist nichts ohne seine fortwährende, große Bestätigung und Verwirklichung in der Welt, nichts ohne die tausendfältige Zustimmung aus Dingen und Tieren, - und sein Genuß ist nur deshalb so unbeschreiblich schön und reich, weil er voll ererbter Erinnerungen ist aus Zeugen und Gebären von Millionen. In einem Schöpfergedanken leben tausend vergessene Liebesnächte auf und erfüllen ihn mit Hoheit und Höhe. Und die in den Nächten zusammenkommen und verflochten sind in wiegender Wollust, tun eine ernste Arbeit und sammeln Süßigkeiten an, Tiefe und Kraft für das Lied irgendeines kommenden Dichters, der aufstehn wird, um unsägliche Wonnen zu sagen. Und rufen die Zukunft herbei; und wenn sie auch irren und sich blindlings umfassen, die Zukunft kommt doch, ein neuer Mensch erhebt sich, und auf dem Grunde des Zufalls, der hier vollzogen scheint, erwacht das Gesetz, mit dem ein widerstandsfähiger kräftiger Samen sich durchdrängt zu der Eizelle, die ihm offen entgegenzieht. Lassen Sie sich nicht beirren durch die Oberfläche; in den Tiefen wird alles Gesetz. Und die das Geheimnis falsch und schlecht leben (und es sind sehr viele), verlieren es nur für sich selbst und geben es doch weiter wie einen verschlossenen Brief, ohne es zu wissen. Und werden Sie nicht irre an der Vielheit der Namen und an der Kompliziertheit der Fälle. Vielleicht ist über allem eine große Mutterschaft, als gemeinsame Sehnsucht. Die Schönheit der Jungfrau, eines Wesens, «das (wie Sie so schön sagen) noch nichts geleistet hat», ist Mutterschaft, die sich ahnt und vorbereitet, ängstigt und sehnt. Und der Mutter Schönheit ist dienende Mutterschaft, und in der Greisin ist eine große Erinnerung. Und auch im Mann ist Mutterschaft, scheint mir, leibliche und geistige; sein Zeugen ist auch eine Art Gebären, und Gebären ist es, wenn er schafft aus innerster Fülle. Und vielleicht sind die Geschlechter verwandter, als man meint, und die große Erneuerung der Welt wird vielleicht darin bestehen, daß Mann und Mädchen sich, befreit von allen Irrgefühlen und Unlüsten, nicht als Gegensätze suchen werden, sondern als Geschwister und Nachbarn und sich zusammentun werden als *Menschen*, um einfach, ernst und geduldig das schwere Geschlecht, das ihnen auferlegt ist, gemeinsam zu tragen. Aber alles, was vielleicht einmal vielen möglich sein wird, kann der Einsame jetzt schon vorbereiten und bauen mit seinen Händen, die weniger irren.

Darum, lieber Herr, lieben Sie Ihre Einsamkeit, und tragen Sie den Schmerz, den sie Ihnen verursacht, mit schön klingender Klage. Denn die Ihnen nahe sind, sind fern, sagen Sie, und das zeigt, daß es anfängt, weit um Sie zu werden. Und wenn

Ihre Nähe fern ist, dann ist Ihre Weite schon unter den Sternen und sehr groß; freuen Sie sich Ihres Wachstums, in das Sie ja niemanden mitnehmen können, und seien Sie gut gegen die, welche zurückbleiben, und seien Sie sicher und ruhig vor ihnen und quälen Sie sie nicht mit Ihren Zweifeln und erschrecken Sie sie nicht mit Ihrer Zuversicht oder Freude, die sie nicht begreifen könnten.

Suchen Sie sich mit ihnen irgendeine schlichte und treue Gemeinsamkeit, die sich nicht notwendig verändern muß, wenn Sie selbst anders und anders werden; lieben Sie an ihnen das Leben in einer fremden Form und haben Sie Nachsicht gegen die alternden Menschen, die das Alleinsein fürchten, zu dem Sie Vertrauen haben. Vermeiden Sie, jenem Drama, das zwischen Eltern und Kindern immer ausgespannt ist, Stoff zuzuführen; es verbraucht viel Kraft der Kinder und zehrt die Liebe der Alten auf, die wirkt und wärmt, auch wenn sie nicht begreift. Verlangen Sie keinen Rat von ihnen und rechnen Sie mit keinem Verstehen; aber glauben Sie an eine Liebe, die für Sie aufbewahrt wird wie eine Erbschaft, und vertrauen Sie, daß in dieser Liebe eine Kraft ist und ein Segen, aus dem Sie nicht herausgehen müssen, um ganz weit zu gehen!

Es ist gut, daß Sie zunächst in einen Beruf münden, der Sie selbständig macht und Sie vollkommen auf sich selbst stellt in jedem Sinne. Warten Sie geduldig ab, ob Ihr innerstes Leben sich beschränkt fühlt durch die Form dieses Berufes. Ich halte ihn für sehr schwer und für sehr anspruchsvoll, da er von großen Konventionen belastet ist und einer persönlichen Auffassung seiner Aufgaben fast keinen Raum läßt. Aber Ihre Einsamkeit wird Ihnen auch inmitten sehr fremder Verhältnisse Halt und Heimat sein, und aus ihr heraus werden Sie alle Ihre Wege finden. Alle meine Wünsche sind bereit, Sie zu begleiten, und mein Vertrauen ist mit Ihnen,

Ihr:

Rainer Maria Rilke

Brief 5

Rom, am 29. Oktober 1903

Lieber und geehrter Herr,
Ihren Brief vom 29, August empfing in ich Florenz, und nun - nach zwei Monaten erst - sage ich Ihnen davon. Verzeihen Sie nur diese Säumigkeit, - aber ich schreibe unterwegs ungern Briefe, weil ich zum Briefschreiben mehr brauche als das allernötigste Gerät: etwas Stille und Einsamkeit und eine nicht allzu fremde Stunde.

In Rom trafen wir vor etwas sechs Wochen ein, zu einer Zeit, da es noch das leere, das heiße, das fieberverrufene Rom war, und dieser Umstand trug mit anderen praktischen Einrichtungsschwierigkeiten dazu bei, daß die Unruhe um uns kein Ende nehmen wollte und die Fremde mit der Last der Heimatlosigkeit auf uns lag. Dazu ist noch zu rechnen, daß Rom (wenn man es noch nicht kennt) in den ersten Tagen erdrückend traurig wirkt: durch die unlebendige und trübe Museumsstimmung, die es ausatmet, durch die Fülle seiner hervorgeholten und mühsam aufrecht erhaltenen Vergangenheiten (von denen eine kleine Gegenwart sich ernährt), durch die namenlose, von Gelehrten und Philologen unterstützte und von den gewohnheitsmäßigen Italienreisenden nachgeahmte Überschätzung aller dieser entstellten und verdorbenen Dinge, die doch im Grunde nicht mehr sind als zufällige Reste einer anderen Zeit und eines Lebens, das nicht unseres ist und unseres nicht sein soll. Schließlich, nach Wochen täglicher Abwehr, findet man sich, obwohl noch ein wenig verwirrt, zu sich selber zurück, und man sagt sich: Nein, es ist hier nicht *mehr* Schönheit als anderswo, und alle diese von Generationen immer weiterbewunderten Gegenstände, an denen Handlangerhände gebessert und ergänzt haben, bedeuten nichts, sind nichts und haben kein Herz und keinen Wert; - aber es ist viel Schönheit hier, weil überall viel Schönheit ist. Unendlich lebensvolle Wasser gehen über die alten Aquädukte in die große Stadt und tanzen auf den vielen Plätzen über steinernen weißen Schalen und breiten sich aus in weiten, geräumigen Becken und rauschen bei Tag und erheben ihr Rauschen zur Nacht, die hier groß und gestirnt ist und weich von Winden. Und Gärten sind hier, unvergeßliche Alleen und Treppen, Treppen, von Michelangelo ersonnen, Treppen, die nach dem Vorbild abwärts gleitender Wasser erbaut sind, - breit im Gefäll Stufe aus Stufe gebärend wie Welle aus Welle. Durch solche Eindrücke sammelt man sich, gewinnt sich zurück aus dem anspruchsvollen Vielen, das da spricht und schwätzt (und wie gesprächig ist es!), und lernt langsam die sehr wenigen Dinge erkennen, in denen Ewiges dauert, das man lieben, und Einsames, daran man leise teilnehmen kann.

Noch wohne ich in der Stadt auf dem Kapitol, nicht weit von dem schönsten Reiterbilde, das uns aus römischer Kunst erhalten geblieben ist, - dem des Marc Aurel; aber in einigen Wochen werde ich einen stillen schlichten Raum beziehen, einen alten Altan, der ganz tief in einem großen Park verloren liegt, der Stadt, ihrem Geräusch und Zufall verborgen. Dort werde ich den ganzen Winter wohnen und mich freuen an der großen Stille, von der ich das Geschenk guter und tüchtiger Stunden erwarte...

Von dort aus, wo ich mehr zu Hause sein werde, schreibe ich Ihnen einen größeren Brief, darin auch noch von Ihrem Schreiben die Rede sein wird. Heute muß ich Ihnen nur sagen (und vielleicht ist es unrecht, daß ich dies nicht schon früher getan habe), daß das in Ihrem Briefe angekündigte Buch (welches Arbeiten von Ihnen enthalten sollte) nicht hier eingetroffen ist. Ist es an Sie zurückgegangen, vielleicht von Worpswede aus? (Denn: man darf Pakete ins Ausland nicht nachsenden.) Diese Möglichkeit ist die günstigste, die ich gern bestätigt wüßte. Hoffentlich hadelt es sich nicht um einen Verlust, - der ja bei italienischen Postverhältnissen nicht zu den Ausnahmen gehört - leider.

Ich hätte auch dieses Buch (wie alles, was ein Zeichen von Ihnen gibt) gern empfangen; und Verse, die inzwischen entstanden sind, werde ich immer (wenn Sie mir sie anvertrauen) lesen und wieder lesen und erleben, so gut und so herzlich ich kann. Mit Wünschen und Grüßen

Ihr:

Rom, am 23. Dezember 1903

Mein lieber Herr Kappus,
Sie sollen nicht ohne einen Gruß von mir sein, wenn es Weihnachten wird und wenn Sie, inmitten des Festes, Ihre Einsamkeit schwerer tragen als sonst. Aber wenn Sie dann merken, daß sie groß ist, so freuen Sie sich dessen; denn was (so fragen Sie sich) wäre eine Einsamkeit, welche nicht Größe hätte; es gibt nur *eine* Einsamkeit, und die ist groß und ist nicht leicht zu tragen, und es kommen fast allen die Stunden, da Sie sie gerne vertauschen möchten gegen irgendeine noch so banale und billige Gemeinsamkeit, gegen den Schein einer geringen Übereinstimmung mit dem Nächstbesten, mit dem Unwürdigsten ... Aber vielleicht sind das gerade die Stunden, wo die Einsamkeit wächst; denn ihr Wachsen ist schmerzhaft wie das Wachsen der Knaben und traurig wie der Anfang der Frühlinge. Aber das darf Sie nicht irre machen. Was not tut, ist doch nur dieses: Einsamkeit, große innere Einsamkeit. Insich-Gehen und stundenlang niemandem begegnen, - das muß man erreichen können. Einsam sein, wie man als Kind einsam war, als die Erwachsenen umhergingen, mit Dingen verflochten, die wichtig und groß schienen, weil die Großen so geschäftigt aussahen und weil man von ihrem Tun nichts begriff.

Und wenn man eines Tages einsieht, daß ihre Beschäftigungen armselig, ihre Berufe erstarrt und mit dem Leben nicht mehr verbunden sind, warum dann nicht weiter wie ein Kind darauf hinsehen als auf ein Fremdes, aus der Tiefe der eigenen Welt heraus, aus der Weite der eigenen Einsamkeit, die selber Arbeit ist und Rang und Beruf? Warum eines Kindes weises Nicht-Verstehen vertauschen wollen gegen Abwehr und Verachtung, da doch Nicht-Verstehen Alleinsein ist, Abwehr und Verachtung aber Teilnahme an dem, wovon man sich mit diesen Mitteln scheiden will.

Denken Sie, lieber Herr, an die Welt, die Sie in sich tragen, und nennen Sie dieses Denken, wie Sie wollen; mag es Erinnerung an die eigene Kindheit sein oder Sehnsucht zur eigenen Zukunft hin, - nur seien Sie aufmerksam gegen das, was in Ihnen aufsteht, und stellen Sie es über alles, was Sie um sich bemerken. Ihr innerstes Geschehen ist Ihrer ganzen Liebe wert, an ihm müssen Sie irgendwie arbeiten und nicht zu viel Zeit und zu viel Mut damit verlieren, Ihre Stellung zu den Menschen aufzuklären. Wer sagt Ihnen denn, daß Sie überhaupt eine haben?

Ich weiß, Ihr Beruf ist hart und voll Widerspruch gegen Sie, und ich sah Ihre Klage voraus und wußte, daß sie kommen würde. Nun sie gekommen ist, kann ich Sie nicht beruhigen, ich kann Ihnen nur raten, zu überlegen, ob nicht alle Berufe so sind, voll von Ansprüchen, voll Feindschaft gegen den einzelnen, vollgesogen gleichsam mit dem Haß derer, die sich stumm und mürrisch in die nüchterne Pflicht gefunden haben. Der Stand, in dem Sie jetzt leben müssen, ist nicht schwerer mit Konventionen, Vorurteilen und Irrtümern belastet als alle die anderen Stände, und wenn es welche gibt, die eine größere Freiheit zur Schau tragen, so gibt es doch keinen, der in sich weit und geräumig und mit den großen Dingen, aus denen das wirkliche Leben besteht, in Beziehung ist. Nur der einzelne, der einsam ist, ist wie ein Ding unter die tiefen Gesetze gestellt, und wenn einer hinausgeht in den Morgen, der anhebt, oder hinaus in den Abend schaut, der voll Ereignis ist, und wenn er fühlt, was da geschieht, so fällt aller Stand von ihm ab, wie von einem Toten, obwohl er mitten in lauter Leben steht. Was Sie, lieber Herr Kappus, jetzt als Offizier erfahren müssen, Sie hätten es ähnlich in jedem der bestehenden Berufe gefühlt, ja sogar wenn Sie, außerhalb jeder Stellung, mit der Gesellschaft allein leichte und selbständige Berührung gesucht hätten, würde ihnen dieses beengende Gefühlt nicht erspart geblieben sein.

Es ist überall so; aber das ist kein Grund zu Angst oder Traurigkeit; wenn keine Gemeinsamkeit zwischen den Menschen ist und Ihnen, versuchen Sie es, den Dingen nahe zu sein, die Sie nicht verlassen werden; noch sind die Nächte da und die Winde, die durch die Bäume gehen und über viele Länder; noch ist unter den Dingen und bei den Tieren alles voll Geschehen, daran Sie teilnehmen dürfen; und die Kinder sind noch so, wie Sie gewesen sind als Kind, so traurig und glücklich, - und wenn Sie an Ihre Kindheit denken, dann leben Sie wieder unter ihnen, unter den einsamen Kindern, und die Erwachsenen sind nichts, und ihre Würde hat keinen Wert.

Und wenn es Ihnen bang und quälend ist, an die Kindheit zu denken und an das Einfache und Stille, das mit ihr zusammenhängt, weil Sie an Gott nicht mehr glauben können der überall darin vorkommt, dann fragen Sie sich, lieber Herr Kappus, ob Sie Gott denn wirklich verloren haben. Ist es nicht vielmehr so, daß Sie ihn noch nie besessen haben? Denn wann sollte das gewesen sein? Glauben Sie, ein Kind kann ihn halten, ihn den Männer nur mit Mühe tragen und dessen Gewicht die Greise zusammendrückt? Glauben Sie, es könnte, wer ihn wirklich hat, ihn verlieren wie einen kleinen Stein, oder meinen Sie nicht auch, wer ihn hätte, könnte nur noch von ihm verloren werden? -

Wenn Sie aber erkennen, daß er in Ihrer Kindheit nicht war, und nicht vorher, wenn Sie ahnen, daß Christus getäuscht worden ist von seiner Sehnsucht und Muhammed betrogen von seinem Stolze, - und wenn Sie mit Schrecken fühlen, daß er auch jetzt nicht ist, in dieser Stunde da wir von ihm reden, - was berechtigt Sie dann, ihn, welcher niemals war, wie einen Vergangenen zu vermissen und zu suchen, als ob er verlören wäre?
Warum denken Sie nicht, daß er der Kommende ist, der von Ewigkeit her bevorsteht, der Zukünftige, die endliche Frucht eines Baumes, dessen Blätter wir sind? Was hält Sie ab, seine Geburt hinauszuwerfen in die werdenden Zeiten und Ihr Leben zu leben wie einen schmerzhaften und schönen Tag in der Geschichte einer großen Schwangerschaft? Sehen Sie denn nicht, wie alles, was geschieht, immer wieder Anfang ist, und könnte es nicht *Sein* Anfang sein, da doch Beginn an sich immer so schön ist? Wenn er der Vollkommenste ist, muß nicht Geringeres *vor* ihm sein, damit er sich auswählen kann aus Fülle und Überfluß? Muß *er* nicht der Letzte sein, um alles in sich zu umfassen, und welchen Sinn hätten wir, wenn der, nach dem wir verlangen, schon gewesen wäre?
Wie die Bienen den Honig zusammentragen, so holen wir das Süßeste aus allem und bauen Ihn. Mit dem Geringen sogar, mit dem Unscheinbaren (wenn es nur aus Liebe geschieht) fangen wir an, mit der Arbeit und mit dem Ruhen hernach, mit einem Schweigen oder mit einer kleinen einsamen Freude, mit allem, was wir allein, ohne Teilnehmer und Anhänger tun, beginnen wir Ihn, den wir nicht erleben werden, so wenig unsere Vorfahren uns erleben konnten. Und doch sind sie, diese Langvergangenen, in uns, als Anlage, als Last auf unserem Schicksal, als Blut, das rauscht, und als Gebärde, die aufsteigt aus den Tiefen der Zeit.
Gibt es etwas, was Ihnen die Hoffnung nehmen kann, so einstens in Ihm, in dem Fernsten, Äußersten zu sein? Feiern Sie, lieber Herr Kappus, Weihnachten in diesem frommen Gefühl, daß Er vielleicht gerade diese Lebensangst von Ihnen braucht, um zu beginnen; gerade diese Tage Ihres Überganges sind vielleicht die Zeit, da alles in Ihnen an Ihm arbeitet, wie Sie schon einmal, als Kind, atemlos an Ihm gearbeitet haben. Seien Sie geduldig und ohne Unwillen und denken Sie, daß das wenigste, was wir tun können, ist, Ihm das Werden nicht schwerer zu machen, als die Erde es dem Frühling macht, wenn er kommen will.

Und seien Sie froh und getrost.

Ihr:

Rainer Maria Rilke

Brief 7

Rom, am 14. Mai 1904

Mein lieber Herr Kappus,
es ist viel Zeit hingegangen, seit ich Ihren letzten Brief empfangen habe. Tragen Sie mir das
nicht nach; erst war es Arbeit, dann Störung und endlich Kränklichkeit, was mich immer wieder von dieser Antwort abhielt, die (so wollte ich es) aus ruhigen und guten Tagen zu Ihnen
kommen sollte. Nun fühle ich mich wieder etwas wohler (der Frühlingsanfang mit seinen bösen,
launischen Übergängen war auch hier arg zu fühlen) und komme dazu, Sie, lieber Herr Kappus,
zu grüßen und Ihnen (was ich so herzlich gerne tue) das und jenes auf Ihren Brief zu sagen,
so gut ich es weiß.

Sie sehen: ich habe Ihr Sonett abgeschrieben, weil ich fand, daß es schön und einfach ist
und in der Form geboren, in der es mit so stillem Anstand geht. Es sind die besten von den
Versen, die ich von Ihnen lesen durfte. Und nun gebe ich Ihnen jene Abschrift, weil ich weiß,
daß es wichtig und voll neuer Erfahrung ist, eine eigene Arbeit in fremder Niederschrift wiederzufinden. Lesen Sie die Verse, als ob es fremde wären, und Sie werden im Innersten fühlen,
wie sehr es die Ihrigen sind.

Es war eine Freude für mich, dieses Sonett und Ihren Brief oft zu lesen; ich danke Ihnen
für beides. Und sie dürfen sich nicht beirren lassen in Ihrer Einsamkeit, dadurch, daß etwas in
Ihnen ist, das sich herauswünscht aus ihr. Gerade dieser Wunsch wird Ihnen, wenn Sie ihn ruhig
und überlegen und wie ein Werkzeug gebrauchen, Ihre Einsamkeit ausbreiten helfen über weites
Land. Die Leute haben (mit Hilfe von Konventionen) alles nach dem Leichten hin gelöst und
nach des Leichten leichtester Seite; es ist aber klar, daß wir uns an das Schwere halten müssen;
alles Lebendige hält sich daran, alles in der Natur wächst und wehrt sich nach seiner Art und
ist ein Eigenes aus sich heraus, versucht es um jeden Preis zu sein und gegen allen Widerstand.
Wir wissen wenig, aber daß wir uns zu Schwerem halten müssen, ist eine Sicherheit, die uns
nicht verlassen wird; es ist gut, einsam zu sein, denn Einsamkeit ist schwer; daß etwas schwer
ist, muß uns ein Grund mehr sein, es zu tun.

Auch zu lieben ist gut: denn Liebe ist schwer. Liebhaben von Mensch zu Mensch:
das ist vielleicht das Schwerste, was uns aufgegeben ist, das Äußerste, die letzte
Probe und Prüfung, die Arbeit, für die alle andere Arbeit nur Vorbereitung ist.

Darum *können* junge Menschen, die Anfänger in allem sind, die Liebe noch nicht:
sie müssen sie lernen. Mit dem ganzen Wesen, mit allen Kräften, versammelt um
ihr einsames, banges, aufwärts schlagendes Herz, müssen sie lieben lernen.
Lernzeit aber ist immer eine lange, abgeschlossene Zeit, und so ist Lieben für
lange hinaus und weit ins Leben hinein -: Einsamkeit, gesteigertes und vertieftes
Alleinsein für den, der liebt. Lieben ist zunächst nichts, was aufgehen, hingeben
und sich mit einem Zweiten vereinen heißt (denn was wäre eine Vereinigung von
Ungeklärtem und Unfertigem, noch Ungeordnetem -?), es ist ein erhabener Anlaß für den einzelnen, zu reifen, in sich etwas zu werden, Welt zu werden, Welt
zu werden für sich um eines anderen willen, es ist ein großer, unbescheidener Anspruch an ihn, etwas, was ihn auserwählt und zu Weitem beruft. Nur in diesem
Sinne, als Aufgabe, an sich zu arbeiten («zu horchen und zu hämmern Tag und
Nacht»), dürften junge Menschen die Liebe, die ihnen gegeben wird, gebrauchen.
Das Aufgehen und das Hingeben und alle Art der Gemeinsamkeit ist nicht für sie
(die noch lange, lange sparen und sammeln müssen), ist das Endliche, ist vielleicht
das, wofür Menschenleben jetzt noch kaum ausreichen.
Darin aber irren die jungen Menschen so oft und so schwer: daß sie (in deren
Wesen es liegt, keine Geduld zu haben) sich einander hinwerfen, wenn die Liebe
über sie kommt, sich ausstreuen, so wie sie sind in all ihrer Unaufgeräumtheit,

Unordnung, Wirrnis...: Was aber soll dann sein? Was soll das Leben an diesem Haufen von Halbzerschlagenem tun, den sie ihre Gemeinsamkeit heißen und den sie gerne ihr Glück nennen möchten, ginge es an, und ihre Zukunft? Da verliert jeder sich um des anderen willen und verliert den anderen und viele andere, die noch kommen wollten. Und verliert die Weiten und Möglichkeiten, tauscht das Nahen und Fliehen leiser, ahnungsvoller Dinge gegen eine unfruchtbare Ratlosigkeit, aus der nichts mehr kommen kann; nichts als ein wenig Ekel, Enttäuschung und Armut und die Rettung in eine der vielen Konventionen, die wie allgemeine Schutzhütten an diesem gefährlichsten Wege in großer Zahl angebracht sind. Kein Gebiet menschlichen Erlebens ist so mit Konventionen versehen wie dieses: Rettungsgürtel der verschiedensten Erfindung, Boote und Schwimmblasen sind da; Zuflüchte in jeder Art hat die gesellschaftliche Auffassung zu schaffen gewußt, denn da sie geneigt war, das Liebesleben als ein Vergnügen zu nehmen, mußte sie es auch leicht ausgestalten, billig, gefahrlos und sicher, wie öffentliche Vergnügungen sind.

Zwar fühlen viele junge Menschen, die falsch, d. h. einfach hingebend und uneinsam lieben (der Durchschnitt wird ja immer dabei bleiben -), das Drückende einer Verfehlung und wollen auch den Zustand, in den sie geraten sind, auf ihre eigene, persönliche Art lebensfähig und fruchtbar machen -; denn ihre Natur sagt ihnen, daß die Fragen der Liebe, weniger noch als alles, was sonst wichtig ist, öffentlich und nach dem und jenem Übereinkommen gelöst werden können; daß es Fragen sind, nahe Fragen von Mensch zu Mensch, die einer in jedem Fall neuen, besonderen, *nur* persönlichen Antwort bedürfen -: aber wie sollten sie, die sich schon zusammengeworfen haben und sich nicht mehr abgrenzen und unterscheiden, die also nichts Eigenes mehr besitzen, einen Ausweg aus sich selbst heraus, aus der Tiefe der schon verschütteten Einsamkeit finden können?

Sie handeln aus gemeinsamer Hilflosigkeit, und sie geraten, wenn sie dann, besten Willens, die Konvention, die ihnen auffällt (etwa die Ehe), vermeiden wollen, in die Fangarme einer weniger lauten, aber ebenso tödlichen konventionellen Lösung; denn da ist dann alles, weithin um sie – Konvention; da, wo aus einer früh zusammengeflossenen, trüben Gemeinsamkeit gehandelt wird, ist *jede* Handlung konventionell: jedes Verhältnis, zu dem solche Verwirrung führt, hat seine Konvention, mag es auch noch so ungebräuchlich (d.h. im gewöhnlichen Sinn unmoralisch) sein; ja, sogar Trennung wäre da ein konventioneller Schritt, ein unpersönlicher Zufallsentschluß ohne Kraft und ohne Furcht.

Wer ernst hinsieht, findet, daß, wie für den Tod, der schwer ist, auch für die schwere Liebe noch keine Aufklärung, keine Lösung, weder Wink noch Weg erkannt worden ist; und es wird für diese beiden Aufgaben, die wir verhüllt tragen und weitergeben, ohne sie aufzutun, keine gemeinsame, in Vereinbarung beruhende Regel sich erforschen lassen. Aber in demselben Maße, in dem wir beginnen, als einzelne das Leben zu versuchen, werden diese großen Dinge uns, den einzelnen, in größerer Nähe begegnen. Die Ansprüche, welche die schwere Arbeit der Liebe an unsere Entwicklung stellt, sind überlebensgroß, und wir sind ihnen, als Anfänger, nicht gewachsen. Wenn wir aber doch aushalten und diese Liebe auf uns nehmen als Last und Lehrzeit, statt uns zu verlieren an all das leichte und leichtsinnige Spiel, hinter dem die Menschen sich vor dem ernstesten Ernst ihres Daseins verborgen haben, - so wird ein kleiner Fortschritt und eine Erleichterung denen, die lange nach uns kommen, vielleicht fühlbar sein; das wäre viel.

Wir kommen ja doch eben erst dazu, das Verhältnis eines einzelnen Menschen zu einem zweiten einzelnen vorurteilslos und sachlich zu betrachten, und unsere Versuche, solche Beziehung zu leben, haben kein Vorbild vor sich. Und doch ist in dem Wandel der Zeit schon manches, das unserer zaghaften Anfängerschaft helfen

will.
Das Mädchen und die Frau, in ihrer neuen, eigenen Enthaltung, werden nur vorübergehend Nachahmer männlicher Unart und Art und Wiederholer männlicher Berufe sein. Nach der Unsicherheit solcher Übergänge wird sich zeigen, daß die Frauen durch die Fülle und den Wechsel jener (oft lächerlichen) Verkleidungen nur gegangen sind, um ihr eigenstes Wesen von den entstellenden Einflüssen des anderen Geschlechts zu reinigen. Die Frauen, in denen unmittelbarer, fruchtbarer und vertrauensvoller das Leben verweilt und wohnt, müssen ja im Grunde reifere Menschen geworden sein, menschlichere Menschen als der leichte, durch die Schwere keiner leiblichen Frucht unter die Oberfläche des Lebens herabgezogene Mann, der, dünkelhaft und hastig, unterschätzt, was er zu lieben meint. Dieses in Schmerzen und Erniedrigungen ausgetragene Menschentum der Frau wird dann, wenn sie die Konventionen der Nur-Weiblichkeit in den Verwandlungen ihres äußeren Standes abgestreift haben wird, zutage treten, und die Männer, die es heute noch nicht kommen fühlen, werden davon überrascht und geschlagen werden.

Eines Tages (wofür jetzt, zumal in den nordischen Ländern, schon zuverlässige Zeichen sprechen und leuchten), eines Tages wird das Mädchen da sein und die Frau, deren Name nicht mehr nur einen Gegensatz zum Männlichen bedeuten wird, sondern etwas für sich, etwas, wobei man keine Ergänzung und Grenze denkt, nur an Leben und Dasein -: der weibliche Mensch.

Dieser Fortschritt wird das Liebe-Erleben, das jetzt voll Irrung ist (sehr gegen den Willen der überholten Männer zunächst), verwandeln, von Grund aus verändern, zu einer Beziehung umbilden, die von Mensch zu Mensch gemeint ist, nicht mehr von Mann zu Weib. Und diese menschlichere Liebe (die unendlich rücksichtsvoll und leise, und gut und klar in Binden und Lösen sich vollziehen wird) wird jener ähneln, die wir ringend und mühsam vorbereiten, der Liebe, die darin besteht, daß zwei Einsamkeiten einander schützen, grenzen und grüßen.
Und das noch: Glauben Sie nicht, daß jene große Liebe, welche Ihnen, dem Knaben, einst auferlegt worden ist, verloren war; können Sie sagen, ob damals nicht große und gute Wünsche in Ihnen gereift sind und Vorsätze, von denen Sie heute noch leben? Ich glaube, daß jene Liebe so stark und mächtig in Ihrer Erinnerung bleibt, weil sie Ihr erstes tiefes Alleinsein war und die erste innere Arbeit, die Sie an Ihrem Leben getan haben. Alle guten Wünsche für Sie, lieber Herr Kappus!

Ihr:

Rainer Maria Rilke

Sonett
Durch mein Leben zittert ohne Klage,

ohne Seufzer ein tiefdunkles Weh.
Meiner Träume reiner Blütenschnee
Ist die Weihe meiner stillsten Tage.
Öfter aber kreuzt die große Frage

Meinen Pfad. Ich werde klein und geh
Kalt vorüber wie an einem See,
dessen Flut ich nicht zu messen wage.
Und dann sinkt ein Leid auf mich, so trübe

Wie das Grau glanzarmer Sommernächte,
die ein Stern durchflimmert dann und wann -:
Meine Hände tasten dann nach Liebe,

weil ich gerne Laute beten möchte,
die mein heißer Mund nicht finden kann...
(Franz Xaver Kappus)

Borgeby gård, Flädie, Schweden,

am 12. August 1904

    Mein lieber Herr Kappus,

Ich will wieder eine Weile zu Ihnen reden, lieber Herr Kappus, obwohl ich fast nichts sagen kann, was hilfreich ist, kaum etwas Nützliches. Sie haben viele und große Traurigkeiten gehabt, die vorübergingen. Und Sie sagen, daß auch dieses Vorübergehen schwer und verstimmend für Sie war. Aber, bitte, überlegen Sie, ob diese großen Traurigkeiten nicht vielmehr mitten durch Sie durchgegangen sind? Ob nicht vieles in Ihnen sich verwandelt hat, ob Sie nicht irgendwo, an irgendeiner Stelle Ihres Wesens sich verändert haben, während Sie traurig waren? Gefährlich und schlecht sind nur jene Traurigkeiten, die man unter die Leute trägt, um sie zu übertönen; wie Krankheiten, die oberflächlich und töricht behandelt werden, treten sie nur zurück und brechen nach einer kleinen Pause um so furchtbarer aus; und sammeln sich an im Innern und sind Leben, sind ungelebtes, verschmähtes, verlorenes Leben, an dem man sterben kann. Wäre es uns möglich, weiter zu sehen, als unser Wissen reicht, und noch ein wenig über die Vorwerke unseres Ahnens hinaus, vielleicht würden wir dann unsere Traurigkeiten mit größerem Vertrauen ertragen als unsere Freuden. Denn sie sind die Augenblicke, da etwas Neues in uns eingetreten ist, etwas Unbekanntes; unsere Gefühle verstummen in scheuer Befangenheit, alles in uns tritt zurück, es entsteht eine Stille, und das Neue, das niemand kennt, steht mitten darin und schweigt.

Ich glaube, daß fast alle unsere Traurigkeiten Momente der Spannung sind, die wir als Lähmung empfinden, weil wir unsere befremdeten Gefühle nicht mehr leben hören. Weil wir mit dem Fremden, das bei uns eingetreten ist, allein sind, weil uns alles Vertraute und Gewohnte für einen Augenblick fortgenommen ist; weil wir mitten in einem Übergang stehen, wo wir nicht stehen bleiben können. Darum geht die Traurigkeit auch vorüber: das Neue in uns, das Hinzugekommene, ist in unser Herz eingetreten, ist in seine innerste Kammer gegangen und ist auch dort nicht mehr, - ist schon im Blut. Und wir erfahren nicht, was es war. Man könnte uns leicht glauben machen, es sei nichts geschehen, und doch haben wir uns verwandelt, wie ein Haus sich verwandelt, in welches ein Gast eingetreten ist. Wir können nicht sagen, wer gekommen ist, wir werden es vielleicht nie wissen, aber es sprechen viele Anzeichen dafür, daß die Zukunft in solcher Weise in uns eintritt, um sich in uns zu verwandeln, lange bevor sie geschieht. Und darum ist es so wichtig, einsam und aufmerksam zu sein, wenn man traurig ist: weil der scheinbar ereignislose und starre Augenblick, da unsere Zukunft uns betritt, dem Leben so viel näher steht als jener andere laute und zufällige Zeitpunkt, da sie uns, wie von außen her, geschieht. Je stiller, geduldiger und offener wir als Traurige sind, um so tiefer und um so unbeirrter geht das Neue in uns ein, um so besser erwerben wir es, um so mehr wird es *unser* Schicksal sein, und wir werden uns ihm, wenn es eines späteren Tages «geschieht» (das heißt: aus uns heraus zu den anderen tritt), im Innersten verwandt und nahe fühlen. Und das ist nötig. Es ist nötig und dahin wird nach und nach unsere Entwicklung gehen -, daß uns nichts Fremdes widerfahre, sondern nur das, was uns seit lange gehört. Man hat schon so viele Bewegungs-Begriffe umdenken müssen, man wird auch allmählich erkennen lernen, daß das, was wir Schicksal nennen, aus den Menschen heraustritt, nicht von außen her in sie hinein. Nur weil so viele ihre Schicksale, solange sie in ihnen lebten, nicht aufsaugten und in sich selbst verwandelten, erkannten sie nicht, was aus ihnen trat; es war ihnen so fremd, daß sie, in ihrem wirren Schrecken, meinten, es müsse gerade jetzt in sie eingegangen sein, denn sie beschworen, vorher nie Ähnliches in sich gefunden zu haben. Wie man sich lange über die Bewegung der Sonne getäuscht hat, so täuscht man sich immer noch über die Bewegung des Kommenden. Die Zukunft steht fest, lieber Herr Kappus, wir aber bewegen uns im unendlichen Raume. Wie sollten wir es nicht schwer haben?

Und wenn wir wieder von der Einsamkeit reden, so wird immer klarer, daß das im Grunde nichts ist, was man wählen oder lassen kann. Wir *sind* einsam. Man kann sich darüber täuschen und tun, als wäre es nicht so. Das ist alles. Wieviel besser ist es aber, einzusehen, daß wir es sind, ja geradezu, davon auszugehen. Da wird es freilich geschehen, daß wir schwindeln; denn alle Punkte, worauf unser Auge zu ruhen pflegte, werden uns fortgenommen, es gibt nichts Nahes mehr, und alles Ferne ist unendlich fern. Wer aus seiner Stube, fast ohne Vorbereitung und Übergang, auf die Höhe eines großen Gebirges gestellt würde, müßte Ähnliches fühlen: eine Unsicherheit ohnegleichen, ein Preisgegebensein an Namenloses würde ihn fast vernichten. Er würde vermeinen zu fallen oder sich hinausgeschleudert glauben in den Raum oder in tausend Stücke auseinandergesprengt: welche ungeheure Lüge müßte sein Gehirn erfinden, um den Zustand seiner Sinne einzuholen und aufzuklären. So verändern sich für den, der einsam wird, alle Entfernungen, alle Maße; von diesen Veränderungen gehen viele plötzlich vor sich, und wie bei jenem Mann auf dem Berggipfel entstehen dann ungewöhnliche Einbildungen und seltsame Empfindungen, die über alles Erträgliche hinauszuwachsen scheinen. Aber es ist notwendig, daß wir auch *das* erleben. Wir müssen unser Dasein so *weit*, als es irgend geht, annehmen; alles, auch das Unerhörte, muß darin möglich sein. Das ist im Grunde der einzige Mut, den man von uns verlangt: mutig zu sein zu dem Seltsamsten, Wunderlichsten und Unaufklärbarsten, das uns begegnen kann. Daß die Menschen in diesem Sinne feige waren, hat dem Leben unendlichen Schaden getan; die Erlebnisse, die man «Erscheinungen» nennt, die ganze sogenannte «Geisterwelt», der Tod, alle diese uns so anverwandten Dinge, sind durch die tägliche Abwehr aus dem Leben so sehr hinausgedrängt worden, daß die Sinne, mit denen wir sie fassen könnten, verkümmert sind. Von Gott gar nicht zu reden. Aber die Angst vor dem Unaufklärbaren hat nicht allein das Dasein des einzelnen ärmer gemacht, auch die Beziehungen von Mensch zu Mensch sind durch sie beschränkt, gleichsam aus dem Flußbett unendlicher Möglichkeiten herausgehoben worden auf eine brache Uferstelle, der nichts geschieht. Denn es ist nicht die Trägheit allein, welche macht, daß die menschlichen Verhältnisse sich so unsäglich eintönig und unerneut von Fall zu Fall wiederholen, es ist die Scheu vor irgendeinem neuen, nicht absehbaren Erlebnis, dem man sich nicht gewachsen glaubt.

Aber nur wer auf alles gefaßt ist, wer nichts, auch das Rätselhafteste nicht, ausschließt, wird die Beziehung zu einem andren als etwas Lebendiges leben und wird selbst sein eigenes Dasein ausschöpfen. Denn wie wir dieses Dasein des einzelnen als einen größeren oder kleineren Raum denken, so zeigt sich, daß die meisten nur eine Ecke ihres Raumes kennen lernen, einen Fensterplatz, einen Streifen, auf dem sie auf und nieder gehen. So haben sie eine gewisse Sicherheit. Und doch ist jene gefahrvolle Unsicherheit so viel menschlicher, welche die Gefangenen in den Geschichten Poes drängt, die Formen ihrer fürchterlichen Kerker abzutasten und den unsäglichen Schrecken ihres Aufenthaltes nicht fremd zu sein. Wir aber sind nicht Gefangene. Nicht Fallen und Schlingen sind um uns aufgestellt, und es gibt nichts, was uns ängstigen oder quälen sollte. Wir sind ins Leben gesetzt, als in das Element, dem wir am meisten entsprechen, und wir sind überdies durch jahrtausendelange Anpassung diesem Leben so ähnlich geworden, daß wir, wenn wir stille halten, durch ein glückliches Mimikry von allem, was uns umgibt, kaum zu unterscheiden sind. Wir haben keinen Grund, gegen unsere Welt Mißtrauen zu haben, denn sie ist nicht gegen uns. Hat sie Schrecken, so sind es *unsere* Schrecken, hat sie Abgründe, so gehören diese Abgründe uns, sind Gefahren da, so müssen wir versuchen, sie zu lieben.

Und wenn wir nur unser Leben nach jenem Grundsatz einrichten, der uns rät, daß wir uns immer an das Schwere halten müssen, so wird das, welches uns jetzt noch als das Fremdeste erscheint, unser Vertrautestes und Treuestes werden. Wie sollten wir jener alten Mythen vergessen können, die am Anfange aller Völker stehen, der Mythen von den Drachen, die sich im äußersten Augenblick in Prinzessinnen verwandeln; vielleicht sind alle Drachen unseres Lebens Prinzessinnen, die nur darauf warten, uns einmal schön und mutig zu sehen. Vielleicht ist alles Schreckliche im tiefsten Grunde das Hilflose, das von uns Hilfe will.

Da dürfen Sie, lieber Herr Kappus, nicht erschrecken, wenn eine Traurigkeit vor Ihnen sich aufhebt, so groß, wie Sie noch keine gesehen haben; wenn eine Unruhe, wie Licht und Wolkenschatten, über Ihre Hände geht und über all Ihr Tun. Sie müssen denken, daß etwas an Ihnen geschieht, daß das Leben Sie nicht vergessen hat, daß es Sie in der Hand hält; es wird Sie nicht fallen lassen. Warum wollen Sie irgendeine Schwermut von Ihrem Leben ausschließen, da Sie doch nicht wissen, was diese Zustände an Ihnen arbeiten? Warum wollen Sie sich mit der Frage verfolgen, woher das alles kommen mag und wohin es will? Da Sie doch wissen daß sie in den Übergängen sind, und nichts so sehr wünschten, als sich zu verwandeln.

Wenn etwas von Ihren Vorgängen krankhaft ist, so bedenken Sie doch, daß die Krankheit das Mittel ist, mit dem ein Organismus sich von Fremdem befreit; da muß man ihm nur helfen, krank zu sein, seine ganze Krankheit zu haben und auszubrechen, denn das ist sein Fortschritt. In Ihnen, lieber Herr Kappus, geschieht jetzt so viel; Sie müssen geduldig sein wie ein Kranker und zuversichtlich wie ein Genesender; denn vielleicht sind Sie beides. Und mehr: Sie sind auch der Arzt, der sich zu überwachen hat. Aber da gibt es in jeder Krankheit viele Tage da der Arzt nichts tun kann als abwarten. Und das ist es, was Sie, soweit Sie Ihr Arzt sind, jetzt vor allem tun müssen.

Beobachten Sie sich nicht zu sehr. Ziehen Sie nicht zu schnelle Schlüsse aus dem, was Ihnen geschieht; lassen Sie es sich einfach geschehen. Sie kommen sonst zu leicht dazu, mit Vorwürfen (das heißt: moralisch) auf Ihre Vergangenheit zu schauen, die natürlich an allem, was Ihnen jetzt begegnet, mitbeteiligt ist. Was aus den Irrungen, Wünschen und Sehnsüchten Ihrer Knabenzeit in Ihnen wirkt, ist aber nicht das, was Sie erinnern und verurteilen. Die außergewöhnlichen Verhältnisse einer einsamen und hilflosen Kindheit sind so schwer, so kompliziert, so vielen Einflüssen preisgegeben und zugleich so ausgelöst aus allen wirklichen Lebenszusammenhängen, daß, wo ein Laster in sie eintritt, man es nicht ohne weiteres Laster nennen darf. Man muß überhaupt mit den Namen so vorsichtig sein; es ist so oft der *Name* eines Verbrechens, an dem ein Leben zerbricht, nicht die namenlose und persönliche Handlung selbst, die vielleicht eine ganz bestimme Notwendigkeit dieses Lebens war und von ihm ohne Mühe aufgenommen werden könnte. Und der Kraft-Verbrauch scheint Ihnen nur deshalb so groß, weil Sie den Sieg überschätzen; nicht er ist das «Große», das Sie meinen geleistet zu haben, obwohl Sie recht haben mit Ihrem Gefühl; das Große ist, daß schon etwas da war, was Sie an Stelle jenes Betruges setzen durften, etwas Wahres und Wirkliches. Ohne dieses wäre auch Ihr Sie nur eine moralische Reaktion gewesen, ohne weite Bedeutung, so aber ist er ein Abschnitt Ihres Lebens geworden. Ihres Lebens, lieber Herr Kappus, an das ich mit so vielen Wünschen denke. Erinnern Sie sich, wie sich dieses Leben aus der Kindheit heraus nach dem «Großen» gesehnt hat? Ich sehe, wie es sich jetzt von den Großen fort nach den Größeren sehnt. Darum hört es nicht auf, schwer zu sein, aber darum wird es auch nicht aufhören zu wachsen.

Und wenn ich Ihnen noch eines sagen soll, so ist es dies: Glauben Sie nicht, daß *der*, welcher Sie zu trösten versucht, mühelos unter den einfachen und stillen Worten lebt, die Ihnen manchmal wohltun. Sein Leben hat viel Mühsal und Traurigkeit und bleibt weit hinter Ihnen zurück. Wäre es aber anders, so hätte er jene Worte nie finden können.

Ihr:

Rainer Maria Rilke

Furuborg, Jonsered, in Schweden

am 4. November 1904

Mein lieber Herr Kappus,

in dieser Zeit, die ohne Brief vergangen ist, war ich teils unterwegs, teils so beschäftigt, daß ich nicht schreiben konnte. Und auch heute fällt das Schreiben mir schwer, weil ich schon viele Briefe schreiben mußte, so daß meine Hand müde ist. Könnte ich diktieren, so würde ich Ihnen vieles sagen, so aber nehmen Sie nur wenige Worte für Ihren langen Brief. Ich denke, lieber Herr Kappus, oft und mit so konzentrierten Wünschen an Sie, daß Ihnen das eigentlich irgendwie helfen müßte. Ob meine Briefe wirklich eine Hilfe sein können, daran zweifle ich oft. Sagen Sie nicht: Ja, sie sind es. Nehmen Sie sie ruhig auf und ohne vielen Dank, und lassen Sie uns abwarten, was kommen will. Es nützt vielleicht nichts, daß ich nun auf Ihre einzelnen Worte eingehe; denn was ich über Ihre Neigung zum Zweifel sagen könnte oder über Ihr Unvermögen, das äußere und innere Leben in Einklang zu bringen, oder über alles, was Sie sonst bedrängt –: es ist immer das, was ich schon gesagt habe: immer der Wunsch, Sie möchten Geduld genug in sich finden, zu ertragen, und Einfalt genug, zu glauben; Sie möchten mehr und mehr Vertrauen gewinnen zu dem, was schwer ist, und zu Ihrer Einsamkeit unter den anderen. Und im übrigen lassen Sie sich das Leben geschehen. Glauben Sie mir: das Leben hat recht, auf alle Fälle. Und von den Gefühlen: Rein sind alle Gefühle, die Sie zusammenfassen und aufheben; unrein ist das Gefühl, das nur *eine* Seite Ihres Wesens erfaßt und Sie so verzerrt. Alles, was Sie angesichts Ihrer Kindheit denken können, ist gut. Alles, was *mehr* aus Ihnen macht, als Sie bisher in Ihren besten Stunden waren, ist recht. Jede Steigerung ist gut, wenn sie in Ihrem *ganzen* Blute ist, wenn sie nicht Rausch ist, nicht Trübe, sondern Freude, der man auf den Grund sieht. Verstehen Sie, was ich meine? Und Ihr Zweifel kann eine gute Eigenschaft werden, wenn Sie ihn *erziehen*. Er muß *wissend* werden, er muß Kritik werden. Fragen Sie ich, sooft er Ihnen etwas verderben will, *weshalb* etwas häßlich ist, verlangen Sie Beweise von ihm, prüfen Sie ihn, und Sie werden ihn vielleicht ratlos und verlegen, vielleicht auch aufbegehrend finden. Aber geben Sie nicht nach, fordern Sie Argumente und handeln Sie so, aufmerksam und konsequent, jedes einzelne Mal, und der Tag wird kommen, da er aus einem Zerstörer einer Ihrer besten Arbeiter werden wird, – vielleicht der klügste von allen, die an Ihrem Leben bauen. Das ist alles, lieber Herr Kappus, was ich Ihnen heute zu sagen vermag. Aber ich sende Ihnen zugleich den Separatdruck einer kleinen Dichtung, die jetzt in der Prager «Deutschen Arbeit» erschienen ist. Dort rede ich weiter zu Ihnen vom Leben und vom Tode und davon, daß beides groß und herrlich ist.

Ihr:

Rainer Maria Rilke

Brief 10

Paris, am zweiten Weihnachtstage 1908

Sie sollen wissen, lieber Herr Kappus, wie froh ich war, diesen schönen Brief von Ihnen zu haben. Die Nachrichten, die Sie mir geben, wirklich und aussprechbar, wie sie nun wieder sind, scheinen mir gut, und je länger ichs bedachte, desto mehr empfand ich sie als tatsächlich gute. Dieses wollte ich Ihnen eigentlich zum Weihnachtsabend schreiben; aber über der Arbeit, in der ich diesen Winter vielfach und ununterbrochen lebe, ist das alte Fest so schnell herangekommen, daß ich kaum mehr Zeit hatte, die nötigsten Besorgungen zu machen, viel weniger zu schreiben. Aber gedacht hab ich an Sie in dieses Festtagen oft und mir vorgestellt, wie still Sie sein müssen in Ihrem einsamen Fort zwischen den leeren Bergen, über die sich jene großen südlichen Winde stürzen, als wollten Sie sie in großen Stücken verschlingen. Die Stille muß immens sein, in der solche Geräusche und Bewegungen Raum haben, und wenn man denkt, daß zu allem noch des entferntesten Meeres Gegenwart hinzukommt und mittönt, vielleicht als der innerste Ton in dieser vorhistorischen Harmonie, so kann man Ihnen nur wünschen, daß Sie vertrauensvoll und geduldig die großartige Einsamkeit an sich arbeiten lassen, die nicht mehr aus Ihrem Leben wird zu streichen sein; die in allem, was Ihnen zu erleben und zu tun bevorsteht, als ein anonymer Einfluß fortgesetzt und leise entscheidend wirken wird, etwa wie in uns Blut von Vorfahren sich unablässig bewegt und sich mit unserm eigenen zu dem Einzigen, nicht Wiederholbaren zusammensetzt, das wir an jeder Wendung unseres Lebens sind. Ja: ich freue mich, daß Sie diese feste, sagbare Existenz mit sich haben, diesen Titel, diese Uniform, diesen Dienst, alles dieses Greifbare und Beschränkte, das in solchen Umgebungen mit einer gleich isolierten nicht zahlreichen Mannschaft Ernst und Notwendigkeit annimmt, über das Spielerische und Zeithinbringende des militärischen Berufs hinaus eine wachsame Verwendung bedeutet und eine selbständige Aufmerksamkeit nicht nur zuläßt, sondern geradezu erzieht. Und daß wir in Verhältnissen sind, die an uns arbeiten, die uns vor große natürliche Dinge stellen von Zeit zu Zeit, das ist alles, was not tut. Auch die Kunst ist nur eine Art zu leben, und man kann sich, irgendwie lebend, ohne es zu wissen, auf sie vorbereiten; in jedem Wirklichen ist man ihr näher und benachbarter als in den unwirklichen halbartistischen Berufen, die, indem sie eine Kunstnähe vorspiegeln, das Dasein aller Kunst praktisch leugnen und angreifen, wie etwa der ganze Journalismus es tut und fast alle Kritik und dreiviertel dessen, was Literatur heißt und heißen will. Ich freue mich, mit einem Wort, daß Sie die Gefahr, dahinein zu geraden, überstanden haben und irgendwo in einer rauhen Realität einsam und mutig sind. Möchte das Jahr, das bevorsteht, Sie darin erhalten und bestärken.

Immer

Ihr:

Rainer Maria Rilke

www.ingramcontent.com/pod-product-compliance
Lightning Source LLC
LaVergne TN
LVHW020748200726
843506LV00009B/932